FONGHONG
U0896468

The Cosmic Code
宇宙密码

[美] 撒迦利亚·西琴 著
（Zecharia Sitchin）
徐冬妲 宋易 译

THE EARTH CHRONICLES
地球编年史
VI
第六部

江苏凤凰文艺出版社
JIANGSU PHOENIX LITERATURE AND ART PUBLISHING, LTD

图书在版编目（CIP）数据

宇宙密码 / (美) 撒迦利亚·西琴
(Zecharia Sitchin) 著；徐冬妲，宋易译. — 南京：
江苏凤凰文艺出版社，2019.7
（地球编年史）
ISBN 978-7-5594-3409-8

Ⅰ. ①宇… Ⅱ. ①撒… ②徐… ③宋… Ⅲ. ①宇宙学
–普及读物 Ⅳ. ①P159-49

中国版本图书馆CIP数据核字(2019)第041119号

江苏省版权局著作权合同登记：图字10-2019-397号

THE EARTH CHRONICLES VI: THE COSMIC CODE by ZECHARIA SITCHIN

This edition arranged with INNER TRADITIONS, BEAR & CO.
through BIG APPLE AGENCY, INC., LABUAN, MALAYSIA.

书　　名	宇宙密码
著　　者	［美］撒迦利亚·西琴
译　　者	徐冬妲　宋　易
责任编辑	孙金荣
特约编辑	刘丹羽
出版统筹	孙小野
封面设计	金牍文化·车球
出版发行	江苏凤凰文艺出版社
出版社地址	南京市中央路165号，邮编：210009
出版社网址	http://www.jswenyi.com
印　　刷	三河市金元印装有限公司
开　　本	700毫米×1000毫米　1/16
印　　张	19
字　　数	258千字
版　　次	2019年7月第1版　2019年7月第1次印刷
标准书号	ISBN 978-7-5594-3409-8
定　　价	45.00元

（江苏凤凰文艺版图书凡印刷、装订错误可随时向承印厂调换）

《地球编年史》揭示的古老密义在第六部中得到了新的解答：宇宙的真相就藏在我们自身的DNA之中！本书再次证明，西琴有通天彻地之能。

——《书目杂志》(*Booklist*)

※ 神的等级数字是如何揭示了神圣名字中秘密意义的研究线索?

※ 苏美尔人复杂的基因知识已经传到我们手中，对此，我们理解了多少?

※ 众神是如何知道创造的秘密以及地球上重要事件的轮回的?《圣经》中的先知为何能预知未来?

※ 希伯来字母表上22个模仿DNA基因密码的字母是如何出现的?

西琴的研究精深，证据充分……学识方面，他在众多著名作家之中犹如闪亮的明星。

——《纽约城市论坛》(*New York City Tribune*)

中译本总序

《地球编年史》系列修订本终于和大家见面了！

十年前，这套被翻译为30多种语言的全球畅销书，在第一本发行30周年之后引入中国，引起了广大读者的兴趣。而这套书的再次出版，我相信会再一次掀起一股有关人类文明起源的探索热潮。

对一个读者——至少是我本人——来说，这可能是有史以来最伟大、最具说服力而且也最陌生的关于太阳系与人类历史的知识体系。它是如此恢宏、奇诡、壮丽，使我首次意识到，人类在终于有机会和能力追寻人类起源的真相时，才发现事实竟然比想象或幻想更加不可思议。而此前，人类也许并不知道，其实我们一直就置身于创造的奇迹之中，或者，我们本身就是一个被创造的奇迹。

应该说，大多数对人类进化及其文明有兴趣的人都将对这个系列的图书保持一种开放的态度。同样，对《圣经》故事以及大洪水之前的历史感兴趣的人，也可能会持有同样的阅读姿态。你是否思考过，为什么我们这个物种是地球上唯一的高智能物种？你是否想过，为什么从古代的哲人到现代的科学家，都无法完全回答我们从哪儿来？或者你是否知道，为什么希腊词语anthropos（人类）的意思是“总是仰望的生物”？甚至连earth（大地、地球）一词都是源于古代苏美尔的e.ri.du，而这个词的本义竟是“遥远的家”！

——其实，撒迦利亚·西琴在《地球编年史》系列图书中回答的远不止这些。

西琴是现今能真正读懂苏美尔楔形文字的少数学者之一。作为一位当代伟大的研究者，他既利用了现代科学的技术，又从古代文献中窥知了那些一度处于隐匿状态的“神圣知识”。而这些神圣的知识所包含的内容，正是：“我们是谁”，“我们从哪儿来”，甚至“我们往何处去”。

在他看来，人类种族是呈跳跃式发展的，而导致这一切的是30万年前的一批星际旅行者。他们在《圣经》中被称为“纳菲力姆”（中文通行版《圣经》中将其误译为“伟人”或“巨人”），在苏美尔文献中被称为“阿努纳奇”。与《圣经》中所记载的神话式历史不同，他通过分析苏美尔、巴比伦、亚述文献和希伯来原本《圣经》，替我们详细再现了太阳系、地球和人类这一种族及其文明的起源与发展历程。

西琴发现，借助现代科学手段得来的天文资料，竟与古代神话或古代文明的天文观有着惊人的相似。令人震惊的是，数千年前的苏美尔文明的天文观甚至是近代文明所远远不及的。哪怕是现在，虽然天文学家已经发现了“第十二个天体”尼比鲁的迹象，但却无法证明它的实际存在；而位于人类文明之源的古代苏美尔，却早就有了尼比鲁的详细资料。《地球编年史》充当了现代科学和古代文献之间的桥梁，在现代科学技术和古代神话及天文学的帮助下，西琴向我们全面诠释了太阳系、地球以及人类的历史。

西琴的另一个重要成果是发现真正的人类只有30万年的历史，而非之前认为的有上百万年历史。而这是基于他对最古老文献的研读、对最古老遗址的考察，以及对天文知识的超凡掌握。借助强有力的证据，他向全世界证明，人类的出现是缘于星际淘金者阿努纳奇的需求。人类是诸神的造物，这一点在《地球编年史》中有着完美的科学解释。

不过，这套旷世之作的重点并不仅仅止于此。

在《地球编年史》中，我们能看到古代各文明神话中对“神圣周期”的理解竟然出奇地一致。与这个周期相关的正是太阳系的第十二名成员，被称为“谜之行星”的尼比鲁，即阿努纳奇的家园。所谓的“末日”——如一万多年前的大洪水——是尼比鲁与地球持续地周期性接近的结果，而人类文明就是在这一次次的“末日”中走向未来。

在我看来，《地球编年史》是一部记录地球和地球文明的史书，它传递给我们的，不仅仅是思想和观点那么简单。它是一本集合了最新发现和最古老证据的严肃的历史书。而对未来，撒迦利亚·西琴同样有着科学的预测。按照古代神话中“神圣周期”的推算，以及最新的天文学研究成果，有迹象表明，一次巨大的事件就快发生了。凡是接触过各古代神话的读者都应该不会遗忘，诸神曾向我们许诺：“我们还会回来。”那么，如果他们真的以某种身份存在的话，人类与造物者的再一次相会，将是在未来的哪一年、哪一天呢？

我不禁想起17世纪英国语言学家约翰·威尔金斯（John Wilkins）创造的一个词：everness，他用它来更有力地表达“永恒”之意。而阿根廷诗人豪尔赫·路易斯·博尔赫斯（Jorge Luis Borges）以此为名，写下了一首杰出的十四行诗，仿佛是在与西琴所关注的领域相呼应：

不存在的唯有一样，那就是遗忘。
上帝保留了金属，也保留了矿渣，
并在他预言的记忆里寄托了
将有的和已有的月亮。
万物存在于此刻。你的脸
在一日的晨昏之间，在镜中
留下了数以千计的反影，
它们仍将留在镜中。

万物都是这包罗万象的水晶的
一部分，属于这记忆，宇宙；
它艰难的过道没有尽头
当你走过，门纷纷关上；
只有在日落的另一边
你才能看见那些原型与光辉。

从《地球编年史》的第一部《第十二个天体》的出版，到第七部《完结日：审判与回归的预言》的出版，西琴耗时达30年。而他在这30年间所做出的成果，对于全人类来讲，价值都是无法估量的。

我们期待着一个有关地球和人类起源与文明新的探索热潮，将随着《地球编年史》系列修订本的出版再次出现。

宋易

2019年5月20日于成都

前言

读者也许会记起，《地球编年史》系列以我对于《圣经》关于纳菲力姆的一段话的疑问为开端。然后，这种探索扩张到神话、考古学、语言学、天文学、宗教学……这样就产生了一系列的书。在这些书中，古代文本和数据与希伯来语的《圣经》相符，也与现代科学发现相吻合。因此有了将《圣经》作为一个科学汇编的新的考虑，也是对古代（在创世之初）“科学即宗教，宗教即科学”的认识。

尽管从《宇宙密码》的首次出版至今不过十年，然而，基因学在如此短时期内所取得的科学进步，却是革命性的。那些改变的典范超越了生物学或医药学，扩展到科学的方方面面。令大多数人惊叹的是，人们在地球上发现的许多迹象，似乎与通过空间任务如射电望远镜在天际的发现相符。无法预料的是，哲学和神学已在变化的风云中交织。突如其来地，一个有才智的设计理论引起了对进化论的新一轮挑战。

然而，科学和宗教是相对立的——一切科学进步都能把我们带回整个循环的源头（创世之初）吗？那时，这两个方面是一个硬币的两个面。《宇宙密码》重申了《创世记》及其来源的《圣经》记述的完整性和苏美尔的《创世史诗》对“生命种子”起源的描述，确认了古代苏美尔宇宙学家们的断言——从一个被称为尼比鲁的外星球上带到我们太阳系的生命种子，实际上是在天体碰撞时期植入地球的。因而，我们——那个种子的产品，是宇宙密码的一部分。

这本书最突出的发现之一是，由22个希伯来字母组成的字母表，是对22对DNA染色体的模仿。此外，通过模仿组成蛋白质的3个氨基核苷酸，希伯来字母创造出由3个字母组成的动词结构设计。这一发现不仅提供了语言学上的新视角，也为神学研究开辟了新途径。它让我们逐渐认识到，当一切都被揭晓之后，我们终将明了，那些“创造”我们的神，只是从另一个空间来的、使我们和宇宙得以连接的信使。

撒迦利亚·西琴

2006年10月于纽约

大事件年表

（445000年前至公元前1450年）

时间	事件
445000年前	恩基带领阿努那奇建立了第一个地球基地埃利都，计划从地球寻找黄金。
300000年前	阿努纳奇起义，艾和宁呼尔萨格创造了一种原始工人鲁鲁，让他们来挖矿。
250000年前	“人类”开始大量繁衍。
75000年前	新的冰河时代开始。
13000年前	在第十二行星再次靠近地球时的重力拉动下，地球面临毁灭，众神拒绝帮助人类，大洪水来临，在艾的指示下，吉乌苏德拉建造“诺亚方舟”留下了人类的种子。
公元前8700年	金字塔战争爆发，马杜克被迫离开埃及。
公元前4000多年	大洪水之后，神和人类一起重新建造地球，苏美尔文明横空出世并逐渐达到了最高峰。
公元前4000年	苏美尔人给黄道带的星座创造了名字和符号，这些大文知识对于地球上的史诗事件有重大意义。
公元前3800年	阿努纳奇回到伊丁，按照大洪水前的计划重建了城市，第一个城市是恩基的城市埃利都，在那里授予了人类王权。
公元前3450年	巴比伦神的崇拜者们开始建造一座顶部可以触及天堂的塔——巴别塔，最后被神命令拆除。
公元前3113年	羽蛇神创立了美索不达米亚第一个历法——长历。
公元前3100年	美索不达米亚遭到反抗后，马杜克回到埃及，打算在那里再次声称他拥有至高无上的权力。
公元前3100年	尼罗河文明在幼发拉底河-底格里斯河流域与苏美尔文明结合了。

公元前2024年	那布成功发动了一场入侵美索不达米亚的战争，为父亲马杜克打开了巴比伦的门户。
公元前2024年	经过众神理事会的同意，奈格尔和尼努尔塔动用了核武器，来阻止马杜克的入侵。
公元前1900年	雅各来到戈兰高地，看到了写在黄道带星座上的命运。
公元前1450年	摩西回到埃及，与继任法老抗争了7年，直到摩西他们获准出埃及。

目录

第一章

星石

几十年前，近东发生过一场激烈而血腥的战争。战后，人们在那里发现了一座极其神秘的古代遗址。如果它算不上最令人难以捉摸，那么肯定也是最令人费解的。可以肯定的是，它建立在远古时期，且拥有独特的建构。过去1000年中，在近东一度繁荣的伟大文明的其他遗迹，到目前为止，还没有发现能与之相比的。而与它最相似的建构，却出现在跨越海洋、远达千里之外的其他大洲上。通常，它会令人想起远在英国的史前巨石阵。

伦敦西南大约80英里处的一个大风肆虐的平原上，壮丽的圆形巨石形成了整个大不列颠最重要的史前纪念碑。那里，直立的巨石由楣上的巨石连着，并且这些直立的巨石阵构成一个半圆形，内部还有一个由小型直立巨石阵构成的小半圆形，而这两个半圆形巨石阵又都被外面两个大圆形巨石阵交替包围着。去过巨石阵遗址的人会发现，只有一些巨石依然耸立，而其他一些则轰然倒地或是不知去向了。然而，学者和研究人员已经勾画出了这种环连环的结构（见图1），并且观察研究表明，在巨石阵建立前期，还有其他两个圆圈（石圈或者是木桩圈）曾经存在过。

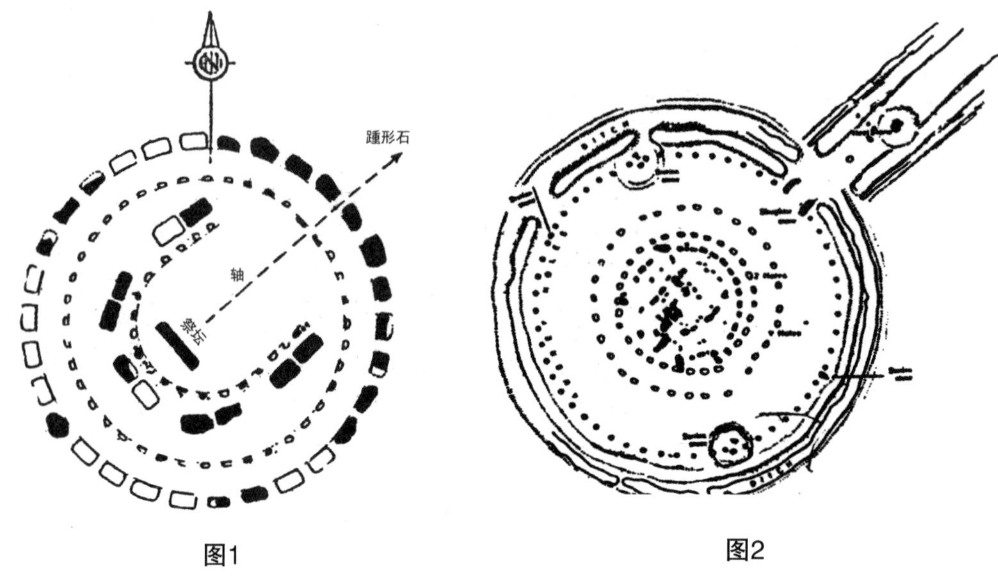

图1　　图2

毫无疑问，那些马蹄半圆形的巨石阵和那块被戏称为屠杀石的倒下的巨石，表明巨石阵结构是东北—西南走向的。它们指向视线的边际，穿过两块垂直的石头，通过一条长长的土石大街，直到那个所谓的踵形石（见图2）。所有的研究都确证，这种队列是为天文学服务的。大约在公元前2900年（前后误差大约一个世纪），它们第一次于夏至日当天指向日出方向；之后，为了再次在夏至日那天指向日出方向，在大约公元前2000年和公元前1550年，它们都先后被重新排列过（见图3）。

近来在中东发生的时间最短、最激烈、最残忍的一场战争就是1967年的六日战争。被困的以色列军队打败了埃及、约旦和叙利亚的军队，并占领了西奈半岛、约旦河西岸和戈兰高地。接下来的一些年里，以色列的考古学家对那些地方进行了广泛的调查和挖掘，发现那里的定居历史始于早期的新石器时代，一直到《圣经》时代，再到古希腊、古罗马和拜占庭时期。然而，再也没有一个地方能比戈兰高地更令人惊奇。那里荒芜无人烟，几乎寸草不生，但人们却发现，早在人类最早的定居时期，戈兰高地就是一个很热闹的居住地和耕

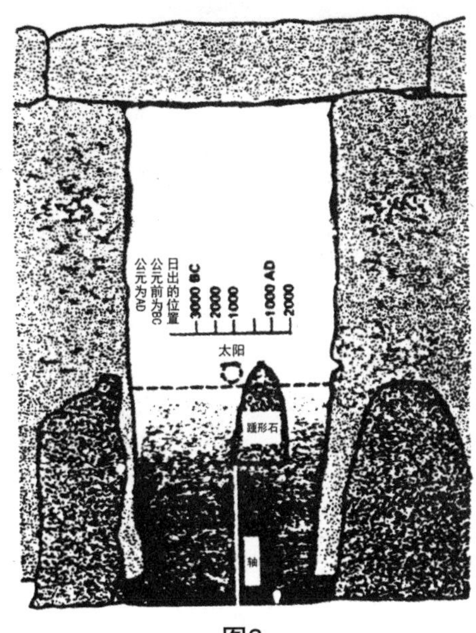

图3

种地区了。在那里，还发现了几千年以前公元纪历时代的定居遗址。

事实上，在我看来，没有一个地方像在大风肆虐的高原上所发生的那样（那里曾被用于以色列炮兵训练），将大堆排列成圆形的石头做成一个近东的“史前巨石阵”（见图 4）。

这个特别的建筑构成了几个同心石头圆，其中三个是完整的圆，另外两个则只形成半圆形或是“马蹄形”。外圆的周长大约是 1/3 英里，其他的圆周随之变小，越来越靠近建筑的中心。这三个石头圆的墙壁高达 8 英尺甚至更高，它们的宽度超过 10 英尺。它们由野外的石头构成，尺寸不同，从小石头到 5 吨甚至更重的巨石不等。在其中几个地方，放射状的墙把那些同心圆的墙连在一起；那些放射状的墙宽度比圆形墙的稍窄一点，但是也基本接近。在这个错综复杂的建筑中心，高耸着一堆巨大而轮廓完好的石头，据测量，大概有 65 英尺宽。

除了独特的外形之外，它也是到目前为止发现的西亚最大的纯石建筑之

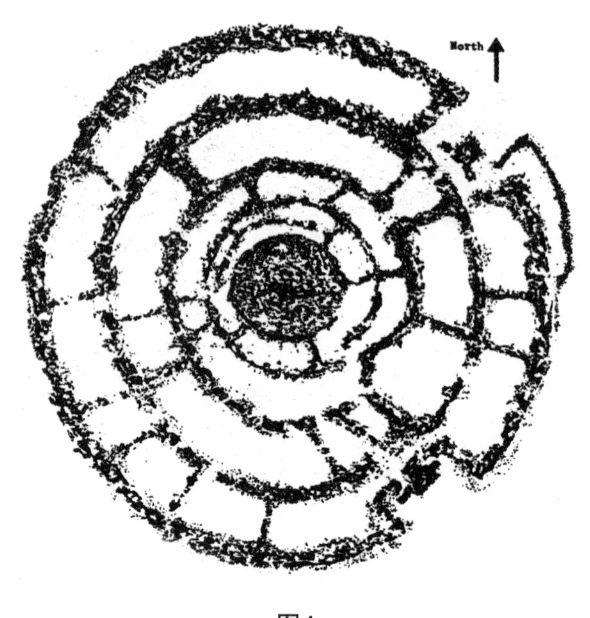

图4

一。事实上，它非常大，以至于可以从地球轨道上的宇宙飞船中看到它。

对遗址做过研究的工程师估计，即使以现在的条件，此建筑的建造也需要体积超过 125000 立方英尺、总重量接近 45000 吨的石头。他们估计，需要 100 个工人至少花 6 年时间来建造这个纪念碑——工人们需要搜集玄武岩，然后把它们运到那儿，按照预先的建筑计划放好，垒起墙，形成紧凑的复杂建筑（无疑比现在所看到的残墙高得多）。

所有这些让人们疑问重重：它是由谁、于何时、为何而建造的？

最容易回答的是最后一个问题，因为建筑本身暗示着它的用途——原始用途。最外圈的圆清楚地显示它有两个缺口或开口，一个坐落在东北，一个坐落在东南——位置用来指示夏至日和冬至日的日出方向。

通过清除坠落的岩石和弄清原始布局这两项工作，以色列考古学家发现：位于东北的那个口子上，有一个厚重的正方形建筑，带有伸展的两“翼”，它们掩护了两个相邻围墙之间的巷口（见图 5）。这个方形建筑作为纪念碑的门，

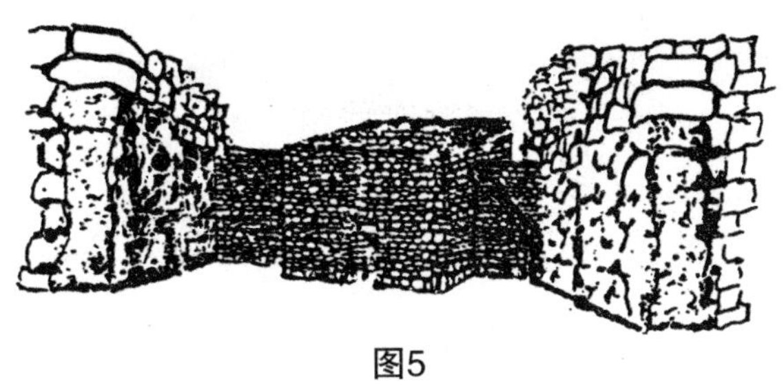

图5

从这里可以进入复杂石建筑的中心。人们就是在通道的入口处，发现了那些足有 5.5 吨重的最大玄武岩巨石。外环西南缺口也为进入建筑内部提供了通道，但是那里的大门并不是纪念碑建筑；然而，大堆坠落的石头一直从大门通向外面，暗示着石头侧面的道路轮廓延伸至东南方向——一条可能曾经用于天文观察的道路。

事实上，与不列颠的巨石阵类似，这些地方也作为天文台使用（最初是为了确定两个至日）。其他同类天文台的存在证明，这样的迹象比较普遍。由于它们不仅有同心圆，而且也具有连接同心圆的放射状的墙，特征明显，它们更像戈兰遗址的那类建筑。令人惊奇的是，这些相似的建筑自始至终都是在地球的另一边——美洲大陆的古代遗址上发现的。

其中一个是位于墨西哥尤卡坦半岛的玛雅遗址奇琴伊察（见图 6a），即卡拉科尔（意为“旋梯”），是由天文观察塔那里的旋转楼梯而得名的。另一个位于秘鲁的沙华孟海角顶端的圆形天文台上（见图 6b），在该建筑上可俯瞰印加人的首都库斯科。与玛雅遗址类似，那里曾经可能有一个看守塔。它的地基显示了其布局有着异常庞大的巨石队列，也清楚地展示了同心圆和起连接作用的放射状的墙。

这些相似建筑的发现，足以令美国人安东尼·阿韦尼博士成为古代天文学方面的权威，尤其是在哥伦布发现美洲大陆以前的美洲大陆天文学文明方面。他的工作不仅仅是为了证实戈兰遗址的天文学方位，也有助于确定它的年代，

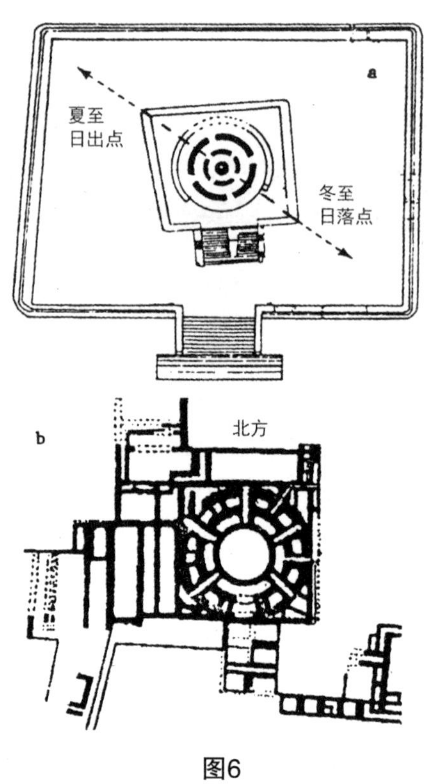

图6

进而回答了“为何”与“何时”这两个问题。

自从1894年诺尔曼·洛克耶的《天文学的黎明》出版以来，一个建筑的方向性（如果被排列指向两个至日）可以显示它的建造年代，便已经成为考古天文学家认可的工具。太阳从北向南再从南到北的运动形成的四季轮回，源于地轴（地球围绕地轴旋转形成了白天黑夜的轮回）在地球围绕太阳运行的平面（黄道平面）上是倾斜的。从地球上人的视角来看，好像来回运转的是太阳（尽管是地球在运转而非太阳）：它到达远处某个点，犹豫，停止脚步，然后又改变了主意，开始回来，然后穿过赤道到达另一个极点，再徘徊，停在那儿，然后又开始回来。每年两次穿过赤道的时刻（分别在3月和9月）叫作春分、秋分，而在另两站逗留的地方（6月停在北面，12月停在南面）都叫作至点（“太阳停顿”），就像史前巨石阵的观察者和戈兰高地的观察者看到的那样，对于在地球北半球的观察者来说，分别为夏至日和冬至日。

在研究古神殿时，洛克耶把它们分为两类。类似于耶路撒冷的所罗门神殿和黎巴嫩巴勒贝克的宙斯神殿，它们沿东西轴建造而成，指向春分日和秋分日的日出方向。其他如埃及的法老神殿，西南东北排列，这意味着他们是指向至日的。然而，令他感到奇怪的是，他发现前者的方向性从不改变（因此他称它们为永恒神殿），而后者——例如位于卡尔奈克雄伟的埃及神殿，却显示一代又一代法老们为了在至日那一天看到太阳的光线到达那个最神圣的地方，不断改变着通道和走廊的方向，以便和天空最细微的差异保持一致。在史前巨石阵那里，也有这种重新排列。

是什么导致了这些方向性变化？洛克耶的回答是：地球摇摆不定导致了倾斜变化。

目前，地轴的倾斜（倾斜度）与它的轨道路径（黄道）的夹角是 23.5 度。这个角度决定了太阳随着季节转换，在北面或南面多么远的地方出现。如果这个倾斜角保持不变的话，那么至日点也将保持不变。然而，天文学家已得出结论，由摇摆造成的地球的倾斜角度经过几世纪几千年才会变化，不断增大或减小。

如今，正如几千年前那样，倾斜角度已经处于不断变小的阶段。大约公元前 4000 年，它曾经超过 24 度；大约公元前 1000 年，减小到 23.8 度，然后继续减小，直到现在降到略低于 23.5 度。诺尔曼·洛克耶先生的伟大创新在于把这个地球倾斜度的变化运用到古神殿的研究中去，确立了卡尔奈克大神庙各个建筑阶段的校正时期（见图 7），这也同样适用于史前巨石阵的不同校正阶段（正如踵形石位置变化显示的那样，见图 3）。

本世纪早期，同样的原理也用于确定南美具有天文方向的建筑年代，如亚瑟·波尚南斯基关于的的喀喀湖岸边的蒂亚瓦纳科废墟的解释，以及罗尔

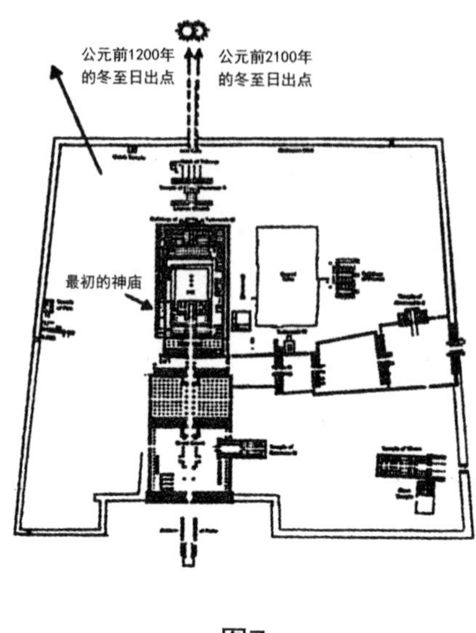

图7

夫·米勒对于马丘比丘的半圆形史前石塔和库斯科著名的太阳神殿的解释。他们仔细研究后表明，为了精确地确定地球的倾斜角（将仰角和地理位置考虑在内，以说明建筑的年代），关键是要精确地确定哪里是北面。无疑，在戈兰遗址的研究是具有重大意义的。研究者们发现晴天可以看到哈蒙峰的山顶，而这座山峰恰恰处于建筑中心的正北方。因此，阿韦尼博士和以色列学者约拿冉·米兹拉克以及马特尼亚·佐哈尔得出结论，这个遗址之所以被这么定位，是因为要让一个观察者站在遗址的中心，顺着他的视线，穿过东北通道的中心，看到 6 月至日黎明时的太阳从那里升起。这竟然发生在大约公元前 3000 年!

到公元前 2000 年，那时的科学家得出结论，太阳出现的位置将明显偏离相似位置的观察器的中心，而可能仍处于通道里面。500 年后，这个建筑作为一个精确的天文观察器已经失去了其价值。但在那时，大约在公元前 1500 年到公元前 2000 的这段时间里（通过对那里发现的小型人造物品的碳定年可以确定），中间的石头堆扩大形成了一个石冢，一个挖出的空穴下的小土堆，也许用于墓室。

奇怪的是，事实上，这些阶段的日期和史前巨石阵三个阶段的日期是相同的。

※

因为上面的一大堆石头保护着石冢下的空穴（假定为墓室），所以这些空穴是古代遗址保存最完好的部分。在最尖端的地震仪器和具有地面穿透力的雷达的帮助下，人们已确定它的位置。研究者们曾经也进行过一次洞穴挖掘。开凿者们（由约拿冉·米兹拉克博士带领）挖了一个沟渠。这个沟渠引导他们进入一个直径大约 6 英尺、高度大约 5 英尺的圆形房间。这个房间又通向一个更大的椭圆形房间，大约有 11 英尺长、4 英尺宽。后者的墙是由 6 大块玄武岩作为支撑建造而成（即随着墙升高向内倾斜）。这个房间的天花板是由大块厚重的玄武岩组成，每块大约重 5 吨。

那里没有棺材也没有尸体，另一个房间里也没有其他人类或动物的残存物。但是考古学家确实发现过一些特别的东西，经仔细鉴定，是几串较珍贵的玛瑙石、燧石刀片、青铜箭头和陶制碎片。他们因而得出结论，这其实是个墓室，但是这里放的可能是古人的遗物。有些石头被铺在房间的地板上，这个事实不得不让人得出一个结论——这个地方曾有盗墓者来过。

这些发现可以追溯到我们所知道的后青铜时期，这个时期大约从公元前 1500 年到公元前 1200 年。《出埃及记》的故事就是发生在这个时间段中，以色列的子民们从摩西领导下的埃及逃了出来，在约书亚的领导下占领了那片承诺之地。12 个部落中，流便支派（《圣经》时代以色列人 12 支派之一）、迦得的部落和玛拿西部落的一半分配到外约旦的一些地方——从南端的外约旦河到北端的哈蒙山丘陵地带。这些领域包括约旦河以东的吉拉德山脉和那个高原，就是现在的戈兰高地。因而，不可避免地，以色列的研究者转向《圣经》寻找这个问题的答案：这个地方到底是谁建造的？

根据《民数记》和《约书亚书》记载，吉拉德山北部曾经是由一个来自巴珊首都的叫奥格（Og）的君王所统治的。在《申命记》第三章中，记述了以色列占领奥格的领地。《圣经》是这样记叙的："奥格带领他所有的战士与以色列来的子民争夺土地。"打赢这场战争后，以色列人占领了60座城池，这些城池都有"高大的围墙、门和栅栏筑工事设防，不同于很多没有围墙的城池"。因此，建造由石头围墙和门构成的高大建筑（这些建筑使戈兰高地显得神秘莫测），在当时，是在奥格王国的承受能力之内的。

根据《圣经》记载，奥格力大无比、勇敢坚定："他的铁质床架有9腕尺（长度单位，约等于45.7厘米）长，4腕尺宽。"《圣经》中暗示，这么巨大的尺寸，是奥格从巨人族利乏音人那里继承而来。这些利乏音人曾是住在那片土地上的一种半神巨人种族（其他巨人后裔，包括歌利亚人与《圣经》中大卫时代的腓力斯人）。将有关利乏音人的参考资料与《圣经》中的记述结合起来看，《圣经》中说这些圆形石头建筑是约书亚穿过约旦河后建立的，并把吉甲这个地方命名为"圆形石堆"。有些以色列人称戈兰高地为Golan site Gilgal Repha'im，即"利乏音人的圆形石堆"。

然而《圣经》诗句并不支持这一命名，他们也并不真正把奥格王和那些墓室联系起来。《圣经》的主张颇引起人的惊奇，它宣称那个地方曾是利乏音人的领地，奥格只是继承者。因为我们发现利乏音人和他们的后代在迦南人的神话和史诗传说中曾被提到。有些文本明确认为，神和半神的行为及历史事件发生在今天我们正处于其中的这个地理位置。这些写在黏土石碑上的文本，是于1930年在叙利亚北部的一个沿海遗址被发现的。古代，叙利亚被称为乌加里特。这个文本记叙了一群神明，他们的祖先是伊尔（意为"上帝"或"至尊者"），他们的恋爱事件围绕伊尔的儿子巴尔和他的姐妹阿娜特展开。巴尔注意力的焦点是在山脉要塞和圣地乍缝（意为"北方"和"秘密之地"）。巴尔和他的领地都是在现在的以色列北部和戈兰。与他们同时漫步于这个区域上空的是他们的妹妹斯勒佩茜（名字含义不明确，可能与太阳有关）。关于她的文献明确指出，“她掌管利乏音人和神明”，她还控制半神和凡人。

一些已发现的文献都与这个三角区域的部分有关。其中一个被学者取名为《阿迦特的传说》，上面说但以理（上帝判他去希伯来）无法拥有一个儿子，尽管他是利乏－曼（也就是利乏音人的后代）。因为年老，不能生育出一个男性子嗣作为未来的依靠，但以理请巴尔和阿娜特轮流向伊尔替他求情。伊尔在同意了利乏－曼的请求的同时，逐渐向他灌输一个“加快生命呼吸”的方法，让他能和他的妻子结合，生了一个儿子，后来神为孩子赐名阿迦特。

另一个传说，叫“克烈特国王的传说”。克烈特是首都或大城市之意，此处用于指代城市及其国王。这个传说主要是讲，由于克烈特是神的后裔，所以他宣称自己永生。然而，他却病了。他的儿子大声地质疑他：“一个万能的伊尔后代也会死吗？一个神明也会死吗？”儿子已经预见到一个半神会死，虽然表面上看似无法令人置信。儿子们想到的不仅是乍缝山的巅峰，还有广阔地域的圣圈为克烈特哀悼：

为了你，父亲，
为巴尔的乍缝山哭泣。
圣圈啊，万能的圣圈啊，
广阔地域的圣圈，
为了你，我们悲伤哭泣。

这里有关于这两个备受敬畏的地方的参考资料，它们都为半神的死去而哀悼：巴尔的乍缝山（著名的圣圈建筑），“圣圈啊，万能的圣圈啊，广阔地域的圣圈”。如果乍缝山，即“北方之山”，恰恰坐落于谜一般的戈兰遗址北方的哈蒙山，那么神圈是否也圈住了谜一般的戈兰遗址呢？

出于怜悯，伊尔同意了请求，后来派女神夏特奎特（“一个驱除疾病的女人”）去拯救克烈特。在她执行拯救使命的途中，“经过了100个城市和数不清的村庄”，她及时赶到克烈特的家中，使他起死回生。

但是，因为只是一个半神，克烈特最终还是死了。那么，他后来是被埋葬在那个带有“万能的广阔地域的圣圈”的墓穴中了吗？尽管迦南的文本没有给出年代线索，但是他们讲述的故事明显是在青铜时期，它可以和在戈兰遗址墓穴中发现的人造物品的日期很好地吻合。

这些传奇的统治者最终是否安葬在戈兰遗址，我们无从确认。尤其自从考古学家研究这个遗址并提出侵入式埋葬的可能性之后。也就是说，把后来的死者也埋葬在先前的古墓里，但保持墓穴里原有的东西不动。然而，他们能够确定（根据建筑特征和不同的测定日期技术）这种“圆形结构”的建筑物（同心圆形的石头墙，因其天文学功能我们可以称之为星石）比其他的石冢和埋入式墓室早1000年到1500年。

※

与史前巨石阵类似，其他由巨石建造而成的遗址非常像戈兰遗址。它们到底是由谁建造的？人们确定它们的年代和用先进的天文知识测定它们的方向，却进一步加深了这个谜团。在戈兰遗址的案例中，除非他们自己确实是神明，否则谁能在大约公元前3000年有这样的壮举？

公元前3000年，在西亚只有一个足够发达、足够复杂的文明，拥有特别的天文学知识，能够设计、确定天文学方向，还可以建造上述的那种主要建筑。那就是苏美尔文明。曾经繁荣的它在今天的伊拉克南部。“突然，意想不到的是，一下子就灰飞烟灭”，学者们这样说。在几个世纪里（随着人类文明的不断进化），事实上，一开始解决的是我们认为对一个高度文明最重要的东西——从轮子到砖窑、砖块、高高砌起的建筑，到著述、诗歌、音乐，到法规、法庭，到法官和合同，到神殿、神父，到国王、管理者，到学者、教师，甚至医生和护士，还有令人称奇的数学知识以及精确的科学和天文学知识。他们仍然使用犹太历法。公元前 3760 年，一场就职典礼在尼普尔举行。那时用的就是犹太历法，他们也拥有我们现在讨论所需要的建筑学的一切精确知识。

这是一个文明铺垫的过程，大约比埃及文明早 800 年，比印度河文明早 1000 年。巴比伦文明、亚述文明、赫梯文明、埃兰文明、迦南文明以及腓尼基文明均比它晚，而且要晚得多。它们都留下了印记，都建立在苏美尔人最初的、最基本的文明之上。因此，在希腊和地中海的岛屿上，早期文明应运而生了。

苏美尔人的冒险一直到戈兰高地吗？无疑，因为他们的国王和商人一直向西朝着地中海走（他们称为高处的海），开船到低处的海（也就是波斯湾），一直到其他远方的陆地上。当时乌尔是他们的首都，他们的商人们对古代近东的每个地方都很熟悉。苏美尔最有名的君王吉尔伽美什——一位著名的乌鲁克，即《圣经》中的以力，有极大的可能曾来过这个遗址。时间大约是在公元前 2900 年，是在戈兰遗址第一次建立起来后不久。

吉尔伽美什的父亲是这个城市的高级神父，他的母亲是女神宁桑。为了成为一个无所不能的君王，扩大城市的影响，增强势力，吉尔伽美什反抗当局，即当时苏美尔的核心城市基什，开始了他自己的统治。一个黏土碑记载了基什君王阿格的趣事，两次提到他的勇敢坚定。基什是当时广阔地域的首都，所控制的地域跨越了幼发拉底河。一定有人想知道那个勇敢坚定的阿格王是不是《圣经》上传说的巨人奥格的祖先，因为以君王的名义追随先祖曾是近东的一个惯例。

吉尔伽美什年轻时妄自尊大、野心勃勃，常常虚张声势，随着年龄的增长，他更加坚定了信心。为了保持他的威力，他走遍他的城邦，拜访新婚夫妇，声称王室拥有与新娘第一次性爱的权力。当市镇里的人们再也无法忍受时，他们向神明祈求帮助。神明作出了回应，造了一个一模一样的吉尔伽美什来阻止君王的诡计。被征服了的吉尔伽美什变得阴郁，喜欢深思。他看到了年纪与其相当的人或者更年轻的人死去，当然对他来说有了另一条道路：毕竟他曾拥有部分的神的特质——不仅是一个半神，还有 2/3 神的特质，因为不仅他的父亲，他的母亲也是一个女神！

他，吉尔伽美什，甘心作为一个凡人最终死去还是被授予神明的永恒生命呢？他把自己的情况跟母亲说了。对的，她告诉他，你是对的。但是，为了保持神明的生命期限，你必须登上天堂，去往上帝的住处。她告诉他，从他教父乌图（即后来世人所知的古巴比伦太阳神沙马氏）控制的那些地方去往天堂是有希望的。

乌图试图劝阻吉尔伽美什："吉尔伽美什，谁能攀登上天堂呢？只有神明永远居住在太阳底下。对于人类，他们的寿命是有限的。""回去吧，和你的家人和市民一起享受你剩下的日子吧。"神对他说。

吉尔伽美什的故事和他永生不死的请求，在《吉尔伽美什史诗》中有记述。这是一个写在黏土碑上的文本，曾被原始苏美尔考古学家和很多古文翻译家发现过。正如传说中所说的那样，我们知道吉尔伽美什没有被说服，一个从天空掉落下来的东西让他断定这是一个来自天堂的警示，告诉他不应放弃。因为答应要帮助他，宁桑向他透露，雪松山就是众神在地球上的着陆点，吉尔伽美什可以从那里登上神明的住所。"这将是一个充满危险的旅程。"她警告吉尔伽美什。"但是，有没有其他的选择呢？"他问她。他说："如果我的请求失败，至少我的后代将会知道我曾经努力过。"

在祝福他旅途顺利的同时，宁桑强调，那个人造人恩奇都，会走在吉尔伽美什前面，一路保护他。这个选择很凑巧，因为恩奇都就来自他们的目的地。在那些山里，他曾经和野兽同行。他向吉尔伽美什解释道，这个任务是多么危险。然而，吉尔伽美什坚持要继续前进。

为了到达雪松山，吉尔伽美什必须穿过我们现在称为戈兰高原的地方。事实上，我们发现，列举国王历险和成就的史诗前言中曾经指出，“他切开山脉通过戈兰”。这是第一个有助于回顾历史的例子，因为在那片叫苏美尔的陆地上没有山脉。

途中，吉尔伽美什几次停下来寻找从太阳神处前来的使者。当他们到达那座山和那座森林时（在苏美尔没有类似的东西），吉尔伽美什有一连串梦的征兆。在一个十字路口，他们已经可以看到雪松山。坐在由恩奇都做成的一个“圆圈”里，吉尔伽美什试着思考梦的征兆——难道恩奇都拥有超人的力量，为吉尔伽美什安排了指明方向的星石？

我们只能猜测。然而，物理证据证明，那些世代住在戈兰高地的人都很熟悉吉尔伽美什和他的传说，这些都已经在戈兰高地被发现过。

在国王的冒险经历中，最让人津津乐道的是一个突发事件。他遇到两只残忍的老虎，并打败了它们，而且是赤手空拳把它们杀了。这个英雄事迹是古代近东艺术家最喜欢的主题。然而，完全出乎意料的是，在一个同心圆旁的遗址中，人们发现了一块带有文字叙述的厚石板（见图 8）。这个人造物品如今在奎特瑞的戈兰考古博物馆中展出。

尽管本文的参考资料和石板上的文字说明并不构成令人信服的证据，证明吉尔伽美什在去黎巴嫩的雪松山途中到过那个遗址，但那里有引人好奇的线索可以考虑。在遗址被证明从不存在之后，以色列考古学家发现，它曾经被标

图8

记在叙利亚军事地图上，地图上的名字是努格·伊尔希利——一个最让人迷惑的名字，因为在阿拉伯语中，它的意思是“一堆石头猫”。

我们猜测，这个令人迷惑不解的名字的解释，可能会出现在《吉尔伽美什史诗》中，这些勾起我们对国王与狮子搏斗的故事的回忆。

正如我们将看到的那样，那是一个有着错综复杂联系的开始。

第二章

命运有 12 个站

学者早已意识到，尽管外形、名字和位置并不完全相同，但还是有相同主题和根源的传说反反复复出现。这样，也许可以确定，记述吉尔伽美什与狮子战斗的那块石板，是一个名叫爱因·萨姆森的人，在一个名为“参孙的春天”的村庄旁发现的。因为有人也许会记得，参孙也曾赤手空拳与一只狮子打过。那是大约在吉尔伽美什之后 2000 年发生的，但可以确定，不是发生在戈兰高地。那么村庄的名字是一个巧合，还是曾经有一个叫吉尔伽美什的游客后来成了参孙这个人，拥有了这样一段挥之不去的记忆呢？

只要与克烈特王有关的，都具有非常重大的意义。尽管没有指出迦南传说的地点，很多人——例如居鲁士 · H. 戈登的《克烈特王传奇笔记》——曾经认为，这个为国王为他的首府而取的名字事实上借用了克里特岛之名。根据克里特岛人和希腊人的传说，上帝宙斯看到欧罗巴时，文明出现了。而他又把腓尼基（就是现在的黎巴嫩）的美丽公主变成白牛，劫持并背着她游过了地中海，到达克里特岛。他们在那里生下三个儿子，其中一个是米诺斯。一直以来，这个孩子与克里特岛人文明的开始息息相关。

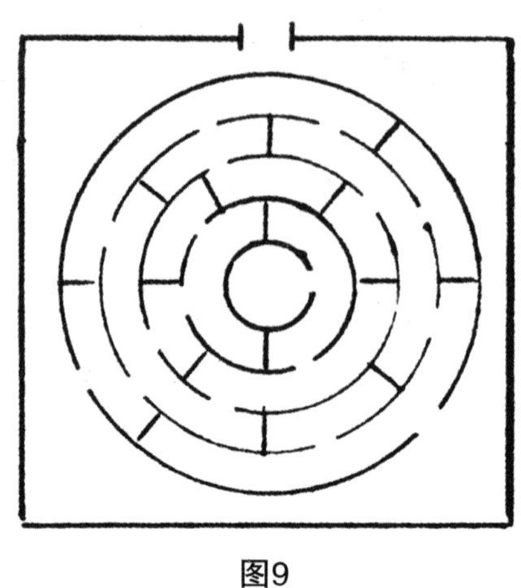

图9

由于继承王位受阻，米诺斯请求海神波塞冬赐予他神的宠爱。之后，波塞冬造了一个纯白色的神牛，牛从海中出现。米诺斯发誓要把那头漂亮的牛作为祭祀献给上帝，但是奇怪的是，他自己却藏了起来。为了惩罚他，上帝让国王的妻子与那头牛相爱并结合，其后代就是传说中的弥诺陶洛斯（人身牛头怪物），一个半人半牛的生物。后来，米诺斯委托神匠代达罗斯在克里特的首府克诺索斯建造了一座地下迷宫，使牛人无法逃脱。

在挖掘克诺索斯的残存物时，一个巨大的石头牛角雕像一下子就映入游客的眼帘，它不是在挖掘关押牛人的迷宫时发现的残存物。但是，关于它的记忆和圆圈形状，就像带有多道垒砌成的射线同心圆的墙（见图 9）一样，从不曾被遗忘。

当然，它和戈兰遗址的布局很像，这令人回忆起《吉尔伽美什史诗》中英雄与天堂的牛的相遇。

正如故事中所描述的那样，就在试图进入雪山松林的前一夜，吉尔伽美什预见到一艘火箭宇宙飞船，从发射场发射，伴着熊熊火焰，骤然升起。第二天早上，他们发现了那个进入禁区的隐秘入口。然而，当他们打算进去时，那个机器守护人就挡住了他们的去路。它是“强大的，它的牙齿像龙的牙齿一样，

图10

它的脸像狮子的脸那么凶残，它像源头的河水那样凶猛地冲过来”，一个“辐射电波”从它的前额发射过来，“吞吃树木和灌木”，“没有人可以逃脱它杀人的威力”。

看到吉尔伽美什和恩奇都陷入困境，乌图“从天上跑下来与英雄对话”。他建议他们不要逃跑，只要上帝刮起一阵旋风，尘土将会使守护人看不见东西，英雄们就可以见机牵制住这个怪物。随着风不断刮起，恩奇都伺机攻击并杀掉了守护人。古代艺术家把吉尔伽美什、恩奇都和乌图，还有凶恶的机器守护人描绘在圆筒图章上（见图 10）。这些描绘使人们脑海中呈现出“天使与旋转剑”这类典型的《圣经》画面，上帝将它们安排在伊甸园的入口处，以确保被驱逐的亚当和夏娃不能重返伊甸园。

乌图的双胞胎妹妹伊南娜（后来以伊师塔之名著称）也目睹了这场战斗。她曾经诱惑一个凡间的男子与她共度一夜——在一个差点让他们丧命的晚上。当吉尔伽美什赤身裸体在附近的河里或瀑布中洗澡时，她因为迷恋他的英俊而向他呼唤道："来吧，吉尔伽美什，做我的爱人！”然而当得知了她曾经的风流记录后，吉尔伽美什拒绝了她。

他无礼的拒绝激怒了伊师塔，她召唤神牛重击了吉尔伽美什。为了活命，两人（另一个是恩奇都）奔逃回了乌鲁克；但是神牛在幼发拉底河畔追上了他们。在性命攸关的时刻，恩奇都再一次成功击败并杀死了神牛。

伊师塔愤怒了，“对天号啕大哭”，要求把那两个伙伴杀死。尽管他们幸存

图11

一时，但最终还是摆脱不了死亡的命运，恩奇都先死去，然后吉尔伽美什也死了（第二次旅行后，他回到了西奈半岛的太空船发射降落场）。

什么是神牛（苏美尔语中的 GUD.ANNA）呢？很多研究史诗的学者，例如乔治·德·桑提拉纳和赫塔·冯·戴程德在《哈姆雷特的石磨》中已经得出结论：发生在地球上的史诗事件，是发生在天堂事件的反映。乌图是太阳，伊师塔是后来希腊和罗马时代所称的维纳斯。那个面朝狮子、雪松山上的凶猛的守护者就是狮子座，而神牛则是后来的（自从苏美尔时代起）天上星座——牛的星座（金牛座）。

事实上，在美索不达米亚有关于狮子和牛的主题描述（见图 11a 和 11b），第一次是在公元前 4000 多年由威利·哈特纳所著的《近东地区星座早期历史》记录的。苏美尔人可能已经观察到这两个星座处于黄道带位置中，牛的星座（金牛座）是春分日的星座，而狮子的星座（狮子座）是夏至日的星座。

正如苏美尔人所说，黄道带的含义对于地球上的史诗事件有重大意义，表示他们曾经有这些天文知识。那时是公元前 4000 年，大约比一般认为星星群体形成星座和希腊人引进十二黄道带星座要早 3000 年。事实上，希腊的一些专家曾解释道，他们的知识是从美索不达米亚的“占星术”那里来的。正如苏美尔人文献和图示描绘的那样，荣誉应该授予他们。他们给黄道带星座创造的名字和符号，我们现在都未曾改变。

苏美尔人的黄道列表开始于金牛座，事实上，金牛座是用于观察太阳的。公元前 4000 年，于春分日可以从那儿看到太阳在黎明时升起。它被称为苏美尔人的 GUD.ANNA（神牛）或神化的牛——这和《吉尔伽美什史诗》使用的术语相似，在故事中，伊师塔召唤过它，那两个难兄难弟也曾打败过它。

在大约公元前 2900 年，这种宰杀仪式能代表或象征一个真正存在的天上的事件吗？显然无法排除这种可能性。历史记录显示，那些主要的事件和重大的变化在那个时代确实在地球上发生过；而神牛的“宰杀”是一个征兆，一个天堂的征兆，甚至预示触发地球上的事件发生。

公元前 4000 年是较好时期，在那时，苏美尔文明不只是地球上最重大的历史事件，也是唯一的重大事件。然而，大约公元前 3100 年，尼罗河文明（埃及和努比亚文明）在幼发拉底河 – 底格里斯河流域与苏美尔人文明结合了。难道这导致了地球上的分裂（《圣经》中关于巴别塔的传说暗示，当人们说同一种语言时，世界末日就到了）？描述关于神牛被恩奇都扯掉前腿的政变的史诗（《吉尔伽美什史诗》）对此也有所描述。埃及天空 – 黄道带的描写，真正把他们的文明和部分金牛座前期的历史联系起来（见图 12）。

正如我们在《众神与人类的战争》中详细描述的那样，那时，伊师塔曾期

图12

盼成为新文明的女主人，但是渐渐离文明远去。大约公元前 2900 年，当第三个文明出现时，她得到些许安慰，因为印度河谷区域发展起来的文明处于她的控制之下。

天空的预兆对于神明非常重要，他们对于地球上的凡人甚至有更重要的意义。恩奇都亲眼目睹降临到他们身上的命运，他明白一个创造出来的人不可能逃过死亡，就连拥有 2/3 神性的吉尔伽美什也不可能躲过死亡。尽管他再次去旅行，承受了艰难险阻；尽管他发现了永远年轻的植物，他还是两手空空回到了乌鲁克。根据闪族人的国王名单，“神圣的吉尔伽美什，他的父亲是一个凡人。他是神殿区域的高级祭师，统治那里 126 年；吉尔伽美什之子乌尔卢伽尔，继承他统治的那片区域。”

我们似乎可以听到吉尔伽美什的儿子在哭泣，就像克烈特的儿子们那样：“仁慈的伊尔的后代怎么会死呢？一个神明会死吗？”然而，吉尔伽美什虽然还不只是一个半神，而是拥有 2/3 的神性，却仍需要与他的命运抗争。他的命运是牛的时代，他要改变自己的命运。他的命运，一个在天堂造就的命运，为了一个永生不死的机会，最后也不得不以凡人一般的死亡而告终。

※

吉尔伽美什可能在戈兰遗址逗留过一段时间，而 1000 年后，另一个古代的重要人物也来到了戈兰高地，他也曾看到过写在黄道带星座上的命运。他就是雅各，亚伯拉罕的孙子。根据我们的推测，当时大约是公元前 1900 年。

有一个常被忽视的有关巨型建筑的世界性问题，即为什么他们要建在他们当时的所在之地呢？他们的位置明显和特殊目的有关。我们曾在此前的作品中提到过，吉萨的大金字塔是纳菲力姆人到达地球时，用于其登陆的走廊，由此通向西奈山的太空船发射降落场。曾经有一流的天文学家猜测，英国史前巨石阵，一开始就建在它现在的地方，因为它正好处于其发挥天文功能、把太阳和月亮观察点结合起来的地方。直到更多与戈兰遗址有关的例子浮出水面，关于它为何位于现在的位置，最有说服力的证据，在于它跨越了少数干道中的其中一条，这些干道连接两条国际通道（从古至今）：国王的快速通道沿着约旦河东岸的山脉和海道而下。其中，海道沿着地中海岸向西而去（见地图）。这两条通道连接美索不达米亚、埃及、亚洲和非洲——它的形成原因可能是良好的商业贸易或是军事入侵。地理学和地形学对两个通道之间的连接点做了规定。在戈兰遗址，在基尼烈湖两边中的任何一边，都

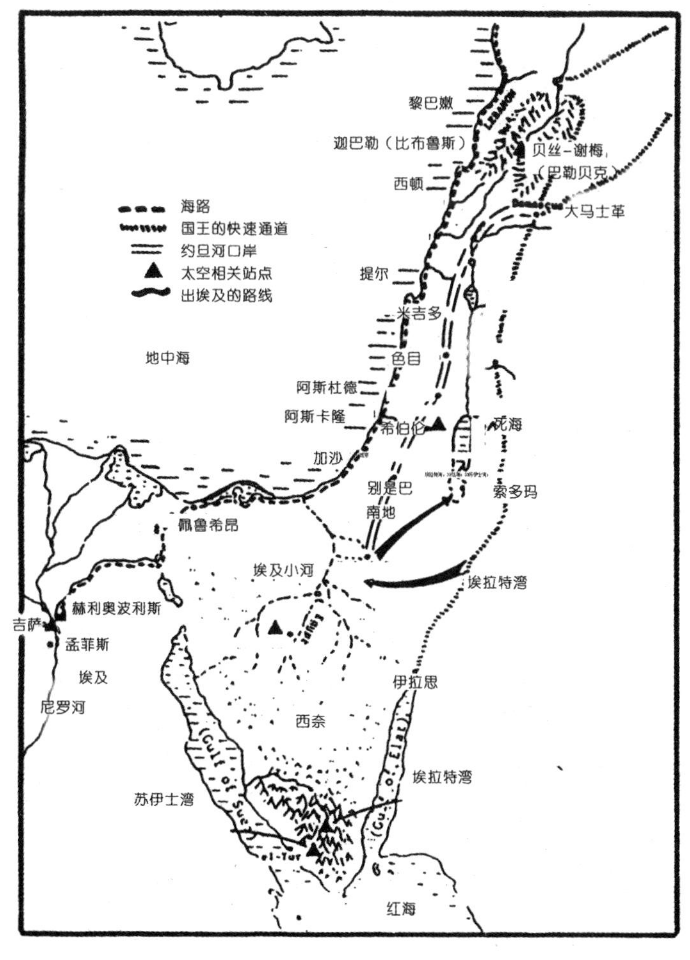

可能构成一个交叉点；较可能的一个（当时和现在）是北方的那一个。那里，桥保持着它的古名：雅各女儿的桥。

从此，戈兰遗址就坐落在那里。从不同国家和本国各地而来的旅游者都停下来仔细观察这些天堂的预兆，寻找有关他们命运的线索。当然，他们也许会迷失在这个不确定的遗址中。因为它是神圣的，很多战争或和平的问题都在那里谈判。

根据《圣经》和美索不达米亚的相关资料，我们相信这就是雅各曾经使用这个遗址的目的。

在雅各之前两个世纪的苏美尔，这个故事就开始了。它不是以雅各的祖父亚伯拉罕开端的，而是他的曾祖父他拉。这个名字说明，他是一个被称为特尔胡的预言祭师；他的家庭以阿曼的伊布里人（也即希伯来人）著称，这预示着他们把自己当成是尼普尔人——来自尼普尔的人，而尼普尔在苏美尔人时代是他们放弃的城邦——“交叉口美丽愉快的住处”。苏美尔的宗教和科技中心尼普尔是“杜尔安基”（“天地纽带”）的遗址，这个遗址是“天地的结合点”，它位于这个城邦的神圣区域。这是储藏、研究和通译积累的天文、日历与天上知识的中心。亚伯拉罕的父亲他拉是其中的祭师之一。

大约在公元前 2100 年，他拉被调动到乌尔。这段时间被苏美尔学研究者称为“第三乌尔”。因为在那时，乌尔不仅是苏美尔的首都，也不仅是扩大的政治实体苏美尔和阿卡德的首府，还是一个欣欣向荣具有实质性作用的帝国首都。这个帝国不是由武力联合在一起，而是因它们有着高度发展的文化、统一的万神殿（以宗教著称）、有效的管理机构和繁荣的贸易。乌尔也是巴比伦神话中的月神兰纳（后来被苏美尔人称之为“辛”）的礼拜中心。在苏美尔内外快速发展的大事使他拉第一次转到乌尔，之后转到一个更远的城市，位于幼发拉底河上游及其支流处的哈兰。这个城市作为一个主要的十字路口和贸易点（其名字意为大旅社，正好预示了这一切）发挥其功能。它是由苏美尔商人建立的。因为哈兰也为月神建造了巨大的神庙，所以这个城市被尊称为“远方的乌尔”。

在这些辗转的过程中，他拉一直带着他的家人。迁居到哈兰的那一次，包括他拉的第一个孩子亚伯拉罕（他以前就是被这么称呼的），另一个儿子拿鹤以及他们的妻子撒莱（后来被称为萨拉）和密迦，还有他拉的孙子，也就是亚伯拉罕那死在哈兰的弟弟之子罗得。据《圣经》记载，他们在那儿住了很多年，他拉活到 205 岁，死在了那儿。

之后，上帝对亚伯拉罕说：“你离开这个城市吧，离开这个出生地吧，离开你父亲居住的地方吧，去那片我指给你的土地……那里我将给你一个庞大的民族，我将为你祝福，使你成为一个伟大的人。”亚伯拉罕带着他的妻子撒莱、他们家的所有人以及他们所有的财产，去了迦南之地；“离开哈兰时，亚伯拉罕已经 75 岁了。”他的弟弟和其家人留在哈兰。

遵循神的旨意，亚伯拉罕很快迁到迦南，并在内盖夫建立了居住地。内盖夫位于西奈半岛边境，土地贫瘠。在一次去埃及的途中，他受到法老宫廷的传唤。回到迦南，他常常打击当地的统治者。在国与国的战争中，他扮演一个战争国王的角色，这在《圣经》(《创世记》第四章）中有记述。这之后，上帝给亚伯拉罕许诺，他的子孙将继承统治埃及小河和幼发拉底河之间的土地。他还是怀疑上帝的许诺，并指出他和妻子撒莱还没有孩子。上帝告诉亚伯拉罕不要着急。“现在，望着天空。”上帝对他说，“数天上的星星，尽你所能地数……你的子孙将是这么多。”但是，在那以后，撒莱还是没能怀孕。

因此，在撒莱的建议下，亚伯拉罕和她的侍女夏甲同床共枕，后来，夏甲怀上了他的儿子以实玛利。后来，索多玛和蛾摩拉巨变之后，奇迹出现了——当时这对夫妻的名字改为了亚伯拉罕和萨拉：亚伯拉罕当时已经 100 岁了，他的妻子已经 90 岁了，他们仍然有了一个儿子。尽管不是长子，但在苏美尔人的继承惯例中，萨拉的儿子以撒才是正统的继承人，这是族长必须遵守的；因为继承人的母亲必须是继承人父亲同父异母的姐妹——“是我父亲的女儿，但不是我母亲的女儿”，亚伯拉罕这样说萨拉（《创世记》20：12）。

亚伯拉罕的终身伴侣萨拉死后，他“老得很快”（据我们推算是137年），也越来越担心他那未结婚的儿子以撒。因为担心以撒最后会与一个迦南人结婚，他便派遣家族中的一个监工去哈兰，到那里的亲戚中为以撒找一个新娘。当监工在拿鹤的村庄住下时，他遇见了正在打水的丽贝卡，这个女子就是拿鹤的孙女，她最终去了迦南，成了以撒的新娘。

他们结婚20年后，丽贝卡生了一对双胞胎，以扫和雅各。以扫先结了婚，娶了两个妻子，她们都是赫梯族少女。“她们是以撒和丽贝卡痛苦的来源。”这个问题在《圣经》中没有详细记载，但是婆媳间情况很糟糕，丽贝卡对以撒说：“都是这两个赫梯族女人，让我们的生活变得糟透了。难道雅各也要与这样的赫梯族女人结婚吗？所有的当地人中，哪个女人像我这样生活？”因此，以撒叫来了雅各，命令他前往哈兰，去他母亲的家乡，找一个新娘。遵父命，“雅各离开贝尔谢巴前往哈兰”。

雅各从迦南南面去远方的哈兰的旅途，《圣经》只记载了一小段情节——但确实是非常重要的一段。那是雅各夜间的一个幻觉，“他好像来到了某个地方”，那里有一个通往天堂的梯子，上帝的天使们正上上下下。醒来后，雅各意识到他已经来到神耶洛因的一个地方和通往天堂的门口。他放了一块有标记的石头在那，记下了那个地方，并把它叫作伯特利神殿。之后，他又继续向哈兰走，那条路线没有记录。

在城市的外边，他看到两个牧羊人和他们的羊群在旷野上的一个水井旁。他上去问路，并向他们询问是否认识他母亲的哥哥拉班。那两个牧羊人说，我们确实认识他，他的女儿蕾切尔正赶着他的羊群向这边过来。雅各眼里满含泪水，他向蕾切尔介绍说自己是她的姑姑丽贝卡的儿子。拉班一听到这个消息，立刻奔跑过来，拥抱亲吻他的外甥，并邀请他住在家里，和他另一个女儿，大一点的利亚见面。拉班对婚事的意见已经很清楚，然而雅各却爱上了蕾切尔，并答应为拉班工作 7 年换取一份嫁妆。但是在婚礼的当夜，宴会后，拉班把婚床上的蕾切尔换成了利亚……

早上，雅各发现新娘的身份后，拉班假装为难了。他说，姐姐没结婚前，妹妹是不可以先结婚的；你为什么不再给我工作 7 年，然后和蕾切尔结婚呢？因为还爱着蕾切尔，雅各同意了。7 年后，他和蕾切尔结婚了；然而，狡猾的拉班继续让雅各为他做苦工，仍让他做牧羊人，不放他走。为了防止雅各逃走，他允许雅各饲养自己的羊群；但是雅各越是成功，拉班就越是嫉妒。

当拉班和他的儿子们在为他们的羊群修剪羊毛时，雅各把他的妻子、孩子和羊群召集起来，逃离哈兰。“他穿越了那条河”（幼发拉底河），“他朝基列逃去。”

“第三天，有人告诉拉班，雅各已经逃跑了；拉班带着他的亲属去追雅各；7 天后，在基列山追上了他。”

基列山，位于希伯来的“永恒的石堆”，即戈兰的圆形观察点的遗址！

这次遭遇以痛苦的交换和彼此的谴责为开端，却以和平条约为结局。在那时的边界条约问题上，雅各选择了一块石头将它竖立起来作为见证石柱，以此为界，拉班不能越过它进入雅各的控制区域，雅各也不能越过它进入拉班的管辖区域。这种边界石，由于它们圆形的顶部，阿卡德人称为“界石”。它们在很多近东的遗址中曾被发现过。它们作为目击者和见证人记录下了条约的细节和两边神的调动。根据习俗，拉班让亚伯拉罕神和拿鹤诸神保证条约执行。可以理解，雅各“由于害怕父亲以撒而发誓”。然后，他把自己的感想加在那些时间和地方：

雅各对他的儿子说：

把石头收集起来；

他们收集石头

并把他们堆成一堆

雅各呼唤石堆

门关上

在 Gilad 和 Gal-ED 之间有小小的发音差别，雅各改变了名字的意思，从永恒的“石头堆”改成了“石头见证堆”。

我们如何能确定它就是戈兰遗址的那块巨石呢？我们相信，有最终令人信服的线索：在条约誓言中，雅各也把遗址描述为哈－密兹派——那个观察点！

《禧年书》是一本对《圣经》进行拓展的书，从无数早期资料中描写了很多《圣经》传说，增加了对已记载事件的附言：“为了得到见证，雅各在那里做了一个石堆，就是这个地方的名称‘见证石’。但之前，他们习惯称‘基列山地’为‘利乏音之地’。”

因而，我们回到了谜一般的戈兰高地和它的昵称“基列利乏音”。

※

按照惯例，已在近东被发现的界石，不只是协议条款和被调动神明的保证，也是神明天生的象征符号——有时是太阳、月亮和星球的符号，有时是黄道带内星座的符号（见图 13）。他们一共 12 个。因为从最早的苏美尔人时代起，黄道带星座的数量就是 12，正如它们自己的名字所显示的那样：

戈特安那——天堂的牛（金牛座）

马什戴伯巴——双胞胎（双子座）

杜伯——钳状物、钳子（巨蟹座）

乌尔古拉——狮子（狮子座）

艾伯辛——她的父亲是辛（室女座 = 处女座）

子尔白安拿——天堂的公平（天平座 = 天秤座）

困墩——他会抓并刺（天蝎座）

帕比尔—守卫者（射手座 = 人马座）

苏胡尔马什——山羊鱼（摩羯座）

鸪——水上之神（宝瓶座）

赛姆麦——鱼（双鱼座）

库玛拉——旷野的居民（白羊座）

图13

尽管并非所有绘有 12 个黄道带星座的符号都是从苏美尔人时代（甚至是从巴比伦时代）幸存至今的，但是它们都曾在埃及的山脉中被发现，它们有相同的图像和名字（见图 14）。

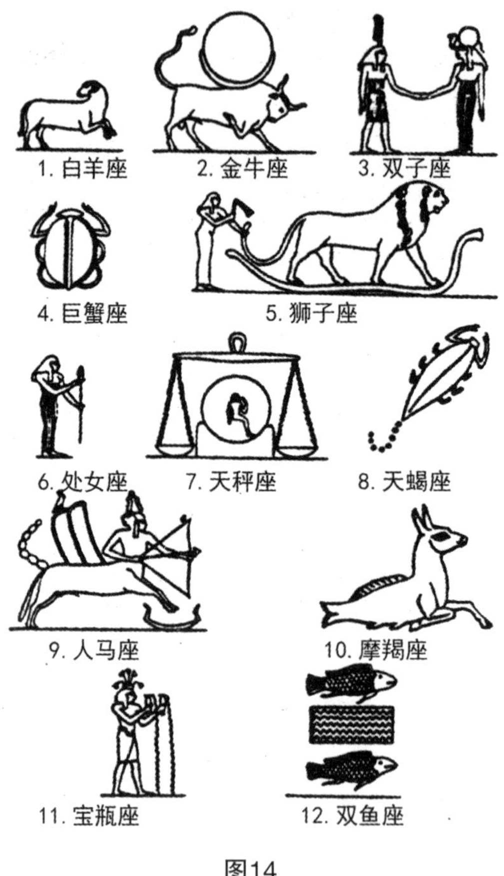

图14

有没有人会质疑，当上帝告诉他观察天空眺望未来的时候，亚伯拉罕是不是已经意识到这 12 个黄道星座？“你仰望天空看到的星星，就是你子孙看到的星星。”上帝这样告诉他。当他与侍女夏甲所生的长子以实玛利出生时，上帝保佑这个孩子：

为了以实玛利
我的确实听到了他
我要保佑他
我使他多子多孙
我最大限度地给他增加
从他那儿，12 个酋长将会诞生
他们将是一个伟大的民族

——《创世记》17：20

把这些预言式的祝福与亚伯拉罕观察到的星光闪闪的天空联系起来，《圣经》第一次记录了 12 这个数字和它的重大意义。它讲述了（《创世记》第二十五章）以实玛利的儿子（每一个都是一个部落的首领）确实是 12 个。按名字把他们列举出来的同时，《圣经》还强调："根据他们的宫廷和要塞，可以确定他们就是以实玛利的儿子——12 个首领，掌管他们自己的种族。"他们控制的区域穿越了阿拉伯半岛和沙漠，一直到阿拉伯地区的北部。

《圣经》再次使用 12 这个数字，是在雅各回到耶路撒冷南边小镇希伯伦的住处时，他 12 个儿子的名单再一次使用。"雅各有 12 个儿子"，根据《圣经》在《创世记》第三十五章中的记载，他们的名字与后来以色列 12 部落的名字完全一致。

6 个由利亚生育：
流便，西缅，利未，犹大，以萨迦，西布伦
2 个由蕾切尔生育：
约瑟，便雅悯
2 个由蕾切尔的侍女辟拉生育：

丹，拿弗他利

2个由利亚的侍女悉帕生育：

迦得，亚瑟

然而，这份名单是处理过的：这不是那些和雅各一起回到迦南的孩子的原始数字。便雅悯是最小的孩子，是由蕾切尔生育的。当这个家庭回到迦南时，蕾切尔因生育死在伯利恒。而雅各孩子的数量在便雅悯以前已经是12个了，还有一个孩子是由利亚生的小女儿底拿。也许这不仅仅是巧合，名单是由11个男性和1个女性组成，好像黄道带星座的名单，也是由一个“女性”（处女）和十一个“男性”构成。

雅各（在穿越约旦河时，他和一个神明打斗后，更名为以色列）12个孩子的黄道带预示可以在《圣经》外典的叙述性问题中看到两次。一次，约瑟（一个托梦、解梦师）向他的兄弟们自夸已经梦到了太阳和月亮（老年的雅各和利亚）以及11个可可哈维向他鞠躬——这个词总是翻译为“星星”，但是术语（从阿卡德语而来）用于指示星座。约瑟的梦一共有12个，暗示他是一个大星座，这使他的兄弟们很不高兴。

后来，奄奄一息的老年雅各把他的12个儿子叫到跟前，祝福他们并预言他们的未来。族长将雅各的预言告之于世，最后的祝福把长子流便和阿兹联系起来。阿兹是白羊座的黄道带星座（白羊座当时已取代金牛座成为春分日的星座）。西缅和利未作为双胞胎而被合在一起，即双子座。因为他们的妹妹被强暴，为了给她复仇，他们杀了很多人。雅各预言道，他们将被驱赶到其他的部落中，并且丧失其领地。犹大被比作狮子座，并被预言将成为王权的拥有者——这就是对朱迪亚王权的预言。

西布伦被预言成为海上的居住者（宝瓶座），后来果然如此。12个部落儿子的未来预言继续着，名字和符号把他们和黄道带的星座联系在了一起。最后是蕾切尔的儿子们：约瑟被描述为弓箭手（人马座）；最后是便雅悯——已经代替了他姐姐底拿（处女座）——被描写成一个吞食他人的掠夺者。

另外还有一种说法，它仿造 12 宫的 12 座房子，与数字 12 紧密联系着，但通常没人知道。大批人离开埃及，承诺之地由 12 部落分割之后，他们又重新进行了一些整理。对分享了领土的 12 部落的描述中，还列举了约瑟的两个儿子（约瑟在埃及生了他们）——玛拿西和以弗所。不过，列举的数目仍然是 12：因为正如雅各预言的那样，西缅和利未部落并未分享到领土，而是遭到其他部落的驱赶。天上 12 宫的要求——圣洁，又一次得到很好的保护。

※

有时，让挖掘圣地犹太教堂（Jewish Synagogues）的天文学家感到很困惑的是，居然发现几层这样的犹太教堂，这些教堂都用 12 星座的黄道带圆圈装饰，星座上画着它们传统的象征符号（见图 15）。由于希腊和罗马比基督教的影响早几个世纪，他们往往认为这些发现不合常规。这种看法源于一种信仰，即这种惯例被《旧约》禁止。这种看法不顾历史记录——希伯来和黄道带星座的相似性和它们与未来预测的关系，即与命运的关系。

几世几代过去了，直到现在，人们在犹太人的婚礼上或一个小男孩受割礼时，还可以听到“祝贺你！祝贺你！”（Mazal-tov！ Mazal-tov！）这样的大喊。不管你问任何人这意味着什么，答案将会是：它意味着“好运”，让新婚夫妇和小男孩有好运。

然而，很少有人意识到，尽管这不是故意的，它却不是这个句子本来表示的意思。Mazal-tov 字面的意思是“一个好的或是良好的黄道带星座”。这个术语来源于阿卡德语（第一种苏美尔语），在阿卡德语中，Manzalu 意味着

图15

“站”——黄道站。在婚礼或出生日那一天，太阳在黄道站上看起来是在自己的“站”上。

一个黄道带房子与一个人的命运之间的联系风靡整个占星术界。它以建立一个人是什么符号为开始（通过生日）。这个符号可能是一个双鱼座、一个巨蟹座或者其他 12 个黄道带星座中的一个。回过头来，我们可以根据雅各的预言，说出犹大是狮子座，迦得是天蝎座，拿弗他利是摩羯座。

对与命运预测相关的天相的观察（这也是后来军队中一个兵团的天文牧师执行的任务），为巴比伦时期王族做决定起到关键的作用。国王、国家和民族的命运都被这个特殊位置的黄道带星座神化了，一个王族在对重大事件做决断时需要听取天文牧师的意见。月亮是由人马座孕育，是云层使它变得朦胧吗？曾在金牛座看到的彗星转移到另一个星座了吗？同一个夜晚，木星从人马座升起，水星从双子（星）座升起，而土星从天蝎座升起，这些观察对于一个国王，对于一个国家有什么意义吗？上百个碑文上的记录表明，这些天相是在预测入侵、饥荒、洪灾、内战；或是另外一方面——国王的长寿、一个王朝的稳定、战争中的胜利和繁荣。大多数这些观察的记录都以整齐的诗句写在黏土碑上。有时候，它们会作为占星术的占星年鉴，与相关的黄道带星座的符号一起加以解释。但所有的解释中，命运都被认为是上天预示了的。

我们今天的占星术的根源要追溯到遥远的巴比伦时代之前，希腊传说中的占星术。12 月制的日历被翻倍了，命运和黄道带是事件的同一过程的两个方面，无疑这些都是在历法建立的时候就开始了——在尼普尔，公元前 3760 年（这就是犹太历法计时的时间）。在我们看来，这种交合的日历（虽然很古老但可以收集到）是出自苏美尔星座的名字，即“子尔白安拿”。这个术语，被理解为“天命”，字面意味着“在天堂中决定的生命”，也可以理解为“生命的神圣衡量”。这个理念记载在埃及的《亡灵书》中；它是一个信念，即一个人对于来世永生不死的期盼取决于在审判日中心的重量。这些场景描绘在《安尼纸草书》中，那里，神安尼正在天平上称他的心，神透特作为神圣的记录员，正在记录货盘上的数据（见图 16）。

图16

在犹太传统中有一个未解之谜：为何《圣经》中上帝选定第七个月，即提市黎月作为希伯来新年的开始，而不是开始于美索不达米亚地区使用的第一个月尼散呢？有一种解释，我们假设如果它是与美索不达米亚人尊敬的星座和行星脱离关系，那为什么还要称它为第七个月而不是重新命名为第一个月呢？

在我们看来，反面似乎也是正确的，而答案就在于星座的名字子尔白安拿之中，还有与命数相关的尺度之中。我们相信，至关重要的线索是与黄道带有联系的历法。在出埃及时期（公元前 2500 年）的春分日，第一个星群是白羊座而不是金牛座。星光闪闪的白羊座，神圣的生命之秤，它确实是第七个星座。犹太人新年开始的那个月，天堂里将决定谁可以生，谁将要死，谁可以健康，谁会生病，谁将富裕或贫困，谁会开心或不开心，这与天上分等级的黄道内的那个月相类似。

而在天堂里，命运有 12 个站。

第三章

神的后代

十二宫图与其古代遗物形成了两个谜团：发现十二宫图的人是谁？为何一个天上的圆要分成 12 个部分呢？

要回答这个问题，需要一个切入点（把天空分成 12 个部分，弄清这个表面占星术意义下的深层寓意，是高度复杂的天文学）。事实上，这个天空的圆周被分成 12 部分时，表明当时的天文学还不够发达，人类还没有很好地掌握它。

在地球绕着太阳运转一年的轨道上，太阳每月在不同的站点上升起一次（一年的 1/12）。然而，在那个最重要的春分日，可以看到太阳升起的那个站点（见图 17）。古代，那个站点被认为是最重要的，这也决定了一个时代到另一个时代的转换点（从金牛座到双鱼宫很快又到宝瓶宫）。正如它发生的那样，地球绕太阳一年运转一次的轨道上，它不会回到与原来完全相同的那一点。这一现象就称为岁差，仅仅是一个小小的偏差，每 72 年累计起来的偏差就有一度。因此这个偏差（假设每 12 部分是相等的，每个有 30 度）需要 2160 年（72×30）来完成一个轮回，太阳从至、分日（例如金牛座）背着星光上的天

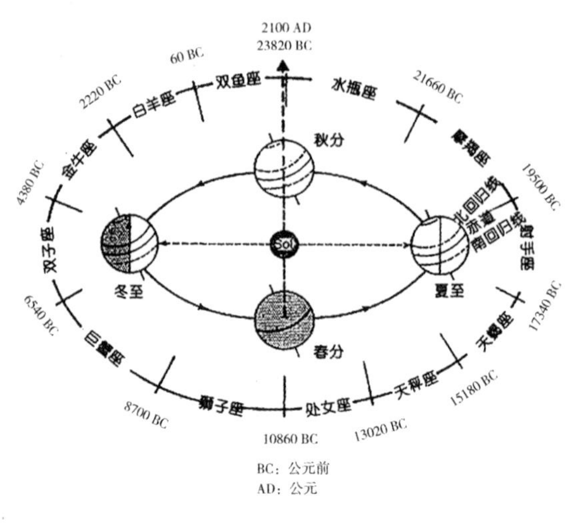

图17

空升起，回到另一个黄道带的星座（也就是白羊座）。而地球在围绕太阳逆时针方向转动时会造成延迟，这个偏差将使两个分日倒退一些。

即使在苏美尔时期或《圣经》时期，拥有较长的寿命者（他拉 205 岁，亚伯拉罕 175 岁），也要用一生才能看到一次（72 年）或两次（144 年）延迟，即便如此，不借助于发达的天文装备也是不可能看到的。了解和验证 2160 年的完整的黄道年的轮回，需要很多特异功能。有许多学者认为，即使是大洪水前的年长者，那些非常长寿的人(活到 969 岁的玛士撒拉和活到 930 岁的亚当）也没能活到可以观察到一个完整的黄道周期。诺亚，大洪水时期的英雄，也只活到 950 岁。然而苏美尔人历史事件集所称的黄道带内的星座（狮子座）曾在那时产生。

这是苏美尔人不可能掌握的知识。他们是如何知道所有他们做过的事情呢？他们自己这样解释道：所有我们知道的，都是阿努纳奇告诉我们的。阿努纳奇——“他们从天空降临到地球”。因为他们来自另一个星球，那里一年就相当于地球上 3600 年，因此他们很容易目睹岁差，看到十二宫。

在一系列形成古代科学和宗教基础的文本中（后来这些文本也在其他语言中呈现），包括希伯来《圣经》及《苏美尔人的阿努纳奇传说》——古代神明的传说，已经被神话故事填满。西方神话文化中，首先进入我们脑海的便是希腊神话。然而，正如世界上所有民族的一切神话和万神殿那样，它们都是起源于古老的苏美尔人的信仰和文本。

苏美尔人说，曾经有一个时期，那时文明人还未在地球上出现，动物还是野生的，农作物也还没被种植。在那个遥远的时代，50 个阿努纳奇神明曾来到地球上。在领导人艾（“家在水上的人”）的带领下，他们离开自己的星球尼比鲁（“十字星”）来到地球，飞降在波斯湾的水面上。学者们都知道记载艾和地球神话的文本，这个文本记载了这第一群神明向岸边跋涉，发现自己已陷入沼泽之中。他们的首要任务是排干沼泽中的水，清除河道，检查食物的来源（发现鱼和家禽）。然后，他们开始用黏土造砖，建立了地球上有史以来第一个由外星人建造的定居点。他们把定居点命名为埃利都，意思是“遥远的家”或是“家外的家”。这个名字是一些最古老语言中“地球”命名的起源。这个时间是 445000 年前。

这些神明 / 宇航员的使命是从海湾的水中萃取黄金——在尼比鲁生存所需的黄金。因为他们的星球当时正失去大气和内在的热度，慢慢危及在尼比鲁上延续的生命。然而，计划证明没有效果，领导者们断定，取得黄金只有一条艰难的途径——在储藏丰富的地球非洲东南部挖掘黄金。

新计划需要地球上有足够多的阿努纳奇人，当时大概共计有 600 个。还需要一个精细的运转模式，用于将已提炼的黄金从地球运走，并带来充足的补给品。因此，他们还雇用了 300 个尼比鲁人作为 IDI.GI（监管者），控制轨道平台和航天飞机。尼比鲁的统治者安（意为“天国之独尊”，阿卡德语中的“阿努”），也来到地球监督数量庞大的操作人员。他带着他的两个孩子：儿子恩利尔（“命令之主”），一个厉行纪律的人，作为执行主席；女儿宁呼尔萨格（“万能的女人”），作为首席医务官。

先行者艾和新来的恩利尔所做的任务分配被证明是明智的。在出现僵局的某个时刻，阿努打算待在地球上，让他的儿子们在尼比鲁履行监督的职责。最后他们 3 个抽签，阿努回去统治尼比鲁，恩利尔留在最初登陆的地方，并把那儿拓展为伊丁（“正直者的家”）。恩利尔的任务是建立额外的定居地，每一个都有明确的功能（一个太空船发射降落场，一个任务控制中心，一个冶金中心，一个医疗中心或作为着陆灯塔）。而艾将在非洲东南部继续组织挖掘工作——一项并不适合他这个卓越科学家的任务。

艾有能力完成这个任务，但这并不意味着他喜欢离开伊丁执行任务。因此，为了补偿他的这次调任，他被授予头衔恩基——“地球之主”。

恩利尔可能已经意识到这只是一个故作的姿态。然而，艾很看重这个头衔。尽管两个人都是阿努的儿子，他们却是同父异母的兄弟。恩基是长子，自然由他继承父亲的王位。但是恩利尔是由阿努的一个同父异母的妹妹所生，即使不是长子，这也使他成为合法的继承人。当时，这两个同父异母的兄弟发现他们在另一个星球上，面临一场潜在的冲突：如果到地球的使命成为一项延期任务（也许是在另一个星球的永远殖民），谁将会拥有至高无上的权力呢？地球的统治者还是命令的统治者？

当恩基的儿子马杜克和恩利尔的儿子尼努尔塔出生在地球上时，在尼努尔塔眼里，这个事情就成了一个敏感问题；因为前者是由恩基的法定配偶所生，而后者是由恩利尔同父异母的妹妹宁呼尔萨格在尼比鲁所生，当时他们都还没有结婚。恩利尔在地球上娶了宁利尔（“法令之神”），宁呼尔萨格从未结婚。而这使得在继承问题上，尼努尔塔比马杜克占了更大的优势。

恩基是一个爱和女人调情的无耻男人，他也决定和他同父异母的妹妹发生性关系来补救现在的状况，希望也能和她有一个儿子。然而，他们却生了一个女儿。等到这个女儿刚成熟，恩基就不分昼夜地和她睡觉，而这是不可宽恕的。

但是她还是为恩基生了一个女儿，宁呼尔萨格只好阻止恩基再做这种婚姻尝试。

尽管他无法和他同父异母的妹妹有一个儿子，恩基并不是没有其他男性子嗣。马杜克，即“纯土的儿子”，也是来自尼比鲁。除他之外，还有他的兄弟奈格尔（“伟大的守望者”）、吉比尔（“火神”）、尼安吉尔（“水上的王子”）和杜姆兹（“太阳的生命”）。但是无法确定所有的儿子都是由恩基的法定配偶宁基（“地球女神”）所生。真正能确定的是他的第六个儿子尼吉叙兹达（“艺术之神或生命之树”）。他是恩基和恩利尔的孙女厄里斯奇格在去非洲的船上私通所生，当时厄里斯奇格是船上的乘客。一个苏美尔人的圆筒图章上描绘着恩基和他的儿子们（见图 18）。

恩利尔曾娶了一个法定妻子，一个年轻的护士宁利尔。恩利尔对她的忠实从未动摇过，他们有两个儿子——长子是月神兰纳（“明亮者”），他的闪族名字叫辛，在后来，他被苏美尔人视为罪人；小儿子是伊希库尔（“山之神”），更以名字阿达德（“受宠的儿子”）著称。和恩基的子孙比起来，月神辛只有 3 个孩子，子嗣不多，这也许成为他的 3 个孩子和其配偶宁加尔(“伟大的女士”)能很快进入阿努纳奇的领导层的原因，因为他们三代都是从阿努迁居而来的。他们就是上面提到的厄里斯奇格(“伟大土地的女神”)、双胞胎乌图(“闪亮者”)和伊南娜（“安的宠儿”）——后来的万神庙沙马氏（太阳神）和伊师塔，即阿施塔特或维纳斯。

图18

阿努纳奇人在地球上最多时有600个，文本中命名了他们中很多人，但没有指出他们的地位和作用。第一个有关恩基初次降落在海面上的文本，命名了他们中的一些管理者和肩负的使命。与在伊丁大洪水前的10个统治者一样，他们负责命名阿努纳奇建立的每一个定居点的管理者。由于恩基的诡计，所有女性后代和她们被派遣的丈夫一样看待。他们按照名字，作为主要神明的侍从和使者，和男性和女性神明一样，掌管着各项活动（例如尼卡什掌管酒的酿造）。

与耶和华家谱中所有成员都在的情况相反，《圣经》中的神，即阿努纳奇神，以家谱和一代代的转换而为世人所知。他们在神庙的神明名单里作为秘密知识的一部分保存着。这种已发现的名单命名了不少于23对神明夫妇，他们都是阿努（对于恩利尔和恩基也是）在尼比鲁的先祖。一些列表中只命名了以年代继承的阿努纳奇神明；而其他的神明只被仔细记录了他们神圣的母亲和父亲的名字。因为在继承法则中，谁是他的母亲决定了后代的社会地位。

在他们的顶端，往往是十二主神围成一圈，十二主神是希腊万神庙的12个先祖。与古时的神明一起，人类经历了时代和世代变更，十二神的组成也变了——然而还是保持12个；因为有些神明死去，另外的一个神明又会顶替上去；因为有的神明会被提升，有些只好被降职。

苏美尔人把他们的神明描绘成戴着具有本国特色的帽子的形象（见图19），我们推测，帽子上角的对数反映了神明的排位。在原始的苏美尔人万神庙中，这种等级评定开始于阿努的60级（苏美尔人数学中的基本数字）；然后到50级，给合法继承人恩利尔；40级给恩基；30级给月神辛；20级给乌图/沙马氏；10级给伊希库尔/阿达德。女性则被给予等级55、45、35、25，分别授予阿努、恩利尔、恩基和宁加尔的配偶，15级授予了没结婚的宁呼尔萨格，5级则是给了单身的伊师塔。根据世代变化反映，后来有其他神明获得了等级15而宁呼尔萨格下降到5。

图19

值得注意的是，争夺地球上继承权的两位竞争者——尼努尔塔和马杜克，他们被排除在了奥林匹亚神的原始名单之外。但是这个竞争升温时，神明召开会议确定尼努尔塔为合法的继承人，并授予他等级 50——和他父亲恩利尔的等级一样。另一方面，马杜克则被降到 10 级。

这些等级划分是神明的机密，只有被选中的祭师 / 先知才会知道。那些雕刻有神的秘密数字的石碑（比如尼尼微神庙的 k.170 石碑）包括有严厉的禁令，禁止给 la mudu'u——那些没被传授的人透露。有关这些神的信息往往不按他们的名字记录，相反，用他们的秘密数字记录，例如，“神 30”代表“月神辛”。

石板是按出身和等级来给主神确定身份的（见图 20），他们就是 12 个伟大的主神。

然而，为什么是 12？

我们相信，这个答案可以在另一个主要问题中找到，这个问题是阿努纳奇把一次性矿石挖掘的任务改成了几乎包括 1000 人的长期定居。用他们的话来说，他们曾从一个有正常轨道的星球来到一个疯狂围绕太阳运转的星球。这个星球在尼比鲁的一年中（一个轨道周期）围绕太阳运转 3600 次。除了这些

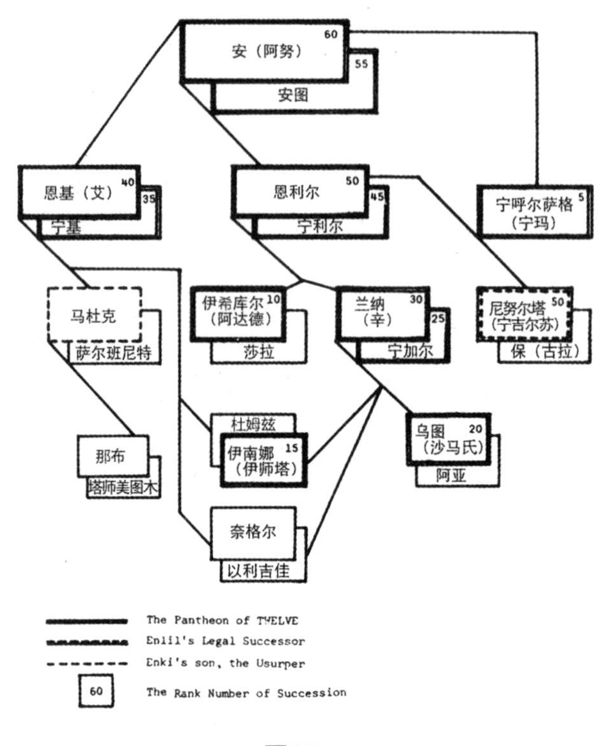

图20

自然推测外，还需要知道如何把地球时间和尼比鲁时间联系起来。他们在尼普尔的任务控制中心建立起复杂的设备即前面提及的一个名叫“杜尔安基”（天地纽带）的设备，就是天堂与地球的连接点。他们肯定意识到我们现在叫作岁差的那个不易察觉的延迟，并且已经认识到地球除了有一个较快的恒星年之外，还有一个较长的轮回——它需要 25920 年回到原来的天文点，这个轮回后来被称为柏拉图年或大年。

正如圆筒图章（见图 21）上的描绘所显示的那样，阿努纳奇认为太阳系由 12 个星体组成：太阳（位于中心），月亮（理由已在前面给出了）和我们现在已知的九大行星，还有一颗行星，即他们自己的行星尼比鲁。对他们来说，12 是一个基本数字，天上的所有事务都可用到，这些事务影响到天堂和地球

图21　　图22

连接点，包括那围绕太阳运转的星光闪闪的已分割的天空部分。利用详细的天空图表，他们把每片天空里的星星划分为一个星座。他们将如何来命名这些星座呢？为何不以他们自己的头领来命名呢？

家在水上的艾神，飞降到地球上的波斯湾，喜欢坐在船里在沼泽中航行，把鱼放进一个个湖泊中。他们用两个星座来尊称他，船夫（宝瓶座）和鱼群（双鱼座）。在苏美尔人时期，他也被描绘在圆筒图章上（见图 22a），对他顶礼膜拜的祭师也穿成渔夫的样子（见图 22b）。恩利尔——有说服力和主见，常常被比作是一头牛，授予其荣誉，命名他的星座为牛座（金牛座）。宁呼尔萨格渴望结婚却终身未婚，人们用处女座来给她命名。尼努尔塔常常被称为伊尼德最重要的勇士，被尊称为射弓手——射手座。艾的长子，坚定而顽固，被喻为漫步的公羊即白羊座。当双胞胎乌图 / 沙马氏和伊南娜 / 伊师塔出生时，只有一个星座双子座（双胞胎）适合他们，于是以双子座给他们命名（伊利里特的祭师穿成鹰人那样，以赞誉伊尼德和乌图在阿努纳奇的天空事务中起的作用。见图 22c）。随着等级的变化和第二、第三代的阿努纳奇聚集到地球上，12 个星座都被指定为阿努纳奇的相对应的成员。因此，是神发明了十二宫图，并非人。

然而无论如何怎么改变，那数字加起来总是 12。

※

第一次到达金矿的 40 个尼比鲁年过去后，委派到金矿的阿努纳奇发生兵变。一个名为《阿特拉－哈希斯》的文本描写了那些发生在兵变前的事件，兵变过程以及它带来的最重要的结果是亚当的创造。这个文本叙述了人类是如何产生的。由于恩基的怂恿，兵变的矛头首先直接指向了恩利尔和他的儿子尼努尔塔，即建造之神。恩利尔要求给那些兵变者最大的惩罚。而恩基表示，那些兵变者不可能继续做那些繁重的苦力活，阿努也和恩基站在一边。然而，神明们需要生存，恩基的要求怎么可能实现呢？

双方陷入僵局，这时，恩基向阿努纳奇的领导层提出了一个惊人的建议。他说，让我们创造一个干活的原始工人吧！当惊呆了的神的委员会询问如何才能创造一个新的人时，恩基解释这个人早已在他的脑子里形成了——一个已经在地球上进化的、但是还没有达到阿努纳奇进化程度的人。他说："我们所要做的事就是赋予他们神的标志——在基因上把他们改得像阿努纳奇。"

这个讨论和提出来的解决方案在《圣经》中也有反映：

> 神说：
>
> "让我们以我们的样子造个人吧
>
> 让他们长得像我们一样"

一个无论在身体上和精神上都和阿努纳奇很像的人。恩基保证这个人将会代替神负责所有的工作，他们自己将得到永远的休息。想到以后可以从繁重的体力劳动中解脱出来，神明们经受不住诱惑，便答应了。

几个苏美尔文献描述了如何在宁呼尔萨格的帮助下，经过了无数次试验和错误，一个鲁鲁（“混合体”）被创造出来。宁呼尔萨格对她已经创造出来的这个“混合体”很满意，她高高地举起，大喊道：“我把它做出来了！”

她认为这一刻是一个重大的历史事件。后人也这么认为，因为这一刻被描绘在一个苏美尔艺术家制作的圆筒图章上（见图 23），我们也在人类的编年史上看到了那一刻的重大事件：在那一刻，我们人——智人，出现在地球上了。

成功运用基因组合进行人类复制，这个缓慢的过程（我们现在称为克隆）开始了。这个再生产，包括要替阿努纳奇女性生育的生育女神，克隆了 7 个男性和 7 个女性原始工人。《圣经》(《启示录》第一和第五章）这样记述道：

有一天神明创造了亚当
他把亚当造得像神一样
他创造了男性和女性

克隆是一个缓慢的过程，需要生育女神的帮助，因为每一个新生命，犹如一个混合物，无法繁殖他自己的后代。为了加快繁殖速度，恩基再次做了贡

图23

献，即运用基因工程——但是这次完全靠他自己的努力。他将我们今天称为染色体X和Y的基因链进行了复杂的拼凑，使人类拥有了自己生育繁殖的能力。《圣经》关于亚当和夏娃在伊甸园（即苏美尔的伊丁）的故事记录了这个历史事件。故事中，恩基扮演了拿札叙的角色——一个版本将之翻译为“毒蛇”，但它同时也意为“知道或拥有秘密的人”。

尽管已经投票同意基因实验，但恩利尔毕竟是很勉强的。和伟大的科学家恩基不一样，在面对这个巨大而危险的科学挑战时，我们甚至可以想象，恩利尔可能会这样说：“我们并不是到其他星球上扮演上帝的角色……”当恩基实施第二次（未经许可）基因操作时，恩利尔被激怒了。“你把亚当弄得和我们一样。”他愤怒地说，“第一步，他能生育了，如果再进一步，他就可以分享生命树了。”

因此人类从伊甸园被驱逐了出去，自谋生路。然而，到了地球上，人类并没有消亡，而是增生扩展，地球上到处都是人类的后代。当年轻的阿努纳奇甚至开始与人类的女儿交配并有了孩子时，恩基就不高兴了。在《圣经》(《启示录》第六章）关于纳菲力姆，即那些从天上下来的人的故事中，“神的儿子们”与人类女性通婚，这个故事作为大洪水故事的导言，解释了驱逐人类到地球上的原因。

恩利尔在神的议会上提出了他的计划，他说，一个巨大的灾难将要发生了。尼比鲁将制造一场巨潮摧毁地球，我们不要提醒人类，让地球上一切生物都灭绝！神明们同意了，并发誓保守秘密。恩基也同意了，但是他发现可以提醒他的崇拜者吉乌苏德拉（在阿卡德语中是乌特纳比西丁，在《圣经》中是诺亚），并引导他造了一个方舟，以保护他的亲朋好友，同时也保存好地球上其他的生命种子。

大洪水是《圣经》中最长的一个故事，然而，尽管很长，它也只是苏美尔人和阿卡德人文本中的一部分。原文本更长也更详细，它叙述了一个具有分水岭意义的历史事件，后来，甚至连恩利尔也变宽厚了。他们意识到阿努纳奇在地球上的所有建筑都被摧毁了，他们需要与人类一起在地球上重建家园。在征得恩利尔的同意后，阿努纳奇着手促进人类发展文明和技术，这个时间间隔大概有 3600 年（与尼比鲁的轨道周期吻合）。这期间，伟大的苏美尔文明达到了它的最高峰。

※

大洪水爆发前夕，阿努纳奇在他们的太空船上躲避灾难，看着这场从地球上空而来的浩劫和彻底的毁坏。不仅仅是整个人类被毁灭，阿努纳奇在过去432000 年中创造的所有财富也在地球上消失了，或是被埋在几英里厚的泥浆下。就连他们在伊丁时使用的宇宙飞船发射基地也在劫难逃。

等到潮水开始消退时，他们就把那些绕着地球轨道运转的太空船停在近东高大的亚拉腊山山顶。土地慢慢变干了，他们就有了着陆地，一个巨大的石头平台，竖立在现在被称为黎巴嫩的雪松山的十字架前。但是，如果要重新开始宇宙飞行，他们需要一个发射与降落场，他们决定设在西奈半岛。正如在十字架前那样，着陆走廊固定在突出的亚拉腊山的双峰上，与着陆场是连在一起的。一个新的任务控制中心（替换了大洪水前在尼普尔的任务中心）挑选出来了，并建造了两个人造双峰以固定着陆走廊——这两个巨大的金字塔至今仍然在埃及的吉萨竖立着。

考虑到地球上逐渐分离的两个部落之间白热化的竞争，发射与降落场的位置及其辅助设施变得更加重要。事实上关于领土的分割是造成在伊丁的恩利尔与在冥界之屋的恩基产生分歧的原因。为了减小分歧，最后决定前者及其后代把亚洲和附近的欧洲部分作为统治区域，而后者及其后代统治了整个非洲。这意味着大洪水前的着陆场和新任务控制中心在恩利尔的领土上，而带有复杂的向导作用的金字塔在恩基的手上。因此，才决定把发射着陆场定在西奈半岛上，把它交到中立者宁呼尔萨格的手中。为了纪念这一历史事件，宁呼尔萨格被赐予头衔尼哈尔撒奇——“山峰夫人”。

我们认为，埃及的神明正是恩基及其后代，但是，乍一看，这似乎离得太远了。他们的名字刚开始不是完全不一样的吗？例如，古代埃及主神被称为卜塔（“开发者”），但这也是恩基的苏美尔语绰号努迪穆德（“艺术品制造者”）。在两个万神庙中，他是秘密保守者和神圣的大毒蛇。根据他的绰号“家在水上的人”，他同时也被描绘成“神圣的船夫”（见图 14 与图 22），即我们的宝瓶座。在埃及万神庙中，西奈山的女神是哈索尔，她老年时也被称为“母牛”。尼哈尔撒奇也是如此，在苏美尔，她年老时也被称为“母牛”。

恩基的大儿子和继承者在埃及时是“拉”（“纯洁的人”），相当于美索不达米亚的马杜克（纯土的儿子）。这两者之间的很多相似点在《众神与人类的战争》中有详细的描述，这也成为鉴别埃及神透特的重要原因。透特是卜塔的一个儿子，是神圣的秘密学问的守护人，他在苏美尔文献中，被认为是神明尼吉叙兹达。

那时，卜塔／恩基把对埃及的统治权移交给了儿子马杜克／拉，然而，儿子并不满足。他坚持声称，统治整个地球是他应有的权力，这导致了与恩利尔的冲突，后来我们称为金字塔战争。据我们推算，大约在公元前 8700 年，他被迫离开埃及。根据曼尼索（一个写下埃及在希腊时代的历史和史前事实的埃及祭司）的说法，统治权后来移交给了马杜克的弟弟透特。马杜克去哪了呢？有一种可能是，他被遣回尼比鲁（埃及人称之为“几百万年的星球”），不排除这种可能性。一个记录在法老墓室中的古代埃及文本《透特的任务功能》显示，马杜克把权力交给透特，并宣布他为继承者。马杜克宣称，“你将代替我成为一个统治者。”在说到他的去向问题时，马杜克告诉透特，“我在这儿的上空，在我应该在的地方。”事实上，半神的不出现持续了

3650 年（几乎等同于尼比鲁的轨道平均周期 3600 年），强烈地暗示着马杜克离开地球的去向。埃及和美索不达米亚的两个文献都记叙了一段艰难的宇宙之行。这趟旅行特别危险，几乎靠近土星，这两个文献也许已经很好地记录了马杜克回到地球的旅行。

归途中的马杜克发现他很难认出地球了。在他离开地球的这段时间，苏美尔文明已经进入了全盛时期。除宁利尔和恩基向四周城市的神圣区域扩展，并建立总部（分别是尼普尔和埃利都）外，人类的城市也已建立了。新建立的王权机构在处于尼努尔塔庇护下的新城市基什举行典礼。月神辛被授予掌握一个城市中心的权力。这个城市名为乌尔。这是一个神圣的区域，是为了阿努的来访而建。后来安图将它扩张成了乌鲁克（《圣经》中的以力）城，作为礼物送给伊师塔。祭司的职责已经确立，著名的尼普尔历法在复杂的天文知识和法定假日的基础上被介绍进来。它从公元前 3760 年开始使用，至今仍作为希伯来历法被采用。

正在归途中的马杜克向他的父亲和神的委员会哭诉：我该怎么办呢？

他把目光投向大洪水前的太空飞船发射基地不远处的地方，并且决定把它变成一个巴比尔利——“众神之门”（从此被称为“巴比伦”），它成为他霸权的一个象征性和事实上的表达。

相继发生的是《圣经》中所称的巴别塔事变，事变发生在叙内阿尔（《圣经》中称为“苏美尔”）。巴比伦神的崇拜者们开始建造一座顶部可以触及天堂的塔——今天我们也许会称为发射塔。他们说“让我们造一个 Shem 吧”——Shem 不该像通常的字面意思翻译为“名字”或“名望”，而是来源于苏美尔语中的单词 MU 的原始含义——一个类似火箭的东西。据我们推算，那段时间是在公元前 3450 年。

从天空而来的神明的领导者命令把塔拆除，《圣经》版本和美索不达米亚版本都这样记录道，在事情的最后，神决定使人类的语言混乱，以防止人类统

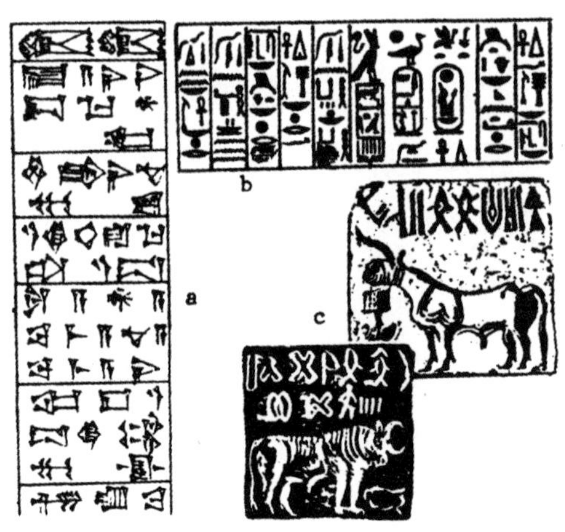

图24

一行动。一直到那时，在地球上都使用同一种文字（《启示录》11：1）。而事实上，那时，世界上只有一种文明，即苏美尔文明，人类也只拥有一种语言和书写形式（见图 24a）。之后，在巴比伦，第二个文明，即埃及和努比亚的尼罗河文明建立了，也拥有自己的语言和文字（见图 24b）。

几个世纪后，第三个文明，印度西北部的印度河谷文明，以自己的语言与文字（见图 24c）开始了它的历程，而这种文字到如今还无法被鉴别出来。人类散居在以上三个地区，至于第四个地区，则被众神保留着——西奈半岛，太空船发射基地所在处。

因此，众神当初要变乱的不是人类的语言（事实上只有一种语言，以后反而有了更多的语言），Shem 也绝不是“名字”。众神不允许人类做的是：尝试建造可以“通天”的发射太空飞船的发射塔！

美索不达米亚遭到反抗后，拉/马杜克回到埃及，像新的文明的主神那样，打算在那里再次声称他拥有至高无上的权力，时间是公元前 3100 年。当然，这里有一个小问题与透特有关。当马杜克离开后，他在埃及和努比亚是统治的神，然而，他却被随意地驱逐了。在《失落的国度》中，我们已经提出，他带着一群崇拜者，一路径直去了新世界，成为羽蛇神奎扎科特尔，即能飞的大蛇神。美索不达米亚第一个由他创立的历法（长历）开始于公元前 3113 年，我们相信，这是他们到达新世界的精确日期。

因为他在美索不达米亚的失败，痛苦的拉/马杜克开始安排其他的路线。在他不在的日子里，神圣的“罗密欧与朱丽叶”，即他的兄弟杜姆兹和宁利尔的孙女伊师塔陷入爱河，并即将订婚。对于马杜克来说，他们的结合是一个诅咒：伊师塔想通过婚姻成为埃及的女神，这使他感到惊慌。当马杜克的使者试图抓住杜姆兹时，杜姆兹在逃跑的时候突然死了，他的死被怪罪到马杜克身上。

已发现有几个版本和副本的文本，给我们提供了对马杜克的审讯和惩罚的情况：他被活埋在神的监狱即大金字塔中，那里被紧紧密封着，没有水和食物，只有空气，马杜克在这个巨大的坟墓中被判死刑。然而他的元配妻子和母亲请求阿努，减轻了他的惩罚——从死刑减到了流放。按照原先的建造计划，需要在厚重的盖子上挖掘一个巨大的轴作为通道。马杜克死后复活，从坟墓里冒了出来，对于这个观点有几方面的意见。一些人认为，早期翻译者冠名为《上帝的死和复活》的文本，是《新约》中有关耶稣的死、埋葬以及复活的传说的原始资料。

因为流放，马杜克成了太阳神阿蒙-拉，一个无法被人看到的神。然而这次，他漫游在地球上。一个自传文本预言到了他的归来，马杜克这样描述他的流浪：

> 我是神圣的马杜克，一个伟大的神。
>
> 因为犯下的罪而被放逐。
>
> 我到过高山，
>
> 我去过很多地方。

那太阳升起的地方，
是我开始流浪的地方。

无论他流浪到何方，他都不断地问命运之神：何时才能结束？

他意识到，关于命运的回答来自天堂。牛的时代——在黄道带内属于宁利尔和他的部落的时代，正在趋于衰落。春天的第一天，当太阳在美索不达米亚的新年那天升起，在黄道带他的星座白羊座中升起时，黎明已经近了。命运在空中轮回，来到了他身旁：马杜克至高无上。

不是所有人都会同意，这只是因为时间的推算，抑或只是一个被观察到的天空现象？马杜克不会中断他在美索不达米亚的前进，而他的儿子那布也正在组织崇拜者们入侵西奈半岛，抢夺太空飞船发射基地。不断升温的冲突在《埃拉叙事诗》中被描述，它讲述了反抗马杜克的神明们在无可选择的情况下，使用核武器摧毁太空飞船发射基地（可能在索多玛和蛾摩拉城，但无法证实）。

然而命运还是站在马杜克一边，那占主要优势的西风把致命的核爆云向东吹向了苏美尔。北边更远的巴比伦，受到的影响较小。但是在美索不达米亚北部，罪恶的风引起了暴死和长时间的荒凉。苏美尔的伟大首都乌尔，变成了野狗乱窜的地方。

尽管马杜克的对手采取了过激的手段，但事实上，白羊座的时代随着巴比伦的兴起而开始了。

第四章

命运与天命

马杜克被一双无形的手牵引着熬过艰难困苦，经过数千年，终于达到了目标：地球上的霸权。这到底是命运（Fate）还是天命（Destiny）?

很少有哪一种语言能在还未知晓事件的结果前，就为其选定相应的词汇。在英语中，也很难解释这种区别。最好的字典可以解释一个又一个的术语，比如，有关同义词“厄运”(doom)、“运数”(lot)和“运气”(fortune)。但是在苏美尔语言中，在苏美尔人的哲学和宗教中，很少有这两个词的明确区别。Destiny，NAM，是指不可变更的预先确定的事件过程。Fate是NAM，TAR，一个可以改变的预先确定的事件过程。从字面上来讲，TAR指相交、破坏、打乱、改变。

这种区别不在于纯粹的语义学，它走向中心，影响支配人与神、国家与城市的事务。有事情将要发生，甚至一些已经发生的事情——这是天命，结果（它指向的目的）无法变更；它是突发事件的结合，或是某种有意志的决定，或是某种并非注定不可改变的运数暂时的起起落落，另一个突发事件或祈祷或生活方式的改变，从而导致一个不同的结果？如果是后者，那么可能是什么不一样呢?

这两个词之间的字里行间的区别，今天也许还是模糊的，但是在苏美尔时期和《圣经》时期，它曾经被很好地定义。对于苏美尔人，天命始于天堂，是以预先确定的行星轨道路径为开端的。一旦太阳系在天空战争后有了它的形状和构成，行星轨道就成为永恒的天命了。这个术语及其内涵可以运用在地球上未来的事件进程中，这些进程开始于那些有天空配对物的神明。

在《圣经》中，耶和华控制了天命和命运，但是前者是预先确定且不可变更的，后者则受人的决定而可以被影响。因为前者的力量，几年前、几个世纪前甚至几千年前，就可以预测未来事件的进程。正如耶和华告诉亚伯拉罕他子孙的未来时，包括了他将在埃及逗留几百年（《启示录》15：13-16）。这个逗留是怎么发生的（起初是在饥荒年代为了寻找食物）是一种天命；这个逗留将开始于一个意想不到的欢迎（因为经过一系列连续事件，约瑟成为整个埃及的管理者）是一种天命；但是这个逗留（在一段时间的奴役后）最终以在某个特定的时间大批自发地出走而告终，这是一种命运，是耶和华预先注定的命运。

因为上帝给予他们预言的能力，《圣经》中的先知可以预知王国和国家、城市与个人的未来。然而，他们声明，他们的预言只是神明决断的表现。“因此上帝耶和华说”这个短语成为《耶利米书》预言中常常出现的句子，它用主神耶和华的话开始预言王国和统治者的未来。“上帝耶和华说”——先知阿莫斯如此声称。

然而，当成为命运时，人类和民族自由的意念和选择可以成为且事实上也成了游戏。和天命不同，如果正义代替罪恶，神圣代替亵渎，公正盖过不公平，命运可以被改变，惩罚可以被转移。“恶人的死亡不是我要追求的，我追求的是邪恶之人能够回头，重新做人。”上帝告诉先知者以西结。

在苏美尔语中，命运和天命之间的区分以及两者在人们个人生活中扮演怎样的角色，在吉尔伽美什的生活故事中说得很清楚。我们在上面提到过，他是乌鲁克高级祭师和女神宁桑的儿子。当他长大一点，开始沉思生死问题，他向他的教父乌图提出了这个问题：

> 在我的城市，有人死去；我的心很痛苦。
> 人死了，我的心情是多么沉重。
> 最高的人不能触及天堂；
> 最智慧的人无法踏遍地球。
> 我能否看穿那座墙？
> 我是否也受命运支配？

乌图的回答是不具激励性的。他说：“当神创造了人类，死亡是他们必须要面对的，生命是他们自己的造化。”这是天命。你活着，和你的所作所为，这是一个命运，你可以改变它或影响它，可以享受它或好好利用它——

> 让你的胃吃饱，吉尔伽美什；
> 每天你都要快快乐乐！
> 把每一天都变成愉快的宴会；
> 日夜跳舞玩耍！
> 把你的衣服擦得闪闪发亮。
> 沐浴在水中，把你的头发洗干净。
> 注意紧握你的手的细小的东西。
> 让你的另一半在你的怀里幸福。
> 这是人的命运。

得到这个回答后，吉尔伽美什意识到他必须做的是他要采取有效的行动来改变他的天命，不仅仅是他的命运。然而，与所有的凡人一样，他将有同样一个结果。在他母亲勉强的祝福声中，他踏上了只允许神明进入的雪松山上那个登陆点的旅途。然而命运一次次介入，第一次是以胡哇哇的形象出现，那个雪松山的机器护卫者；继而是伊师塔对国王的欲念和国王对她的回绝导致了神牛追杀他。吉尔伽美什认出并识破了命运扮演的角色——病魔纳姆塔。他也意识到同伴恩奇都是正确的——不仅在那时是正确的，甚至在杀了胡哇哇之后也是正确的。史诗文本讲述了这两个伙伴如何坐着沉思可以预料到的惩罚，事实上，恩奇都屠杀神牛，他思索着他的命运将会如何。吉尔伽美什安慰他："不要担心，'命令者'纳姆塔确实是很贪吃的，但是他也'让抓到的鸟儿回到原来的地方，让抓到的人回到母亲的怀抱'。"这件事落在纳姆塔的手上是不可避免的，但是命运常常会逆转。

吉尔伽美什拒绝放弃，他继续踏上了第二次旅程，这次他要去西奈半岛的太空发射降落场。途中，他碰上了无数的艰难和困苦，然而他都一一忍受。最后，他成功得到了让他青春永驻的果子；但是趁着疲惫的吉尔伽美什睡着，毒蛇从他手中抢走果子。吉尔伽美什两手空空回到了乌鲁克，在那里死去。

一连串"如果这样，那会怎样"自然跳入人们的脑海。如果在雪松山发生的事情不一样会怎样——吉尔伽美什会成功地到达天堂，并加入神明的行星行列吗？如果他没有睡着，拥有了保留青春永驻的植物又会怎样呢？

一个被学者命名为《吉尔伽美什之死》的苏美尔文献提供了一个答案。它解释道，结果是命中注定的：尽管吉尔伽美什一次次把命运掌握在自己手中，但他不可能改变天命。文献通过记述吉尔伽美什的一个有征兆的梦，得出了这个结论。这个梦包括对他死亡的预测，这是吉尔伽美什被告知的：

哦，吉尔伽美什，

这是梦的意义：

伟大的神恩利尔，众神之父，

已经确定了你的天命。

他决定你国王的命运；

但是他没有决定给予你永生的生命。

吉尔伽美什被告知，他的命运被天命制服了。他注定要成为一个国王，但没有注定可以避免死亡。正如天命所说，吉尔伽美什被描述得奄奄一息。“他有结实的肌肉，但是如今，躺着无法起来……他曾经爬上很多山，但是如今，躺着无法起来。”“因为纳姆塔，他躺在床上，无法起来。”

另外一个文献列举了吉尔伽美什所经历的所有快乐——王权、战争中的胜利、受主保佑的家庭、忠实的仆人、漂亮的衣装；但是神意识到命运与天命间的互相联系，也向吉尔伽美什做了解释：“人类一切的光明和黑暗都属于你。”但是最后，因为天命战胜了命运，“宁桑的儿子吉尔伽美什”倒下死去了。

这些假设的问题可以从个人推及整个人类。

地球发展进程中（和在太阳系其他地方）所发生的事是恩基本来打算从波斯湾海域中取得黄金的后续吗？在这一事件的紧要关头，阿努、宁利尔和恩基抽签决定谁将统治尼比鲁，谁将去非洲东南部开采矿产，谁将去管理已扩展的伊丁。恩基去了非洲，在那里遇到已进化的原始人类，他可能告诉了众神：我们需要存在的人，它存在了——我们要做的一切就是把它标上我们的遗传记号！

由 W.G. 兰伯特和 A.R. 米勒德收集起来的《阿特拉－哈希斯》的几个翻译版本和很多片段，这样描述命中注定的时刻：

神已紧握双手，

签已投了，人类已分开了。

基因工程的政绩曾经有过吗？是阿努还是宁利尔去了非洲东南部呢？

我们是仅仅通过进化而在地球上出现的吗？但阿努纳奇（从同样的生命种子上）又是怎样在尼比鲁上进化的——那远远在我们之前？在地球上，当恩基和宁呼尔萨格使亚当成为第一个“试管婴儿”时，我们人类便由基因工程产生了。

《吉尔伽美什史诗》的教训是：命运不能左右天命。我们相信，智人在地球上的出现是天命，是注定要出现的结果，但可能被延迟了。事实上，我们认为，阿努纳奇甚至相信他们到地球去的决定是出于他们的需求。但我们也认为这是注定的，是由宇宙计划事先安排好的。同样地，我们相信，这将成为人类的归宿：去另一个星球重新开始一切，重复阿努纳奇对我们所做的事。

※

可以理解命运和十二黄道带星座关系的人，就是马杜克自己。在神圣时间（尼比鲁轨道周期）和地球时间（来自与地轴有关的轨道、倾斜和进化年、月、季节、白天和黑夜），他们制定了我们所称的天时间。马杜克调用的神符（公羊的黄道带时期的到来）是在命运范畴里的一个征兆。他需要做的是巩固自己的霸权，消除这个观念，即：作为命运，它是可以被改变或修正或逆转的，这是一个天空的归宿。为了达到这一目标，他制造了可以认为是最大胆的窜改。

如今，我们讨论古代民族最神圣、最基本的文本：史诗的创立，他们的信仰、宗教和科学的核心与基础。有时，我们会以《创世史诗》（因其著名的开篇引子，又被称为《伊奴玛·伊立什》，意为“当处于顶点”）为研究对象，

图25

它是对天堂事件的叙述，这些叙述包括了天神和天空之战以及一个有利的结果。这些结果可能有利于地球，包括人类的出现。学者们仔细观察这些文献，开始把它们的很多片段整理成一个天上的神话，一个在神圣与罪恶之间的没完没了的战斗寓言。美索不达米亚发现的雕塑墙描绘了天上一个有翼的神与一个有翼的妖怪的斗争（见图 25），这一事实巩固了一个观念，即：这里有一个关于古代圣乔治和神龙的故事的预兆。事实上，部分文献的一些早期翻译被命名为《圣人与毒龙》。在那些文献中，龙被叫作提亚马特、圣人（“上帝”），它不是别的，正是马杜克。

就在 1876 年，乔治·史密斯在不列颠博物馆，把从美索不达米亚而来的记在黏土石碑上的片段合在一起，并出版了这一主要作品《占星术的起源》。这部作品中，他讲述了一个巴比伦故事的存在。这一故事相当于在《圣经》中《启示录》的创造部分。巴比伦古物博物馆管理员 L.W. 金，根据权威著作《造物的 7 个石碑》，最终确立了《圣经》中 7 天的造物与早期美索不达米亚来源的关系。

但如果情况是这样，巴比伦文本怎么仍然被称为一个寓言呢？因为这样做，也可以把《启示录》的故事划分为一个寓言和一个不可改变的神的法案，这一法案已经成为一神论和犹太教、基督教共有信仰的基础。

在我 1976 年出版的《第十二个天体》中，我们已经提出，无论是美索不达米亚版本或浓缩的《圣经》译本，都不是神话、寓言。我们认为，它们基于一个最复杂的宇宙进化论。这个进化论以发达的科学为基础，描绘了我们太阳系的逐步形成过程。一个来自外太空的离群行星，逐渐纳入我们的太阳系，并与太阳系中其他老成员发生碰撞。继而发生在入侵者“马杜克”与老行星提亚马特之间的天空之战，导致了提亚马特的毁灭。它的一半分解为碎片，这些碎片成为一个“打造出的手镯”（即小行星带），另一半到了一个新轨道，成为行星地球，消失的提亚马特最大的卫星即我们现在所称的月亮。入侵者，被引入我们太阳系的中心，同时随着碰撞，速度逐渐变慢，永远成了我们太阳系中的第十二个成员。

在我后来的书《重返创世记》（1990 年）中，我们认为，所有天空知识的进步都证明苏美尔传说——一个令人满意的传说，解开了我们太阳系的历史和地球上的大陆是始于一个巨沟一边（太平洋盆地，me Pacific basin）的谜团，解释了小行星带和月亮的起源以及天王星处于边缘和冥王星特殊轨道之间的关系等等。我们对彗星的研究，哈勃望远镜的运用，还有对月亮（有人驾驶）及其他太阳系行星（无人驾驶宇宙飞船）的探测，所获得的其他知识，都相继证实了我们已掌握的苏美尔数据。

考虑到宇宙进化论是在《创世史诗》中关于创造的部分提到，而不是在巴比伦译本，我们给出了文献的真正来源和本质线索。《创世史诗》的早期苏美尔译本中的一些片段的发现，使学者们相信，《伊奴玛·伊立什》最初是一个苏美尔文献。在这个文献中，入侵的行星被称为尼比鲁，而不是马杜克。他们现在相信，扩充版的巴比伦译本是一个有意的伪造物，为的是给在地球上的马杜克与在天上或者说在行星上的神平等的待遇。后者改变了我们天空的构成，给我们的太阳系现在的形状。更值得一提的是，还创造了地球和在它上面的一切事物。这当然包括了人类，因为根据尼比鲁的苏美尔原始译本，人类是从其他星球而来，在碰撞时将生命种子带到了地球。

正因如此，我们应该认识到，例证中给出的马杜克与龙的战斗也都是错误的。这是一个从亚述来的描述。在亚述，最高的神是阿舒尔，而不是巴比伦。上帝被描述成一个鹰人，他象征着一个混合体。他戴着有三对角的神明帽子，象征着等级 30，而这不是马杜克的等级。他的武器是叉形的闪电，这是伊尼德的儿子（而不是恩基的儿子）伊希库尔 / 阿达德的武器。

马杜克取得巴比伦的王权之后，主要的新年习俗被改变了，他要求公众（在新年的第四个晚上）阅读新的巴比伦译本的《伊奴玛 · 伊立什》。掌握地球上霸权的马杜克，把他的权力与神权相提并论，就像拥有最大轨道的行星，那个在它的轨道上拥抱所有其他行星的星球。

关键的区别在于术语“Destiny”。这个术语用于描写轨道路径。永恒的不可改变的轨道是行星的宿命，这就是马杜克根据《伊奴玛·伊立什》同意授予的。

人们一旦认识到了这个意思和意义是为“轨道”而设的古代术语时，就能跟上马杜克取得宿命的步伐。这一术语，第一次在文献中使用，与提亚马特（文献中被称为金古）的主要卫星有关。起初，它只是提亚马特的第十一颗行星（月亮）。然而，它的地位提升成为“她主人的领导者”。一成为最大的行星和阿普苏（太阳）的配偶，提亚马特就变得高傲起来了，她不高兴看到其他天神成双成对：拉赫姆和拉哈姆（火星和金星）在她和太阳之间（那里曾经只有太阳的使者：水星穆木）；基莎和安莎（木星和土星，后者还带有使者冥王星佳佳），还有阿努和努迪穆德（天王星和海王星）。提亚马特与她的卫星群在一边，其他新的行星在另一边，它们仍然处于不稳定的太阳系中，开始侵占相互的统治区域。当提亚马特“非法”扩展到金古时，其他行星都十分关注。金古是她最大的卫星，有了特殊的地位，即它有了自己的轨道，成了羽毛丰满即将飞行的行星：

她建立了一个组织……
她生出了一个鬼神……
此外她又带来了 11 个这样的鬼神。

在她组织里的神中，
她提拔她的长子金古；
使他成为这些神中的首领；
她提拔了金古，在神中她使之伟大

她赐予他一个天命之碑，
她将它系在他胸前，说：
“现在控制将永不改变，
天命不可改变！”

天神们无法靠自己抵挡住狂怒的主人提亚马特，期望得到太阳系外的援助。这种情况下，在面对这个僵局时，亚当被创造出来了，他也处于原始天空中：艾（努迪穆德，苏美尔语中意为“巧妙的创造者”）带来了拯救生物。作为最外层的行星，面对着“深层”外太空，他吸引到了一个陌生人，即一个新的行星。因为一场灾难，一场宇宙事件，他来到了我们太阳系附近。新的行星是命运的结果，他并未围绕我们的太阳运转——他还没有天命：

在命运的房间中，
在图谋的大厅内，
最智慧的神上帝，
被创造了；

那深层空间的中心，是神明创造的。

值得注意的是，新来到的行星的天神，在巴比伦译本中被称为圣人，即“上帝”的意思，而在亚述文本中，圣人被安莎代替。目前最普遍使用的巴比伦译本复述了最后一行诗，并在再版时做了修饰：“在纯净深层空间的中心，马杜克被创造出来了。”单词“纯净”的附加意义无疑解释了马杜克名字的起源，即“纯土的儿子”（这种双重翻译是明显的弄虚作假的线索之一）。

在恩基（海王星）的远处，阿努（天王星）欢迎入侵者。逐渐增大的重力使得入侵者产生了4颗卫星，也将他进一步带入了太阳系的中心。那时，它已经到达安莎（土星），又产生了3颗卫星，入侵者已被太阳重力无情地抓住。它的路线向内转，开始形成围绕太阳运动的轨道（见图26）。换句话说，入侵者想到了自己的天命！

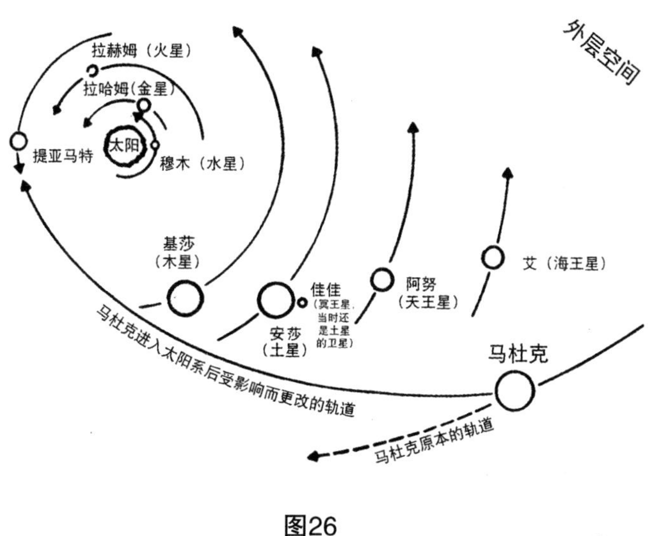

图26

他曾经被土星安莎亲吻，

神明，他的前辈
圣人的天命被确定
他们把他放上了轨道，
一条通向成功与目的地的路。

这个轨道是为他而设的。圣人发现，他被放在与提亚马特碰撞的路线上。他愿意接受挑战，但是需要条件。现在，他已经被称为马杜克（在天上和地球上），他这样对安莎说：

神圣的上帝，
伟大神的天命的决定者：
如果我注定要成为你的复仇者，
征服提亚马特，拯救你们的生命，
那就召集神圣会议，
宣布我的天命至高无上！

天神们接受了马杜克的条件。“因为他们的复仇者马杜克，他们颁布了一个天命”。那个天命，那个轨道“是不平等的”。可是，他们说，去杀了提亚马特！

继而发生的天空之战写在《伊奴玛·伊立什》的第四个石碑上。无法避免地，他们走上了一条冲突的路线，马杜克和提亚马特相互投出了闪电，“颤抖着、暴露着”，强烈的火焰和重力你来我往彼此对抗。当他们彼此靠近时——提亚马特像所有行星那样在逆时针方向上运行，马杜克在顺时针方向上迅猛前进。马杜克的其中一颗卫星最先撞上了提亚马特，接着他的卫星接二连三地撞上了她——“猛攻她的内部，分裂她”。一个“神的闪电”，一个巨大的闪电，从马杜克那里射向裂缝，“提亚马特的火焰熄灭了”。

毫发无损的马杜克一掠而过，划过一个圆形轨道，回到了战争的遗址。提亚马特，她粉碎的碎片的一半成为小行星带；受马杜克卫星撞击的另一半被命名为北风，“逃到天堂一个新的角落，在新的轨道上成了地球”。它的苏美尔语名字克（阿卡德/希伯来语中的格和希腊语中的盖亚就从此而来）意思是“裂开的行星”（见图 27）。

因为提亚马特自己的行星都被解散了（很多改变方向，沿轨道顺时针运

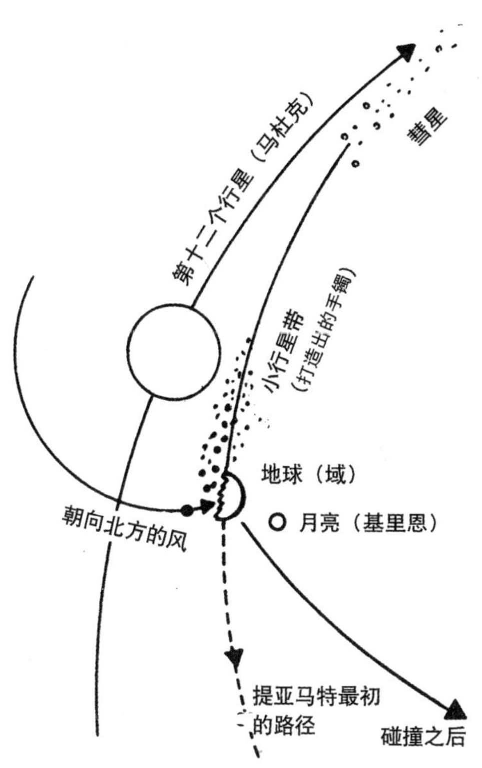

图27

行），对于提亚马特最大的卫星金古来说，一个特殊的命运将由马杜克决定：

> 他从他那拿来了天命的石碑
>
> 不是从金古
>
> 用一个封条把它封起来
>
> 把它系在他自己的胸口。

马杜克最终获得了永远不可改变的天命——这个轨道不断把以前的入侵者带去天空之战的遗址，那个金古曾经待过的地方。金古（我们的月亮，因为它拥有一个天命），太阳还有它的家族与马杜克一起达到了 12 这个数。

我们认为，是这个数字决定了 12 成为天空数字，即黄道带的 12 宫，一年的 12 个月，一天一夜运转的两个 12 小时，以色列的 12 个部落，耶稣的 12 个使徒。

※

苏美尔人认为恩利尔的住处（被大多数学者称为“祭仪的中心”）是地球之脐，从那里到其他重要的地点都是等距的，是神明注定的同心圆状遗址的中心。后来它在阿卡德语 / 苏美尔语中的名字尼普尔，则更为世人所知；它的苏美尔名字是尼比鲁基——“交叉口的中心”，在地球上代表交叉口的天堂，尼比鲁每次从这个天空之战的遗址回来，需要不停歇地运行 3600 年。

作为一个任务控制中心，尼普尔是“天地纽带”的站点，从那里到“地球天堂的连接点”，阿努纳奇的太空设备都被控制着，在那里，天空地图，所有与我们太阳系 12 成员的天上运动以及神圣时间、天时间、地球时间的轨迹有关的规则，都被维持和计划着。

对注定不可改变的轨道路径的追踪，在天命的石碑帮助下得到施行。我们可以看到他们的功能和神圣的会所，在那里，他们呼呼叫着，嗡嗡呼唤着。当他们的设备突然停止时，他们查看发生了什么。被翻译者命名为《祖的神话》的一个文本，记述在苏美尔文献上，讲述的是风雨神祖（在后来的发现中，他的全名为巴比伦的风雨神，即“天堂的认识者”）的计划，即通过夺取带走天命的石碑来侵占天堂与地球的连接处。一切都停顿了，“点亮的光明逐渐熄灭，一片寂静”；在那些操纵航天飞船和太空船的天空深处，“伊吉吉在太空中被挫败”（史诗传说以恩利尔的儿子尼努尔塔击败风雨神、天命的石碑在杜兰安基重新装备以及风雨神的受刑而结束）。

不可改变的天命与可被改变或是可逆转的命运之间的区别，被表述在给恩利尔的两部分《赞美诗》中。《赞美诗》描述了恩利尔作为一个命运的判决者和天命宣告者的力量：

恩利尔：
在天空中，他是一个王子，
在地球上，他是一个首领。
他的命令是广大的。
他的意见崇高而神圣；
牧者恩利尔判决命运。

恩利尔：
在高处，他的命令使天空颤抖，
在低处，他使地球震撼。
他宣告天命主宰遥远的未来。
他的判决不可改变。
他是上帝，知道地球的天命。

苏美尔人认为，天命是上天的本质，正如恩利尔一样高贵；他不可改变的天命宣告，这不是他自己的决定或计划。他得到这些信息，他是一个“上帝，知道陆地上的天命”，他是“值得信任的人”——不是人的先知而是神的先知。

这完全不同于他判决命运时的情况，他需要与其他神明协商。有时，他与他所信任的维齐尔（一种相当于宰相的高官）努斯库商量：

当他敬畏时，他判决了命运——
他的命令，在他心中的世界——
获得晋升的维齐尔，和他的侍从努斯库，
他告诉他们，并与其商量。

不只是恩利尔的侍从努斯库，还有他的配偶宁利尔，都作为决定命运的参与者，被描述在这首赞美诗中：

宁利尔母亲，神圣的妻子，
她话语亲切……
她的讲演雄辩而文雅，
她已坐在你的旁边，
她与你意味深长地交谈，
在你耳边轻声叮嘱，
判决命运。

苏美尔人认为，在地球上，命运是被创造、被判决并被改变的。尽管这些充满崇拜和极少协商的赞美诗字句似乎是命运的决定——包括恩利尔自己的命运，是通过更民主、更趋向君主立宪制的过程取得的。他的权力似乎不是来自上级，即阿努和尼比鲁，而是来自下级，即来自神的委员会（一种国会或议会）。最重要的决定——主要的决定，是在主神的委员会做出的。这个委员会是一种部长内阁，在那里，决定有时成为争论，但是往往不会变成积累的交易……

阿努纳奇神的委员会和会议的参考是很多的。亚当的创造这一主题是这样经过讨论决定的；大洪水时期，把人类从地球驱逐的决定也是如此。后者清楚地描述了“恩利尔在他的发言中表现出某种忧伤，他在众神集会时致辞”。消灭人类的建议受到恩基的反对，他已经无法左右会议，“受够了参加神明们的会议”。我们读到后来知道，当神明们正在他们的太空船中绕着地球运转，观察到下面的大浩劫时，伊师塔为她所看到的一切悲伤哭泣，思考她怎么会投票赞成人类的灭绝：“在神明们的会议上，我怎么参加了这么邪恶的讨论？”

大洪水过后，当人类的幸存者们又开始布满地球时，阿努纳奇开始给予人类文明，建立王权，作为管理不断增长的人类的途径：

> 判决命运的伟大的阿努纳奇
>
> 改变他们对陆地的建议

决定命运的方式不只是局限在人的事务中，它也在神明们自己的事务中适用。因此，恩利尔在早期到达地球时，抓了一个喜欢阿努纳奇的年轻女性，并不顾她的反抗和她做爱，事后恩利尔被“会议中的 50 主神”和“7 个判决命运的神明”判决流放。

根据巴比伦译本《伊奴玛·伊立什》，马杜克的天命是成为地球上的至尊

（在天空的副本中）并得到确认。在那个文本中，神明会议被描述为从各地而来的（也许不只是来自地球，因为除了阿努纳奇，代表们还包括伊吉吉）高级神明的聚集。这些聚集起来的神明的数量是50，一个与恩利尔的等级数相符的数字。在阿卡德人文本中，他们被任命为“主宰命运的主神”。

《伊奴玛·伊立什》描述了主神们聚集起来宣告马杜克的霸权，同时，文本还描绘了一群好久不见的朋友之间的友爱之情的场景。他们来到一个会议的特别地方，“他们亲吻彼此……彼此交谈；他们坐下来举行宴会；他们吃节日的面包，他们喝精选的葡萄酒。”当“天命七神”进入会议大厅，坐下来准备会谈时，朋友的聚会变得庄严起来了。

因为一个无法解释的原因，马杜克被测试他的法力。聚集起来的阿努纳奇说，让我们看看吧，“你是如何下命令摧毁和创造东西的！”

他们围成了一个圆圈，“在上面放上了星座的图像。”有一个的术语叫拉马舒，意思就是黄道的图像或是象征。“张开你的嘴巴。”他们说，“让图像消失！再说一遍，让星座再次出现！”

马杜克有礼貌地表演了一个魔术：

他说话，星座消失了；
他又说话，图像恢复了。

当比他年长的神明，
看到他说话的力量，
他们十分欣喜，他们宣称：
“马杜克至高无上！”

“他们给予他王权、王座和王室的长袍”。一件华丽的长袍，如巴比伦绘

图28

画显示的那样（见图 28）。他们宣布："从今天起，你的天命至高无上，你的命令如阿努的命令……神明中无人可以超越。"

尽管巴比伦文本提出，马杜克至高无上的权力曾经过检验确定，并在一个会议上宣告，但有关做出决定过程的其他文本指出，在 50 位主神参与的会议之后，是另一次对命运或天命作出判断的 7 位主神的会议。真正的决定宣言是在咨询或经阿努同意后，由恩利尔宣告的。事实上，这个级级递进和恩利尔代表阿努所做的最后宣告的必要性，也是马杜克的追随者们组织的。著名的巴比伦国王汉谟拉比，在他著名的法律原则导言中，这样高度评价他的神马杜克的至高无上：

高贵的阿努，
从天堂来到地球的上帝，
恩利尔，天空和地球的主宰。
主宰凡间的天命，

因为恩基的长子马杜克而决定，

恩利尔的作用延伸到整个人类。

巴比伦文献声称，伊尼德的权力转交给马杜克象征着给予马杜克的 50 个名字。给予他权力的名字中最后一个也是最重要的一个是“尼比鲁”——巴比伦人用行星名字来命名马杜克。

※

有时候，神的委员会会议的召集不是去宣布新的命运，而是去断言，在天命石碑中，那些早期被决定的事物。

《圣经》的陈述反映了王室习俗，例如把东西写在卷轴或石碑上，把文件作为秘密证据封起来。这种习俗是属于神的（这无疑是在仿造神的做法）。我们发现，在《摩西的颂歌》中有丰富的参考资料，特别是在他死之前的遗嘱和语言中。他赞美万能的耶和华，宣告并预言天命的力量，并引用上帝的话作为未来的语言：

看呀：

这还是一个未被发现的秘密。

储存封藏起我的财宝。

在他们的首都哈图沙斯的王家图书馆发现的赫梯语文献，包含了神之间冲突的传说，这些传说是希腊神话最接近的来源。这些文本中，古神的名字是从苏美尔时代起就为人所知（例如阿努、恩利尔和恩基）的。而赫梯人则是从苏美尔万神庙中得知他们的（例如特舒卜，“吹风者”，代表伊希库尔 / 阿达德）。

但有时候，那些神明的身份模糊——在两个不同语种版本的史诗中，属于名叫库玛而比和伊卢延卡的神明。第一个事例中，特舒卜要求命运的石碑（“带有命运字迹的古老牌碑”），从非洲东南部的恩基的住处回来，然后带到神的委员会。冲突和竞争之后，神明们在委员会会晤，建立他们的秩序和等级——这个秩序和等级被描绘在神圣避难所（我们现在所知道的雅兹勒卡亚，见图 29）的石头墙上。

但是毫无疑问，其中最重要、最漫长、最痛苦，而且最致命性的决定也是归于神的委员会的。他们决定并批准了在西奈半岛使用核武器轰炸太空船发射基地。首次详细的记录是《埃拉叙事诗》，在《众神与人类的战争》一书中，我们已经重建了事件，识别出了领导者和敌人，几乎逐字汇报了委员会的行动。正如那上面提到过那样，这个非故意的结果是对苏美尔的毁灭性打击，同时使生命在那个城市终结。

如果命运和天命是一出交织的悲剧，那么，这正是我们最清楚的事件之一。

在苏美尔，受到重击的是它光荣的首都乌尔，是人民热爱的神（月神兰纳 / 辛）和他妻子宁加尔（意为“伟大的女性”）所在的位置和中心。一个名为《悲叹苏美尔和乌尔的被毁》的文本描写了当人们意识到邪恶的风带着死亡的云向苏美尔飘荡时，兰纳 / 辛是如何跑到他父亲恩利尔处请求帮助，请求用神的奇迹来转移乌尔的灾难。他问父亲，看到让人自豪的乌尔，一座有名的城市的毁灭，这难道不是无法想象的吗？他向阿努请求：“啊，这已经够

图29

了！”他向恩利尔请求："宣告一个令大家欢喜的命运吧！”然而，恩利尔看到无法改变的结果已经汹涌而来。

绝望中，兰纳/辛要求神明们在委员会会晤。当地位最高的阿努纳奇请大家入座时，辛向阿努和恩利尔哭诉并请求："不要让我的城市毁灭，我真的恳求你们。"兰纳/辛最后说，"不要使我的子民灭亡！”

但是从恩利尔那里得到的是十分苛刻、不可改变的回答：

乌尔被授予了王权，
但是它没法永垂不朽。

第五章

死亡与复活

苏美尔与乌尔灭亡的教训告诉人们，运气与可变更的命运无法取代不可违逆的天命。然而另一方面，一个不管是谁判决的命运都可以被天命取代吗？

在古代，人们已经思考过这个问题，否则，为什么那时就有了祈祷和请愿，有了先知告诫的正义和悔过？《圣经》的《约伯书》提出了这样一个问题：备受折磨而陷于绝望的命运最终是否能够成功，即使约伯的正义与虔诚其实注定他可以长寿。

这一主题的来源可以在学者称之为《人与他的神》的苏美尔诗歌中找到，诗中的主人公是一个正直的受害者，一个承受残酷的命运和冤枉的不幸的人。“命运把我抓在它的手中，带走我生命的呼吸。”这个没有名字的受害者哀泣道。但是他看到“宽恕的大门”向他敞开，“我的神，让我看到我的罪恶。”因为坦白与悔过，他的神“使魔鬼之门掉转方向”，那个请愿者永远过上了幸福的生活。

正如吉尔伽美什的传说中说的那样，命运不可能战胜最终天命（作为一个凡人死去），因此其他传说中也传达这样一种信仰，即：如果不是注定的，命运不可能导致死亡。一个极为重要的例子就是马杜克自己，他是经历苦难和挫折的古神。他曾失踪又再现，被流放又回来，他显然是要死去，却又出人意料地复活，等等。事实上，古代字碑发现后，与马杜克相关的一切事件的范围都清楚了。这时，学者们激烈地争论，在世纪的转折点上，这是否是基督故事的重演（这个猜测在这种亲密关系中得到印证，马杜克一只手拉着他的父亲恩基，另一只手牵着他的儿子那布，创造了最早的三位一体的印象）。备受折磨的马杜克和他的道德观可在一个神秘剧中找到证据，剧中，演员们演出了他明显的死亡与复活。这个神秘剧作为新年庆典的一部分在巴比伦上演。很多古代文本提出，它是为一个更为黑暗的目的服务——一个受难的人，他把手指指向负责对他的死刑进行宣判、埋葬的敌人和法官。不同的译本指出，这些负责人的身份时时改变，以适应不断变化的政治宗教情况。

一个原始的被告是伊南娜（伊师塔）：具有讽刺意味的是，尽管她确实死去又复活，但她奇迹般的经历从未改变（正如马杜克的经历），也从未在列表中提起（在她的爱人杜姆兹死后一个月，杜姆兹月，即犹太历的 10 月，以杜姆兹命名）。这是具有双重讽刺意味的，因为伊师塔最终死去也是杜姆兹死亡的结果。

不是只有一个莎士比亚能够构思这些悲剧讽刺之事，这些事件发生在马杜克埋葬和复活之后，是伊南娜大声疾呼的结果。因为当马杜克还未真正死去和确实复活之前，事情已经清楚了，他的原告伊南娜经历了真正的死亡，获得了真正的复活。尽管杜姆兹的死是两个事件的潜在因素，伊南娜死亡和复活是宿命的决定。我们可以明智地使用“宿命”这个术语，因为是她的命运而不是她的天命，预见了她的死亡。因为这两者的区别，她才能复活。这些事件的描述阐明了一个问题，即生命、死亡和复活不是《吉尔伽美什史诗》中那样，在于人类与半神之间，在于神自己。在命运与天命抗争的传说中，似乎想要解开一直期待解决的谜团。

伊南娜或伊师塔死亡和复活的悬疑故事，从一开始便揭示了她遭遇死亡——真正的死亡，不只是埋葬，而这是她自己的决定。她创造了自己的命运，但是她的死亡（至少在那时）不是她的天命，最终她苏醒并复活。

这个传说第一次记录在原始苏美尔语中，之后在阿卡德语中也有所呈现。学者们查阅这个传说的不同译本，伊南娜神降落到下层世界——尽管一些人喜欢用阴间取代下层世界——暗示着地域主宰死者。但是事实上，伊南娜神去了下层世界，这个世界在地理上是非洲最南端。这是她姐妹厄里斯奇格和丈夫奈格尔的领地。作为杜姆兹的哥哥，安排葬礼是奈格尔的责任。尽管伊南娜被警告不要去那里，她还是决定无论如何要去一趟。

参加她的爱人杜姆兹的葬礼是伊南娜这趟旅程的原因。但是事实证明，没人相信她……根据习俗（后来这指导了《圣经》规律），我们猜测，伊南娜打算要求杜姆兹的哥哥奈格尔与她同床，生一个孩子，冒充杜姆兹（他死时无子）的儿子。这一目的激怒了厄里斯奇格。

其他文献描述了伊南娜的 7 件东西，这些东西是她在“天国之船”上旅行时所用。其中有一个头盔，一副耳坠，一根丈量棒……所有的东西都在合适的位置用皮带紧紧捆住。雕塑（见图 30）描绘出她用类似鹿角的东西装饰。当她到达她姐妹住处的门前时，7 个守门人一件件剥去她保护性的装饰，当她最后进入王室，厄里斯奇格突然暴怒，之后进行了一场激烈的舌战。根据苏美尔文献，厄里斯奇格命令伊南娜屈从于“死亡之眼”的惩罚——一种致死性射线，这种射线使伊南娜的身体变成一具尸体，而这具尸体被挂在一个树桩上。根据后来的阿卡德译本，厄里斯奇格命令她的侍从纳姆塔“释放 60 种苦难对付伊师塔”——折磨她的眼睛、心脏、头和双脚，折磨她身上的每一部分，把伊师塔置于死地。

预料到麻烦的到来，伊师塔嘱咐她自己的侍从宁舒布尔在她没有回来之

图30

前的3天中大声疾呼。当她无法回来时，宁舒布尔来到恩利尔跟前，恳求免伊师塔一死，然而恩利尔没有帮助她。宁舒布尔向伊师塔的父亲兰纳求助，他也无法帮助她。之后宁舒布尔向恩基求助，他能帮助。他造了两个人造人，这两个人不会被“死亡之眼”伤害，他们去执行营救任务。他给一个机器人“生命食物”，给另一个“生命之水”。带着这些装备，他们降落到厄里斯奇格的住处，要求归还伊师塔已死的身体。然后，

他们在挂在树桩的尸体上，
放上脉冲发生器和发射器
放在受过重击的肉体上
60次生命食物
60次生命之水
他们撒于肉体上
伊师塔苏醒过来了。

使用放射物——脉冲发生器和发射器使死人苏醒，这一事件描绘于一个圆筒图章上（见图 31）。我们可以看到，一个脸上蒙着面具的病人正接受放射治疗。躺在厚板上开始苏醒的病人（分不清是人还是神），被一群鱼人围绕——恩基的代表。这些传说中的细节使人想到，无论恩利尔还是兰纳，都无法帮助伊师塔，只有恩基才能帮助她。然而，恩基做的那些帮助伊师塔复活的机器人，不是上面描绘中的鱼人医生或祭师。他们不需要食物或水，没有性别特征，脸色苍白，看起来更像神的机器人信使（见图 32）。作为机器人，他们不受厄里斯奇格死亡射线的影响。

他们陪伴已经复活过来的伊南娜（伊师塔）安全回到上层世界，等待她的

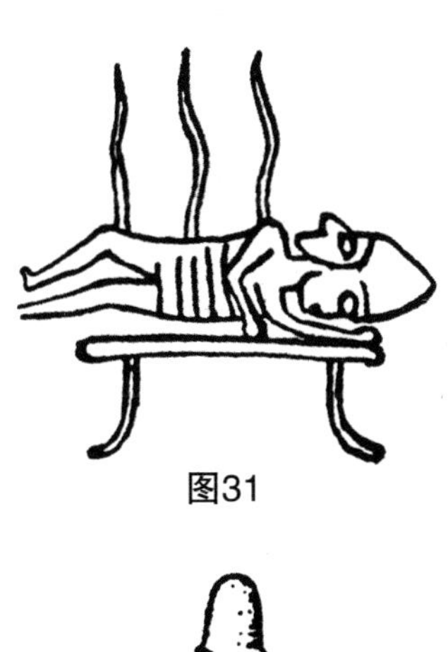

图31

图32

是忠实的侍从宁舒布尔。她对他感激不尽，随后她去了恩基的住处埃利都，因为是恩基使她复活的。

如果伊师塔去下层世界犹如马杜克的传说，是一次死亡和救主受难剧，它肯定无法吸引观众。尽管马杜克的“死”只是死亡宣判后的埋葬，他的“复活”事实上是死亡点之前的逃离；而伊师塔真正死去，她的复活是从死亡处归还而来的。但是如果观众中的一些人熟悉苏美尔术语学的细微差别，就会从传说中明白，所有的这一切都是真实的。因为按照厄里斯奇格的命令，把伊师塔致死的人，正是她的侍从纳姆塔，不是不可改变的“天命”，而是可变更的“命运”。

是纳姆塔通过释放60种苦难导致了伊师塔的死，也是纳姆塔在她苏醒复活后，带着她穿过7道门，并在每道门给她服装、装饰品和她力量的品质。

纳姆塔的领地，是阴间一个死人的住处，同时，也是一个逃脱出来回到活人的地方。这些内容，成了亚述文献描述一个名叫库姆玛的王子的九死一生经历的基础。

在美国著名电视连续剧《阴阳魔界》的一段有趣插曲中，王子看到自己来到了阴间。他看到站在纳姆塔前面的那个人，说：“他左手抓着他的头发，右手握着一把剑。”纳姆塔的情妇纳姆塔如站在旁边，巨大的野兽包围着他们：一条是有着人的手与脚的蛇/龙，一只是有着狮子的头和四只人的手的野兽，还有姆基尔（“打击者”）和尼杜（“投掷者”）。前者长得像鸟，但有人的手和脚，后者有一个狮子头、人手和鸟的爪子。其他的野兽混合了人、鸟、公牛和狮子的肢体。

王子继续走，来到了一个审判现场。那个受审判的人有沥青黑的身体，穿着红色的斗篷。他一只手带着一把弓，另一只手提着一把剑；他的左脚踏着一条蛇。然而他的法官不是纳姆塔，纳姆塔只是“阴间的维齐尔”（宰相），法官是下层世界统治者奈格尔。王子看到他“坐在庄严的王位上，戴着神圣的王冠”。他的手臂中反射着闪电，阴间里充满着恐惧。

颤抖着，王子弓下了腰。当他站起来时，奈格尔对着他尖叫：“你为什么要得罪我爱妻阴间王后呢？！”王子变得像哑巴一样，无话可说，他最后怎么样了呢？

从此他消失在纳姆塔的法庭上，这不是痛苦的结局。结局是：一切都是个误会，他的身份被弄错了。阴间王后要求释放他，让他回到沙马氏的领域，充满阳光的上层世界。然而奈格尔介入了，王子的生命可能得到宽恕，但是他不能从死亡的伤害中回来。他必须承受九死一生的痛苦，受疼痛、痛苦和失眠折磨……他也不得不忍受噩梦。

※

而死去的杜姆兹从下层世界的归来是很不一样的。

苏醒过来允许回到上层世界的伊南娜没有忘记她死去的爱人。在她的命令下，两个神明的信使把杜姆兹的尸体带了回来。他们带着尸体前往伊丁的巴德提比拉，也就是乌鲁克。在伊南娜的要求下，尸体被涂了防腐剂。

杜姆兹，我年轻时的爱人：

用纯净的水清洗他，

用香油涂抹他，

为他穿上红色的外衣，

将他安放在天青石的厚板上。

伊南娜要求把尸体放在天青石的厚板上，将它保存在一个特别的神殿中。她说，尸体应该被保存，这样有一天，在那最后一日，杜姆兹起死回生，“来寻找我”。她断言，这一天会来到的。

> 死者醒来
> 闻到甜甜的熏香

人们应该注意到，这是第一次提到相信人有最后一日，即起死回生的那天。正是有了这种信念，在关于杜姆兹的苏美尔语译本中，人们才会每年为杜姆兹哭泣，持续了1000年，一直到先知以西结时期。

尽管这是简单的讲述，但杜姆兹的死和木乃伊化仍然为我们提供了非常重要的线索，当他和伊南娜坠入爱河时——他是一个伊基以特，而她是一个伊利里特。在两大神的部落的冲突中，婚礼得到了伊南娜父母和月神辛与其妻子宁加尔/尼克卡尔的祝福。在一系列杜姆兹和伊南娜的爱情歌曲中，其中一首以宁加尔权威的口吻对杜姆兹说：

> 杜姆兹，伊南娜的渴望与爱情：
> 我将给你生命直到遥远的未来；
> 我将为你保留，
> 我将看管你生命的房子。

然而，事实上，宁加尔没有这种权力，因为一切天命和命运的事务掌握在阿努和恩利尔手中。后来大家都知道，一个最终悲剧性的死亡降临到杜姆兹身上。

神在生命与死亡上违背诺言，只是令人苦恼的杜姆兹悲剧命运的一个方面，它提出了神的不朽的问题。我们已经做了解释，这只是一个相对的长寿：尼比鲁上的1年相当于地球上的3600年。但是对于那些把阿努纳奇视为神的古人来说，杜姆兹之死是一个不小的震动。真的是因为伊南娜期待杜姆兹在最后一日起死回生，而要求给他做防腐处理，并把他安放在天青石的厚厚的石板上吗？还是为了给大家保存神的不朽的幻想？是的，她曾经这样说过，神已经死了，但是这只是一个暂时的、转换的阶段，因为在合适的时间，他将复活，他将站起来，享受甜甜的熏香。

有关上帝的迦南 / 巴尔的传说中，似乎有这样一种观点，必须要在神人和坏人之间做出区分。为了声称他的至高无上，在北方的神秘之地乍缝的顶端建立霸权，巴尔与他的兄弟对手们决斗到死。但是在与“神圣的莫特”（意为“死亡”）的激烈斗争中，巴尔为莫特所杀。

巴尔同父异母的爱人阿娜特和他们的姐妹叙贝什，把这一噩耗告诉了巴尔的父亲伊尔：“强大的巴尔死去了，地球的上帝王子被毁灭了！”他们告诉受到巨大打击的父亲，在达布尔国原野上，“我们看到巴尔倒在地上。”听到这个消息，伊尔跌倒在他的王座上，接下来，他以一个悲伤者的方式度过那一天。“他把悲伤的土撒在他的头上，穿上麻布衣。”他用石头刀在自己身上划上很深的印痕，“他扯着嗓子大声叫喊：巴尔死了！”

悲伤的阿娜特回到巴尔死去的地方，像伊尔那样，披上麻布衣，划伤自己，然后“大声哭泣”。她叫她的姐妹叙贝什过来帮助她把尸体抬到乍缝的一个僻静之所，在那儿安葬死去的神：

听啊，神的少女叙贝什，
抬起了强大的巴尔，
把他放在阿娜特的肩头。
她一直把他背到乍缝的僻静之所
为他哭泣，给他安葬；
她把他放在山谷中，

和地球上的鬼神一起。

按照惯例，哭泣完，阿娜特回到伊尔的住处。她痛苦地告诉大家：“现在你们可以高兴了，因为巴尔死了，他的王位空出来了！”女神艾莱斯和她的姻亲，不顾阿娜特的嘲讽，自顾讨论王位继承问题。伊尔的另外一个儿子被推荐出来，但伊尔并不同意，说他太懦弱了。另外一个候选者被允许去乍缝，试图坐上巴尔的王位。“但是他只到达王位的脚凳”，最终还是被排除了，似乎没有人能够代替巴尔。

这给了阿娜特希望：复活。终于，在叙贝什的帮助下，她探知了莫特的住处。“她借故靠近他，像一只母羊接近她的小羊……她抓住神圣的莫特，用剑劈开了他。”然后她烧了莫特的尸体，残余的部分也磨碎了，她把那些灰烬撒在旷野上。

杀死曾经害死巴尔的莫特后，奇迹发生了：死去的巴尔苏醒过来了！

强大的巴尔的确死了；
地球的统治者的确毁灭了。
但是你看，你瞧：
强大的巴尔活着呢！
看，地球的统治者高贵地生存着！

得知这个消息，伊尔怀疑这是不是个梦，“一个幻觉”。但是这是真的！脱下麻布衣，停止哭泣，伊尔高兴起来了：

现在我可以坐下来歇一歇了，
我的心情可以平静下来了；

因为强大者活过来了，

高贵地活着，地球的统治者。

尽管伊尔没有明确的证据说明，复活是不是一个虚假的幻影或者只是一个梦，但迦南作家认为，人们（包括伊尔）相信了这一奇迹。这一观点在克烈特传说中也有所回应，而克烈特只是一个半神。他的儿子看到他死亡的痛楚，无法相信“伊尔的儿子会死”。

或许，如果无法接受神明的死，复活的观念就成了游戏。伊南娜是否相信她的爱人会起死回生，杜姆兹尸体的精心保存和她伙伴的帮助在人群中流传，成为神永垂不朽的幻想。

她亲自讲授保存的过程，因此杜姆兹能够在最后一日站起来，与她结合，这个木乃伊化的过程后来无疑为世人所知。这也许震惊了埃及古物学者，他们认为木乃伊化始于埃及，时间大约是公元前 2800 年的第三王朝。这个过程必须清洗已死去的法老的身体，用油涂抹它，并把它装入经过编织的布中——保存尸体，这样法老可以踏上死后轮回的旅途。

然而，我们有一个苏美尔文献，该文本证明木乃伊化的出现比原先提早了几个世纪。

在这个文本中，详细的过程细节以及遮盖布的颜色与后来在埃及实行的是一样的。

伊南娜命令将保存的肉体安放在天青石的厚板上，放在一个特别的神殿中。她给神殿命名为艾玛什——“毒蛇的房子或神庙”。也许，这不单单是把恩基死去的儿子放到父亲手上的象征性姿态。因为恩基不只是拿札叙——毒蛇，他也是《圣经》中秘密的认识者。在埃及，他的符号是毒蛇和他的名字卜塔。卜塔代表 DNA 的双螺旋（见图 33），因为这是一切生命与死亡的关键所在。

图33

※

虽然伊南娜因其与杜姆兹的联姻和后者死后的悼念活动在苏美尔和阿卡德地区广受尊重（在美索不达米亚的巴比伦，她则以伊师塔之名，将杜姆兹死后的一个月命名为“杜姆兹月”），但杜姆兹只是一位来自非洲的神。因此，也许不可避免的是，学者们会把他的死亡和防腐处理拿来与伟大的埃及神奥西里斯的悲惨故事相比较。

奥西里斯的故事与《圣经》中该隐和亚伯的故事相似，在这两个故事中，直到一个兄弟杀死另一个兄弟，敌对状态才结束。奥西里斯的故事开始于两对夫妻，两个同父异母的兄弟（奥西里斯和塞特）娶了两个姐妹（伊希斯和尼普塞斯）。为了避免废除兄弟中的任何一个，尼罗河王国在两个兄弟中划开：下埃及（北部）归奥西里斯所有；上埃及（南部）归塞特所有。然而，对复杂的神的统治权的继承承认的是长子的合法继承权，这导致了敌对状态。塞特将奥西里斯诱骗到一个箱子中，然后把箱子沉入地中海。就这样，奥西里斯被淹死了。

箱子漂上岸，在现在黎巴嫩的地方，被奥西里斯的妻子伊希斯发现了。她把丈夫奥西里斯的肉体带回埃及，请求神透特将奥西里斯复活。但是这一切被塞特发现了，他夺走了尸体，并把它切成了 14 块，把碎块分散在了整个埃及。

伊希斯坚持不懈地寻找碎片，几乎把它们全部找到（如传说所述），除了奥西里斯的阴茎。她把碎片重新放在一起，用一块紫色的编织布把它们合在一起，重新组合了奥西里斯的身体——“之后木乃伊化在埃及开始了。法老时期的所有奥西里斯记述都显示，他被紧紧地卷在裹尸布中。”（见图 34）

就像在她之前的伊南娜，伊希斯掩埋她死去的丈夫，并将他木乃伊化，从而在埃及（如伊南娜在苏美尔和阿卡德的行为）兴起了复活神的观念。尽管在伊南娜的例子中，女神的行为可能已经注定要遭受失败的个人否决，也

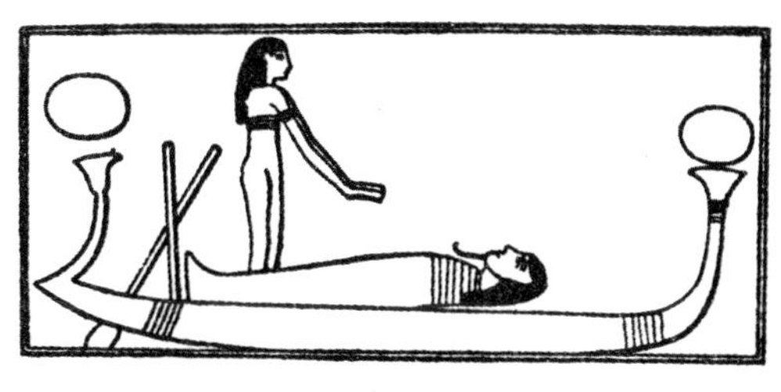

图34

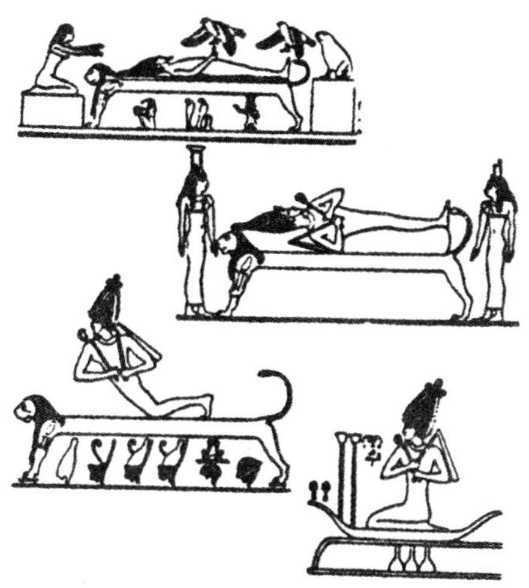

图35

确定神的永垂不朽，而在埃及，这种行为还是成了法老信仰的支柱——这个信仰就是，国王也可能遭受歪曲，也可以通过仿效奥西里斯的来生和神一起获得永生。

在华莱士·布奇的著作《奥西里斯与埃及复活》的前言中，他认为，古代埃及宗教的中心人物是奥西里斯，他被崇拜的主要基础是神性中的信仰、死亡、复活以及对身体及其灵魂的天命的绝对控制。在埃及古城亚比多斯和德班为奥西里斯建造的主要神殿中，描绘了神复活的步骤（见图 35）。华莱士·布奇教授和其他学者认为，这些描绘源于一个激情或神秘的剧本，剧本里的故事曾每年都在这些地方演出：一个在美索不达米亚与马杜克相符的宗教礼仪。

《金字塔文本》和其他在《埃及亡灵书》中描写的葬礼例子，叙述了施以防腐剂和木乃伊化的已死法老，如何通过东面的人工门进入他的坟墓（那儿被认为只是一个暂时的休息之所），开始他死后生活的旅途。我们假设有这个旅途，它是已复活的奥西里斯通往他在永恒住所的圣位的路；这条路使法老像圣鹰那样飞向天堂，开始于一系列充满奇迹的人或物的地下房间和走廊。在《地球编年史》的第二部《通往天国的阶梯》中，我们已经分析了古代文本的地球学和地形学意义，并得出结论，它是对通往西奈半岛上的地下发射井的一条旅途的模仿——与西奈半岛上的一个法老统治者辉的坟墓中实际遗址的真实描述不一样（见图 36）。

奥西里斯的复活与另一个壮举同样令人不可思议，这个壮举就是，在奥西里斯自己被肢解不久，他儿子何璐斯出生了。在这两个埃及人都认为是奇迹的事件中，神透特（在埃及艺术中常以朱鹭头的形象出现，见图 37）扮演了一个决定性的角色。是他帮助伊希斯将被肢解的奥西里斯拼合在一起，又指导她如何从已经死去的肉体中提取奥西里斯的“精髓”，然后使她自己怀孕。做了这一切之后，她成功地怀上了一个儿子：何璐斯。

即使认为这些传说不仅仅是神话而是一些真实事件的回忆的人，也在怀

图36

图37

疑：伊希斯到底做了什么，能从死去的奥西里斯身上提取精液和“精髓”。然而这是不可能的，因为伊希斯没有找到并重新组合的那一部分正是奥西里斯的男性器官。透特奇迹般的壮举必须要超越现在很普遍的人工授精。那么，很显然，他所做的要比人工授精更高明，是为她取得奥西里斯的基因

"精髓"。文本和从埃及而来的描绘都确认，透特确实有完成这种壮举所需要的"秘密知识"。

透特的生物医学能力（在人类眼里是不可思议的）再一次在何璐斯身上得到体现。为了保护孩子不受无情的塞特的迫害，伊希斯一直对何璐斯的出生守口如瓶，把他藏在一个沼泽地带。因为没有发现奥西里斯的儿子的存在，就像恩基企图从姐妹宁呼尔萨格那里得到一个孩子一样，塞特也想强迫他的姐妹伊希斯和他结合，这样他就可以得到一个和嫂子一起生的儿子，一个无可争议的继承者。把伊希斯骗到他的住所后，他和她纠缠了一会，但是伊希斯成功逃脱并回到何璐斯藏身的沼泽地。然而，使她伤心的是，她发现何璐斯意外地死于毒蝎的一根刺。于是，她无时无刻不在呼唤透特来帮助她：

> 伊希斯向天空哭喊
> 将她的请求一直传到
> 百万年之船上。
> 透特来了；
> 他被赋予魔力，
> 拥有巨大的能力
> 将承诺变为现实……
>
> 他对伊希斯说：
> 今日我已来到天空的船上。
> 就像昨日在那艘船上一样
> 当夜晚来临
> 光线（电波）驱除（毒药）
> 为了何璐斯的康复……

我从天空来到这里拯救这个孩子

为了她的母亲。

因为透特的魔力，何璐斯从死亡（也许他永远对死亡具有了免疫力）中苏醒并复活过来，长大后成为父亲的“Netch-Atef”（意为“复仇者”）。

在生命与死亡方面，透特的生物医学力量，在被称之为《魔法传说》的一系列埃及文献中有所记录。其中之一是《开罗纸莎草纸 30636》，这个文本描写一对王室后裔夫妇非法拥有了《透特秘密之书》。在惩罚中，透特将他们埋葬在一个地下室中，并把他们吊在那里——将他们像死人那样木乃伊化，但是他们仍然可以看见、听到、说话。在另一个写在《维斯特卡纸莎草卷》的传说中，法老胡夫，即基奥普斯的一个儿子告诉父亲，有一个拥有“透特魔力的老人”，一个圣人，他有起死回生的能力。为了亲眼看到这种魔力，胡夫把一个囚犯的头砍下来，要求圣人将砍下的头接起来，并使那个人苏醒。但圣人拒绝在人类身上表演“透特的魔力”，因此就把一个鹅头切了下来。圣人念诵《透特秘密之书》中有魔力的咒语，然后，切下的鹅头自动和鹅身合在了一起，鹅站起来，蹒跚而行，开始叫起来——就像先前一样。

透特确实拥有将一个被砍头的死人复活的能力，因为后来的何璐斯与叔叔塞特战斗时的一个事件，让透特的法力在古代埃及为大家所知。在陆地、水上和空中的激战后，何璐斯成功俘虏了塞特和他的官员。在拉审判他们之前，拉把这些俘虏者的命运交到何璐斯和伊希斯手上。因此，何璐斯砍下他们的头，杀死他们。然而当轮到塞特时，伊希斯看不到塞特是注定要死的，她阻止了何璐斯杀死塞特。何璐斯被激怒了，转向他自己的母亲，砍下了她的头！幸好透特及时赶到现场，装上了她的头，她才活了下来。

为了看到透特的法力取得的这些成就，让我们回过来看，我们曾经把卜塔的儿子当成尼吉叙兹达（在苏美尔人的观念中，他是恩基的儿子），他的苏美尔名字意为“树神或人造生命”。他是精确科学的神的秘密的保管者，科学不仅仅是那些在人类创造时代救过他父亲恩基的基因学和生物医学。事实上，苏美尔文献证明，马杜克曾经向他的父亲恩基抱怨，他没有被传授恩基所拥有的知识。

恩基回答：“我的儿，你不知道那是什么吗？我能再给你些什么呢？”马杜克指出，被保留的知识是复活死人的秘密。这种秘密知识被恩基传授给马杜克的兄弟尼吉叙兹达（透特），但是没有传授给马杜克。

批准传授给透特的那些秘密知识，在美索不达米亚艺术中留下了痕迹，通过描绘他带有缠绕的毒蛇（见图 38a）来象征崇拜他。一个我们现在已经当成是双染色体 DNA（见图 38b）的代表，作为医药和康复的象征一直存在至今（见图 38c）。

无疑，所有这些和铜蛇摩斯的精加工之间存在着一个联系。这个铜蛇是为了在出埃及时消灭使很多以色列人死亡的瘟疫。摩西曾被召唤到法老宫廷中，接受埃及术士的训练，在上帝的指导下，“做了一个铜蛇，把它放在奇迹杆的顶端”，当那些被瘟疫折磨的人们看到铜蛇时，他们活了下来（《民数记》21：8-10）。

也许不只是一个巧合，世界一流的古代铜矿开采和冶炼权威班诺·罗森伯

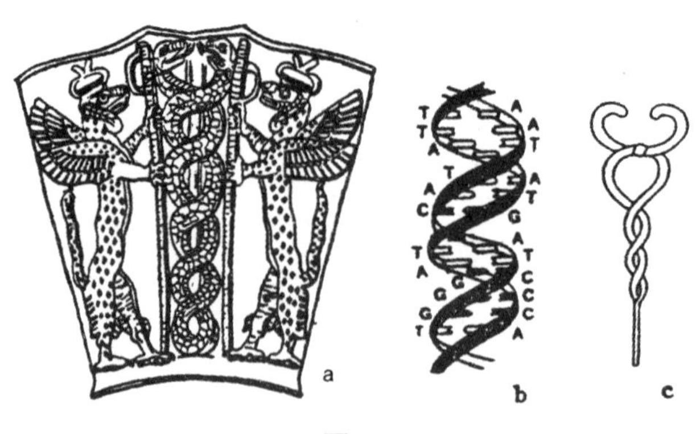

图38

格教授发现，在西奈半岛，一个米甸人时期（当摩西已经逃命到西奈荒原时）的圣人，曾经住在米甸，甚至与米甸人的高级牧师的女儿结婚。在一些最早的铜矿开采地，班诺·罗森伯格教授发现，在神殿中保存着一个小的铜蛇。它是那里唯一的奉献物（存有铜蛇的神殿已经被重建成一个展厅，见图 39）。

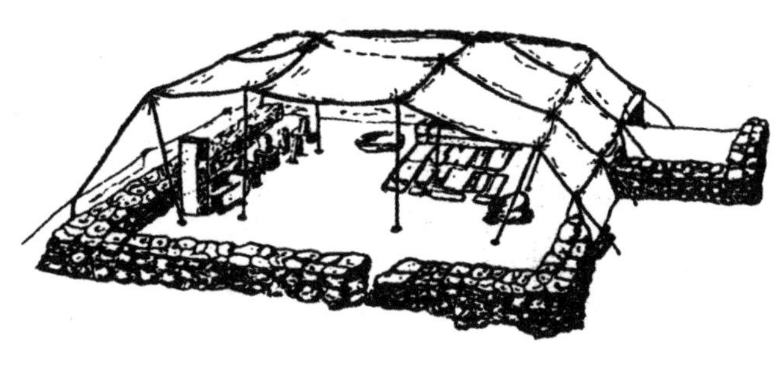

图39

《圣经》记录和在西奈半岛的发现，都有把恩基当成一个拿札叙进行描述的直接内容。这个术语不仅有我们已经知道的两个意思（毒蛇和秘密保守者），也有第三种意思——“铜神”，因为希伯来文字铜的单词，起源于同样的字根。

在苏美尔，恩基的称号之一 BUZUR 也有双重含义：“知道或解开谜底的人”和“铜矿上的人”。

通过这么多错综复杂的关系，也许可以找到伊南娜给杜姆兹选择的其他歇息地——巴德提比拉提供一个解释。目前，在相关的文献中，有杜姆兹（包括伊南娜）与神的城市联系的某种迹象。最有可能的联系就是这个事实，巴德提比拉是作为阿努纳奇的冶金中心被而建立起来的。那么，伊南娜将被肢解的杜姆兹放在不仅有金子，还有铜矿被精炼的地方了吗？

另一种可能的相关报道，涉及在出埃及的沙漠中，有作为临时住处和帐篷的建筑，与耶和华给摩西的详细清楚的指导相符合：在哪里使用黄金或白银和怎样使用，树林或森林的种类、多大的尺寸，衣料或外皮以什么方式缝合和装饰，等等。在关于牧师（在那时，只有亚伦和他的儿子们）如何履行职责时，也有很重大的指导意义：他们的着装、他们需要穿戴的圣物、独特熏香原料的精细搭配（因为约柜协议，这些熏香将产生特有的云雾，保护他们不受致命性放射线的伤害）。给人类的另一个要求是：在脸盆中的方式，必须要清洗他们的手脚，“这样他们才不违背约柜协议”。《出埃及记》30：17 特别强调，脸盆必须要用铜造的。

所有这些分散的但看上去有联系的事实和珍贵的传闻表明，不知何故，铜在人类生物起源中扮演了一定的角色——现在的科学才刚刚开始揭露［最近的例子是一篇发表在 1996 年《科学》杂志 3 月 8 号上的研究文章，是关于铜对大脑新陈代谢的破坏，这与阿尔茨海默症（老年痴呆症）联系了起来］。

这样的角色，如果在恩基和宁呼尔萨格第一次制造亚当时，尚未成为其基因技术努力的一部分，那么，当恩基和宁呼尔萨格从事第二次操作时，它看上去已经融入了人类的基因组中，当时人类被赋予了生育的能力。

换句话说，铜明显是我们天命的一部分。对苏美尔造物文本的认真分析可能通向医学界的突破，这些突破将影响到我们日常的生活。

而对于神伊南娜来说，她相信铜可以帮助她的爱人复活。

第六章

宇宙的联系：DNA

即使是在电视剧里，法庭剧也已经被许多人喜爱，并做了很多突破性的尝试。我们已经从《圣经》统治时代走了很长一段路，“最终的结论由两个目击者来下。”法庭证据已从目击证人发展到文件证据、辩论证据，直到——目前看起来只是个梗概——DNA 证据。

现代科学已经发现，所有的生命是由组成染色体链条上具有遗传特性的核酸小片决定的，并有能力读出那些缠绕的 DNA 字母，区别它们独特的、单独拼写的“文字”。利用 DNA 识别来证明有罪或无罪，已经成为法庭剧的精彩场面。

这是 20 世纪复杂无比的壮举？不，它是一个在过去第 100 世纪的壮举——来自公元前 1 万年的法庭剧。

这个古代著名的案件发生在埃及，那时，是神而不是人统治着陆地。这个案件涉及的是神，不是人。它讲的是两个冤家塞特和何璐斯，其案件根源在于同父异母兄弟塞特和奥西里斯的敌对状态。塞特违反规定摆脱了奥西里斯并控制了他的地域。第一次，他用计骗奥西里斯进入一个箱子，迅速将其封住，扔进地中海中。然而，伊希斯发现了这个箱子，在透特的帮助下，救活了奥西里斯。第二次，愤怒的塞特抓住奥西里斯并把他切成 14 块。伊希斯把碎块放在一起，并把它们拼合起来了，使之木乃伊化，开始了来世的传说。然而，她没有发现奥西里斯的阴茎，没有把它拼合在身体上。因为塞特这样处理了阴茎，所以奥西里斯将不会有子嗣。

伊希斯决定要一个孩子，让他为父报仇。她向神圣秘密的保管者透特求助。透特从死神身体上可利用的部分提取了奥西里斯的"精髓"，帮助伊希斯怀孕，生了一个儿子何璐斯。

我们知道，"精髓"（不是"精子"）是现在所称的 DNA——形成染色体链上的脱氧核糖核酸，链被成对排列在一个双螺旋上（见图 38b）。理论上，当男性精子进入女性卵子时，互相缠绕的双染色体分裂，两股分别从两性双染色体来的染色体形成一个新的双染色体 DNA，成为他们的后代。关键是不仅要将两个双染色体放在一起，而且还要有一个双染色体的分裂——一个染色体的解链过程，然后重新组合。两个来源不同的染色体形成一个新的互相缠绕的双染色体 DNA。

从古代而来的图示描绘显示，恩基的儿子透特非常熟悉生物基因过程，并利用他们进行了基因创举。在埃及古城亚比多斯的一个壁画上（见图 40），法老塞提一世扮演了奥西里斯的角色，显示了当取得他们两个不同的 DNA 链时，透特赋予死去的神以生命，其象征物为有环柄（可能代表子宫）的 T 形十字符安卡。从讲述何璐斯出生的《亡灵书》的描绘中（见图 41），我们可以看到，两个接生女神帮助透特抓住其中一条 DNA 链，DNA 双染色体开始分裂，这样另外一条染色体与伊希斯的一条染色体结合（描述了正在形成的何璐斯）。

伊希斯秘密地生了这个男孩。当他长大后，他的母亲觉得是时候为他申讨他父亲的遗产了。因此后来一天，令塞特意想不到的是，何璐斯出现在主神委员会面前，宣称他是奥西里斯的儿子和继承人。这是一个令人难以置信的宣

图40

图41

告，然而这不能不给予考虑。这个年轻的神真的是死去的奥西里斯的儿子吗？

据文本《切斯特贝提纸莎草卷轴 1》记述，何璐斯的外貌使这些神明们大吃一惊，当然塞特更加惊讶。当委员会开始商讨这一突然的宣称时，塞特有一个缓解性提议：让商讨暂时停止，这样他有机会熟悉何璐斯，看一看这件事是否可以和平解决。他邀请何璐斯："过来，让我们在我的屋子里度过快乐的一天吧。"何璐斯同意了。但是曾经用计杀死奥西里斯的塞特，他的大脑里又产生了新的背信弃义的想法：

> 当黄昏来临，
> 床已为他们铺好，
> 两人在那躺下。
> 晚上，
> 塞特身体中某一个坚硬的部分，
> 插入何璐斯的腰中。

当商讨恢复时，塞特做了一个令人惊骇的宣布。他说，无论何璐斯是不是奥西里斯的儿子，这些已经不重要了。因为现在他的精子在何璐斯体内，这使何璐斯成为塞特的继承者，而不是和他一起竞争继承权。

之后，何璐斯甚至做了一个更令人吃惊的宣告。他说，相反，落选的人不是我——而是塞特！他告诉大家，当塞特倾泻精液时，他并没有真的睡着。他说："精液并没有进入我的身体，因为我把精子抓在我的手中。"早上，他把精液带给他母亲伊希斯看，这使她有了一个主意。她命令何璐斯勃起，将精液射在一个杯子中；然后她将何璐斯的精液洒在塞特花园里的莴苣上——塞特最喜欢的早餐食物就是莴苣。由于不知情，塞特最终吃下了何璐斯的精液。因此何璐斯说："是我的精液在塞特的体内，现在他是我的继承者，而不是在我之前继承神位……"

神明委员会被完全弄糊涂了，他们要透特解决这个问题。借助基因知识的力量，透特检查了伊希斯保存在壶里面的精液，发现确实是塞特的。他为何璐斯做了体检，发现他体内没有塞特 DNA 的痕迹。之后他给塞特做了体检，发现他确实消化了何璐斯的 DNA。

作为法庭的法医专家，透特拥有我们现在掌握的技术能力。他将 DNA 分析报告交给了神明委员会。他们一致投票决定，将埃及的统治权交给何璐斯。

（塞特拒绝移交统治权，导致了我们现在所称的第一次金字塔战争。战争中，何璐斯第一次征募了人类加入神明的战争。我们在《众神与人类的战争》这本书中有详细说明。）

※

最近在基因学上的发现，说明一直存在着看起来很古怪的神明习俗，同时，也突出了他们生物起源的复杂性。

从我们到目前为止记述的文本中可得到证据，妻子－姐妹在美索不达米亚和埃及的神明继承法则中的重要性，也在希腊神话关于他们的神明的故事中有所反映。希腊人命名的第一对神明夫妇，是从混沌演变而来的盖亚（地球）和乌拉诺斯（天王星）。在他们这12个泰坦巨神中，有6个男性和6个女性。他们的通婚和不同的后代导致了后来霸权的争夺战。在最早的战争中，呈现在我们脑子里的是乌拉诺斯之子克洛诺斯，最年轻的男性泰坦神，他的妻子是他的姐妹瑞亚，他们的3个儿子分别是哈迪斯、波塞冬和宙斯，三个女儿分别是赫斯提、德墨忒耳和赫拉。尽管宙斯取得了霸权，但他不得不与他的兄弟们分享统治权。他们3个瓜分了统治权（一些译本说通过抽签），很像当时的阿努、恩利尔和恩基分别得到的那样：宙斯是天神（尽管住在地球上的奥林匹斯山），哈迪斯掌管下层世界，而波塞冬掌管海洋。

克洛诺斯和瑞亚的后代，那3个兄弟和3个姐妹，继续掌管6个奥林匹亚圈。而另外6个是宙斯的后代，是宙斯和几个不同的女神所生。其中一个是勒托，宙斯与她生了长子，就是后来希腊和罗马的神阿波罗。然而，当需要根据继承法则获得一个男性后代时，宙斯转而寻找他自己的姐妹们。据记载，最年长的赫斯提是一个隐居者，她很老，身体也很弱，不能结婚生子。宙斯想与他中间的一个姐妹德墨忒耳生个儿子。但是，她只为他生了个女儿波尔塞弗涅，而不是儿子。这导致了后来宙斯与最小的妹妹赫拉结婚。她真的为宙斯生了一个儿子阿瑞斯、两个女儿厄勒提亚和赫柏。当失去土星以外的行星知识的希腊人和罗马人，为已知行星命名时，他们把火星给了阿瑞斯。尽管他不是长子，但他是宙斯最重要的儿子。阿波罗，一个伟大的神，希腊和罗马人已经没有行星来以他命名。

所有这些都巩固了在神的记录中以妻子－姐妹作为这一习俗的重要性。在继承问题上，这个问题不断被提出：谁将继承王位——长子还是最重要的儿子？如果后者是由他的姐妹所生，而前者不是。这个问题似乎已经统治并规定了地球上的历史进程，从恩利尔在这颗行星上与恩基结合的那一刻，从敌对状态在他们儿子中继续的那一刻（分别是尼努尔塔和马杜克的儿子）。在埃及神的传说中，为了同一个原因而产生的冲突已在拉的后代、塞特和奥西里斯之间开始了。

这团时时不断的敌对的火焰在一场真正的战争中燃烧起来（最后，何璐斯与塞特在西奈半岛的上空单打独斗）。据所有记载，这场战斗不是发生在地球上。在尼比鲁，也有继承问题的类似冲突，阿努也并不是未经过打斗和战争而取得他的统治权的。

就像这样的惯例，即一个没有儿子的寡妇可以要求丈夫的兄弟作为一个代理丈夫“知道”（我们已经在《第十二个天体》中解读了《圣经》中此词的真意：导致生育的性交）她并给她一个儿子，阿努纳奇的继承法则也是如此，给一个同父异母的姐妹优先获得儿子的权力，在亚伯拉罕和他的后代中可以发现类似的惯例。在他的案例中，他的第一个儿子是以实玛利，是他的侍女夏甲所生。然而后来，由于神明的帮助，在一个令人难以置信的很大的年纪，撒莱生了以撒——以撒才是合法的继承者。为什么？因为撒莱是亚伯拉罕同父异母的姐妹。“她是我的姐妹，是我同父异母的姐妹。”亚伯拉罕解释道（《启示录》20：12）。

娶一个同父异母的姐妹作为妻子在埃及的法老中也很普遍，这是国王统治权和继承权的重要途径。这一惯例甚至在秘鲁的印加人国王中也被发现。这一惯例如此普遍，以致在某一国王的统治中，他不幸的产生是由于他娶了一个不是他同父异母的姐妹为妻。印加人的惯例在安第斯人起源的传说中可以找到根源，这就是神维拉科查创造了 4 个兄弟和 4 个姐妹的原因，他们后来结婚并被带到不同的土地上。一对兄妹（或姐弟）夫妇，被赐予一根金杖，并带着它找到地球中心，开始了在库斯科（以前印加人的首都）的王权。这就是为什么倘若他们是兄妹（或姐弟）皇家夫妇的继承者，印加人国王可宣称他与造物神维拉科查有直接的血缘关系。

（根据安第斯传说，维拉科查是伟大的天空之神，他曾在古代来过地球，把安第斯山脉收为他的竞技场。在《失落的国度》一书中，我们已经把他作为美索不达米亚神亚达帕——等同于赫梯族神特舒卜，并指出安第斯文化和古代近东文化两者之间有很多其他的相似点，除了兄妹—姐弟结婚惯例外。）

在神与人类中，持续的兄妹或姐弟之间近亲结婚的重要意义，使人迷惑不解。这种惯例的一个方面似乎不只是一个局部化的“保持家族王位”的态度，更糟的是，是一种追求遗传退化。那么，为什么阿努纳奇（例如：恩基不断努力要和宁呼尔萨格有一个儿子）会一直想要通过这种结合得到一个儿子？一个同父异母的姐妹（让我们记住，是那个男方的父亲的女儿，但不是男方母亲的女儿）的基因有何不同？

当我们在寻求答案时，注意一下一些影响母亲或父亲问题的《圣经》惯例，会有所帮助。

人们习惯上把亚伯拉罕、以撒、雅各和约瑟的时期称为族长时期，当被问起时，大多数人也许会说，《旧约》中的历史，是从男性方向的观点被呈现的。然而，事实上，是母亲而非父亲控制那些行动，从古代的观点，给予这个传说主题“人”的特征——孩子的命名。事实上，不只是一个人，而是一个地方，一个城市，一个国家，并不是直到他们被赋予名字时才形成。

事实上，这个观念回到时间的初始，因为《创世史诗》的开篇几句，希望给听者这个印象，即这个故事是在太阳系完全形成之前就开始的，宣告太阳神的故事和其他行星的开始：

天地初开之时
在高处的天空还未被命名
下面，坚固的土地——地球
还未被命名

在给儿子命名的重要问题中，或者是神他们自己或母亲的那些特权中，我们发现，当神创造了智人，他们才命名新的生命为“亚当”(《启示录》5：2)。

但是当人类被给予生育的能力时，是夏娃而不是亚当有权力或特权命名他们的第一个男性后代为该隐(《启示录》4:1)。塞特也代替了死去的亚伯(《启示录》4：25)。

在族长时代早期，我们发现，命名亚伯拉罕的两个儿子的特权是从神明那里接管而来。他妻子的侍女夏甲生的长子，被天使耶和华命名为以实玛利(《启示录》16：11)。合法继承者以撒(意为“使人发笑的人”)，是由在索多玛和蛾摩拉城毁灭之前，降临到亚伯拉罕面前的3个圣人中的一个命名的。因为当撒莱听到上帝说，她将有一个儿子时，她大笑起来了(《启示录》17：19；18：12)。在《圣经》关于以撒与丽贝卡所生的两个儿子以扫和雅各的故事中，没有提供特别的信息。只是简单提到，是利亚赐名雅各和丽贝卡的儿子，以及雅各和丽贝卡侍女的儿子，蕾切尔也是如此（《启示录》29-30）。几个世纪后，以色列人定居到迦南后，是参孙的母亲赐名于他（《士师记》13:24）。神人撒姆尔的母亲也是这么做的（《撒姆尔》1：20）。

※

苏美尔文献没有提供这种信息。比如，我们并不知道谁赐名给吉尔伽美什——他的母亲女神或是他的高级牧师父亲。但是吉尔伽美什的传说给解决这个谜团提供了现成的线索：在决定儿子地位中母亲的重要性。

大家将会回想起，他对于获得神的寿命的研究，引导他第一次来到雪松山的着陆场。但是他和他的同伴恩奇都被雪松山的机器人护卫者和神牛拒之门外。随后，吉尔伽美什去了西奈半岛的太空船发射降落场。那个通道的入口由可怕的火箭人守护着，火箭人把可怕的聚光灯瞄准他，聚光灯席卷山脉，霎时山脉轰然倒塌（见图 42）。但是吉尔伽美什没有害怕，于是一个火箭人向他的同伴大声喊叫：

图42

他来了

神的肉体

就是他的身体

被允许进去后，吉尔伽美什证实了守卫的结论：事实上，他对那些死亡射线是免疫的，因为他的身体是“神的肉体”。他解释道，他不仅仅是一个半神——他是“2/3 神”。因为他的父亲不是神，但他的母亲是一个神，一个阿努纳奇女性。

我们认为，这里是解开继承法则谜团的关键所在，以及在母亲身上所体现出的其他重点。是通过他母亲，才把一个额外的“资格”给予了这个英雄或者说继承者（它是阿努纳奇或族长的）。

1953 年，人类发现 DNA 双螺旋结构并认识到两条链如何展开分裂，使一条从女性卵细胞来的染色体和另一条从男性精子而来的染色体重新结合，并使后代各具有母亲和父亲 50% 的成分。这样看来吉尔伽美什的一切似乎显得不太合理。事实上，这一认识在解释半神主张的同时，也否认了吉尔伽美什是 2/3 神的无法解释的声明。

直到 20 世纪 80 年代，这种古代主张才开始显得有意义起来。人们发现，DNA 以双螺旋结构储藏在男女染色体里，形成细胞核。还发现有另外一种 DNA，它浮在细胞内，不在细胞核里，称为线粒体基因组，它只从母亲那里遗传而来，也就是说，没有任何从男性那里来的 DNA 参与分裂与重组。

换句话来说，如果吉尔伽美什的母亲是一个女神，那么他确实从她那里继承她的常规 DNA 和她的线粒体基因组，才成了他，正如他宣称的那样，2/3 的神性。

线粒体染色体存在与转化的发现，从 1986 年至今，已经能使科学家们跟踪现代人类的线粒体基因组，一直到生活在大约公元前 250000 年的非洲的夏娃。

一开始，科学家们认为，线粒体基因组的唯一作用是扮演细胞的能量车间，为细胞中的各种化学和生物反应提供能量。但是已经探知，线粒体基因组的所谓“基因组”，包含了 37 个排列在一个类似手镯的封闭圆圈上的基因。这样一个基因“手镯”包括 16000 多对基本基因字母表（比较起来，每个染色体组成细胞的核心，这个核心各从父母那里遗传一半，每一半包括了超过 10 万个基因和超过 30 亿个碱基对）。

再过 10 年后，科学家才认识到线粒体基因组的组成或功能损伤可能引起人体缓解混乱，特别是对神经系统、心脏、骨骼肌肉以及肾。20 世纪 90 年代，研究者们发现线粒体基因组的缺陷（“转变”）也会破坏 13 种重要的身体蛋白的生产，导致多种严重疾病。1997 年，发表在《科学美国人》上的一系列的研究都从阿尔茨海默氏病开始，包括了各种视觉、听觉、血液、肌肉、骨骼、心脏以及大脑故障。

这些基因疾病与一系列的身体故障和功能障碍有关，它们都是由细胞核中 DNA 的缺陷造成的。因为科学家们拆开并了解了人类（在单细胞低等细菌方面最近取得了极大的成就）的基因组——一个完全的基因密码，每一个基因运行（另一方面，如果不存在或出现故障，将产生疾病）的功能正在逐渐被认识。如果不生产某一种蛋白质或酶或其他重要的身体组成，基因将会控制产生胸癌、后骨成形、耳聋、失明、心脏混乱、超重或与之相反的疾病，等等。

在这方面有趣的是，我们偶然也会遇到一系列相似的基因失败，正如我们在苏美尔文献中读到，在宁呼尔萨格帮助下，恩基创造了第一个原始人工人。试图将原始人类的 DNA 与阿努纳奇的 DNA 重组，以此创造出一个新的混合生命，这是一个尝试与错误并存的过程。这些生命起初有时候缺少器官或四肢或者不止有四肢。巴比伦神父贝罗苏斯，他在公元前第三个世纪，为希腊

图43

人汇编了早期苏美尔人的历史与知识，其中描述了人类创造者们的失败，揭露了一些实验与失败中产生的生命，一个身体有两个脑袋。这种“怪物”确实被苏美尔人描绘过（见图 43a），还有另一种异常的人——有一个脑袋但是有两张脸，被称为乌舒的人（见图 43b）。在文献中特别提到了一个人，无法控制自己的尿，并有很多故障，包括眼睛和视力疾病、颤抖的双手、一个不合适的肝脏、一个衰弱的心脏和“老年的病痛”。文献称恩基和宁呼尔萨格为人类的创造者。除了列举更多的功能故障（僵硬的手、瘫痪的脚、不停地滴精液）之外，也把恩基描述成一个有同情心的神，他不是去破坏这些残废的生命，而是为他们找些有意义的生活。这样，当一个有视力缺陷的人产生时，恩基教给他那些不需要视力的艺术——歌唱艺术或弹琴艺术。

文献指出，对于所有这些，恩基颁布这样或那样的命运。当时，他向宁呼尔萨格挑战，试图靠他自己进行基因工程。结果很糟：他制造的人类有处于不合适位置的嘴巴、一个有病的头脑、疼痛的眼睛、痛苦的脖子、脆弱的肋骨、有故障的肺和心脏、不通大便、手短得够不着嘴巴等。但是尝试和失败还在继续，宁呼尔萨格纠正了这些错误。事实上，她终于通晓了阿努纳奇／原始人类基因组，她自夸她能把人类按她的意愿做得完美或不完美：

一个人的身体是好或坏

当我的心鼓动我

我可以给予它一个完美的命运或者坏的命运

现在，我们也到达了这个阶段，我们可以插入或者替换某一个基因，基因的角色已经被我们揭开，并试图用它来预防或治疗一种特殊疾病和缺陷。事实上，一个新的工业——生物技术工业，已经产生，拥有看似在医学方面（还有股市）无尽的潜力。我们已经学会执行所谓的基因改造工程——不同种类之间的基因转换。这个技术是可以实现的，因为所有那些漫游、飞翔、漂浮或生长在地球上的生命有机体，从最低等的细菌到最复杂的生物（人类）的基因物质，都由同样的遗传物质 ABC 组成——相同的核酸，形成由尼比鲁带入我们太阳系的“种子”。

事实上，我们的基因是我们的宇宙联系。

※

现代基因学上的进步走的是两条平行但又互相联系的路线。一条是探知人类的染色体组即人类的所有基因组。这涉及密码识别，尽管这个密码只由 4 个字母组成（A-G-C-T，是 4 个组成 DNA 的核酸的名字首字母大写）。那些“字母”形成“句子”或“段落”，最终组合成一本完整的“生命之书”。另一条研究路线是确定每一个基因的功能。这是一项更令人生畏的任务，由于这样一个事实：假如一个更为简单的生物(例如一个低等细菌或一只实验室老鼠）和它的功能可以被实验测定，事实上已经可以确定，在人类身上的相同基因曾有相同的功能（或者没有相同的功能性障碍）。例如，与肥胖有关的基因的发现也是这样完成的。

这项寻找人类疾病和身体缺陷的成因以及治疗方法的终极目标是双重的：其一是发现控制身体生理机能和大脑神经功能的基因，其二是发现控制老年化过程即寿命以及记忆、推理和智力的基因。在实验室老鼠和人类双胞胎上的实验以及在这两者之间的广泛研究，都能说明两者基因和基因群的存在。这些目标的研究非常乏味与让人难懂，但可以从比较双胞胎之间的“智力基因”的研究结论中得到证明：研究者得出结论，也许存在 1 万个“基因点”或“遗传口令”要为大脑和认知疾病负责，每一个都扮演着自己的一个小角色。

考虑到这么多复杂性，每一个人都希望现代科学家能够从苏美尔人提供的路线地图中得到帮助。天文学中的非凡进步继续确证了苏美尔的天体演化论，以及由《创世史诗》提供的科学数据：其他星系的存在、高精度的椭圆轨道路线、逆行轨道、灾变理论、外层行星的水，还有天王星为什么在一侧的解释、小行星带和月亮的起源、地球的洞穴，以及大陆各在一侧的解释。所有这一切都能由尼比鲁和天空之战的科学诡辩的传说来解释。

作为一张路线地图，那么，为何不重视苏美尔宇宙传说的另一部分——亚当的创造传说？

首先，苏美尔文献告诉我们，“生命的种子”即遗传符号系统，是由尼比鲁在大约 40 亿年前的天空之战中传入地球的。如果在降落到地球前，他们在尼比鲁仅仅进行了百分之一的进化，那么进化在地球上开始发生时，他们已经进化了 4000 万年了。因此很有可能的是，阿努纳奇在 50 万年前，就有能力太空旅行了。当他们来到这里，他们发现在地球上，类似的智人还处于原始人类阶段，这也似乎是可能的。

然而由于是来自相同的“种子”，转基因操作是可能的，正如恩基发现并提出的那样。“我们需要的人类已经存在！”他解释道，“一切我们需要做的是把我们的（遗传）记号放到人类身上。”

人们肯定认为，当时阿努纳奇已经知道了尼比鲁人的完整基因组。恩基和宁呼尔萨格明确选择哪些特别的特征将其从阿努纳奇转给原始人类？苏美尔文献和《圣经》译本都指出，当第一批人拥有一些（不是全部）阿努纳奇的寿命时，创造者夫妇故意限制亚当获得永生的基因（也就是说，与尼比鲁的轨道周期一致的阿努纳奇的极大寿命）。另一方面，是什么样的缺陷隐藏在亚当的重组基因深处？

我们坚定地相信，如果资深科学家详细研究记载在苏美尔文献中的数据，可能获得有价值的生物起源和医学信息。一个令人惊奇的病例是大家所知的威廉斯综合征这种身体缺陷。大概每 2 万个新生儿中有一个受这种病痛折磨，患者有非常低的几乎迟钝的智商，但同时，他们在一些艺术领域胜过常人。最近的研究已经发现，这种综合性疾病导致的这种"白痴天才"（正如他们有时被描述的那样）是由 7 号染色体的一个很小的中断缺陷（丧失大约 15 个基因）造成的。一种很常见的损伤是大脑无法意识到眼睛所看到的事物——削弱视力；一种最常见的天赋是音乐天赋。在苏美尔文献中正有一例，恩基教那个视力损伤的人唱歌和表演音乐。

起初，因为亚当不能生育（要求阿努纳奇从事克隆），我们可以得出结论，在那个阶段，杂交人类只拥有基本的 22 个染色体。列举在恩基和宁呼尔萨格文本上的染色体的种类和排列，正是现代生物医学需要在染色体上寻找的疾病和缺陷（治愈）的种类。

下一步遗传操作（《圣经》中关于亚当和夏娃在伊甸园的故事中有反映）是生育能力的授予——将 X（女性）染色体和 Y（男性）染色体加入基本的 22 个染色体中（见图 44）。人们一直认为，两个染色体除决定后代的性别之外别无用处。与这种看法相反，最近的研究已经揭露，染色体扮演了更为广泛、更为多样化的角色。由于某些原因，特别在 Y（男性）染色体方面，使科学家感到惊讶。在 1997 年底发表的《人类 Y 染色体的功能一致性》的研究成果，立刻引发了一些使用粗体大字标题的文章发表，诸如《毕竟男性染色体不

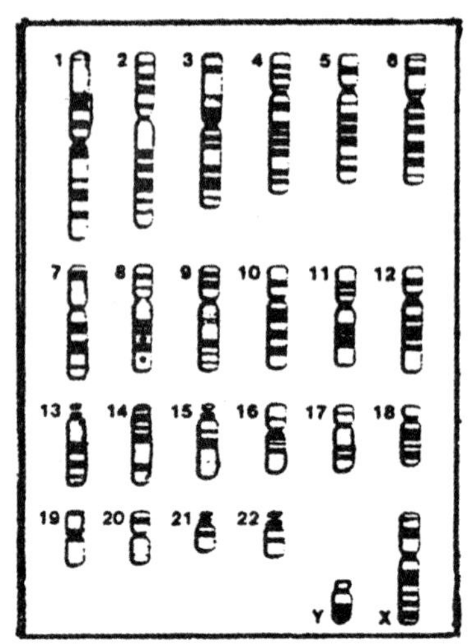

图44

是一片遗传荒地》(《纽约时报》,1997.10.28)。这些发现证明"亚当和夏娃一样来自非洲东南部",这个结论就像一个意想不到的红利。

恩基(即拿札叙)从哪里获得X和Y染色体的呢?线粒体基因组的来源是哪儿?分散在苏美尔文献中的线索显示,恩基的妻子宁基在人类创造的最后阶段起了举足轻重的作用。恩基决定,由她给予人类最后的一次触动,一个更具作用的遗传继承:

新生儿的命运,
将由你宣布;
宁基将决定它
神的肖像。

这些文字回应了《圣经》中那些记载,"根据他们的肖像和外表,神创造了亚当"。事实上,如果恩基的妻子即马杜克的母亲宁基是夏娃线粒体基因组的来源，那么姐妹—妻子血统的重要性开始变得有意义，因为它构成了另一个与人类的宇宙起源有关的链接。

苏美尔文献声称，当神为他们自己保守“永生”的秘密时，他们确实给予人类“智慧”，一种额外剂量的智力基因。我们认为，额外的遗传贡献，是被学者们称为《亚达帕的传说》文本的主题。

在文献中，“埃利都的儿子”被清楚地识别出来，在恩基位于伊丁的“祭祀中心”，他也在文献中被称为“艾的儿子”——如其他数据显示，是恩基与其他女人的后代。通过血统中的蛛丝马迹和慎重的行动，亚达帕被认为是最聪明人的后代，被称为埃利都圣人：

> 在那些天，在那些年，
> 艾创造了埃利都的圣人
> 作为一个人的模型。
> 他完善了他，给他全面了解，
> 给他揭露了地球的设计。
> 他给他以智慧；
> 却没有给他永恒的生命。

这个在命运与天命之间的碰撞把我们带到了智人出现的时刻。作为神的儿子，亚达帕要求长生不死。正如我们从《吉尔伽美什史诗》中了解的那样，只有沿着去天堂的路到达居住地，才能永生不死。这就是恩基告诉亚达帕的。亚达帕无所惧怕，要求并收到了恩基到达那个地方的路线图：“他指给了亚达帕一条通往他要攀登上天堂的路。”恩基给他提供了正确的建议，即如何获准进入阿努的王室，但是也给了他一个完全错误的指示，即在获得生命面包和生命水时的举止。恩基警告亚达帕，如果你接受并拿走它们，你一定会死！因为被自己的父亲误导，亚达帕拒绝了神的食物和水，探险以凡人的身份而告终。

但是亚达帕确实接受了一件带给他的外衣并穿上，拿走了给他的油，并涂在自己身上。因此，阿努宣称，亚达帕将开始接触神的秘密知识。他给他看天上的广阔区域，“从天堂的地平线到天堂的最高点”。亚达帕将被允许安全健康地回到埃利都。女神尼卡尔拉克传授“划分给人类的山脉、被作用到肉体和人类身上的疾病”的秘密，她教他如何治愈这些疼痛。

在这里，让我们回忆起与此相关的耶和华在《圣经》中向在西奈山旷野的以色列人的保证。他们到处游荡了 3 年，没有水，他们到达一个无法饮用的泉眼边。神指给摩西一棵树，告诉他将它扔进水中，水就会变得可饮用了。耶和华对以色列人说：如果你们遵从我的戒律，我将不会给埃及施加 3 年的疾病。“我耶和华，将是你的治疗者”（《出埃及记》15：26）。耶和华将作为他选择的人类的医治者的誓言在《出埃及记》23：25 中反复被叙述，在那里涉及使一个无法生育的女人怀上了孩子的内容（这个特殊的诺言保存在关于萨拉和其他女英雄的《圣经》叙述中）。

因为我们在这里涉及神的实体，无妨假设，我们在这里也涉及基因治疗。纳菲力姆在大洪水来的前夜发现“亚当的女儿们”是兼容的，因此是可以一起怀上孩子的，也包括基因遗传。

这种以治疗为意图的基因学知识被传授给亚达帕，还是其他半神或新加入的成员？如果这样的话，又是如何传授的呢？这些复杂的基因密码是如何被传授给在原始时代的凡人的呢？

对于这个问题，我们认为，我们只有在字母和数字中寻求答案。

第七章
秘密的知识与神圣的文本

科学，无论在天堂还是在地球，都被认为是属于神的领域。古人们当然也是这样明确地认为。“神明们的秘密”，隐瞒着不被人类知道，只是时时透露一点给被选择的几个人——传授神的秘密。

“我们知道的一切是由神告知的。”苏美尔人在他们的作品中这样宣称。穿越千年直到我们这个时代，科学、宗教发现与超自然知识都以此为基础。

当人类被授予告知权，被揭露的内容就变为神圣的智慧，成为人类文明与进步的基础。至于那些神明保密的知识，最终被证明是对人类最具有破坏性的。有人一定开始疑惑，对于那些隐藏的内容的不断探索，有时以一种神秘主义来伪装，并不是源于想获得神的秘密的愿望，而是源于神已经（通过他们的秘密会议或隐含码）决定了人类命运的一种恐惧。

当智慧与理解能力被授予约伯，让他理解不知道（但是上帝知道）的事物时，一些知识曾被或可能被传授给人类。“假如你懂科学，”《圣经》中的上帝对受难的约伯说：

谁测量了地球
被认识的地球？
谁已经冲破了在它上面的束缚？
平台通过什么工作？
谁把石头的角切下？

智慧从何而来？
理解力建立在哪里？
凡人不懂它的提问。
它还未在生命之地上发现。

通向神的路为大家所知，
神知道那里的地方；
因为他看到地球的尽头
他看到天空下的一切。

《圣经》（见28章）中的上帝用这些话来要求约伯，让他停止对其命运的原因或最终目的提问。因为如果没有神的知识，人类的知识——智慧和理解力将会少很多，所以问这些问题或试图看穿神明的意图是没有意义的。

只有少数被神明选择的凡人，可以知道这种天上和地球的秘密知识（或科学），其通道所达到的神圣领域，不只在规范的作品中，同时也在诸如犹太神秘主义例如《卡巴拉》一书中有所表述。在《卡巴拉》中，象征为神的王冠的神圣出席，取决于被指定的智慧和理解力的最后两个诗节的支柱（见图45）。他们是关于约伯被质问的科学知识的成分。

在《旧约》中有关“智慧”的参考资料显示，它曾被认为是从神那里获得

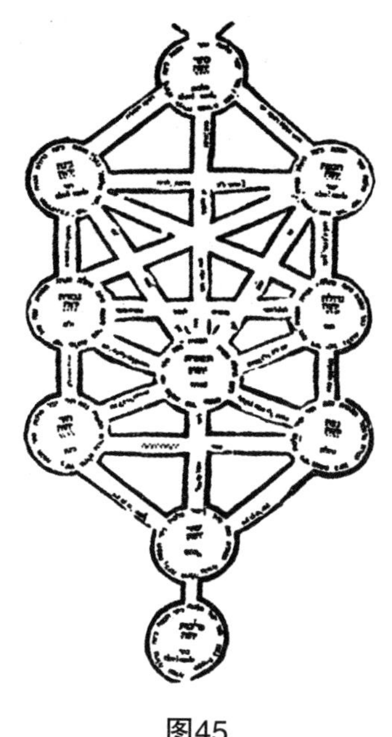

图45

的礼物，因为是拥有智慧的上帝创造了天堂和地球。“你们的功绩是如此显赫啊，哦，上帝；你用智慧使他们都运转起来。”《赞美诗》104 节声称，它描述并赞美了各个阶段创造者努力的成果。《圣经》认为，上帝授予选中的人智慧，事实上他与他们在分享关于天堂和地球以及地球上万物的秘密知识。《约伯书》把那些他不知道的知识描述为“智慧的秘密”。

通过选择新成员与人类分享秘密知识的启示，这种做法在大洪水之前就开始了。被传授了智慧和理解力（没有永恒的生命）的恩基后代亚达帕，阿努向他展示了天空的广阔区域，这不仅仅是一次刺激的观光。大洪水之前关于他的记载归于一部权威的作品，英文标题为《从神阿努和神恩利尔开始的关于时间的笔迹》——一篇涉及时间推算和历法的论文。在另一方面，关于亚达帕的故事中特别提到，他在埃利都接受医药和康复技术教育。之后他成为一个知识全面的科学家，熟悉天空和俗世的知识。他也像埃利都神父那样涂了油——也许第一次将科学与宗教结合。

苏美尔档案提到另一个大洪水前的被选之人，他被带到阿努纳奇的天上处所，被传授了神的秘密。他从西巴尔（“鸟城”）而来。乌图/沙马氏在那里统治，他也许是一个半神的后代。在文本中，他被称为“天空神碑的主人”或“天地纽带的神碑的主人”。他也被带到天上，接受了秘密知识。他的教父和老师是神乌图和阿达德：

沙马氏和阿达德为他穿衣，给他涂以油膏，
沙马氏和阿达德将他放在一个巨大的黄金王位上。
他们指导他如何观察油和水，
一个阿努、恩利尔和艾的秘密。

他们给他一个神碑，
基伯布，一个天堂和地球的秘密。
他们将一把雪松做的工具放在他的手上，
一件伟大的神明们最喜欢的工具。
他们教他用数字推算。

尽管阿达德的传说没说得那么清楚，看上去似乎允许（如果不是真正的要求）他与他的人类同伴们分享一些秘密知识，否则他为什么要写这么一本有名的书呢？在巴比伦先王恩麦杜兰基的案例中，有学问的秘密的传播也是委托统治的——但是由于责难，只限于神父的领地，从父亲到儿子，开始于恩麦杜兰基：

博学的人
他守卫伟大之神的秘密

将把他宠爱的儿子与
在沙马氏和阿达德的誓言束在一起。
在神碑旁，用一支铁笔，
他将教给他神的秘密。

上面刻有这个文本的石碑（现在被收藏在大英博物馆内）有一个附言：“因而神父的法力创造出来了，这些神父获准接近沙马氏和阿达德。”

《圣经》也记述了大洪水前族长伊诺克去往天堂的事——列举的 10 条中的第七条，正如恩麦杜兰基在苏美尔国王的列表中那样。《圣经》只提到其中的特别经历，伊诺克在 365 岁时，被带上去和上帝一起。幸运的是，《圣经》的副本《伊诺克书》历经千年传了下来，现在以两种译本幸存，提供了更多的细节。

人们很难说当这些“书”被编辑时接近基督时代的开始，上面的内容有多少是最原始的，有多少是想象，有多少是推论。但是那些内容值得总结，主要的原因是它们与恩麦杜兰基传说密切相关，还有一个原因就是在另一本书《禧年书》中有着更简洁更全面的论述。

从这些原始资料中可以知道，伊诺克不只做了一次，而是两次天空之旅。第一次，他被传授天堂的秘密。在他回到地球后，他被指导将知识传授给他的儿子们。向神的住处攀登，他通过了一系列天上的球体。从第七天堂那里，他可以看到行星的形状。在第八天堂，他可以看清楚星座。第九天堂，是“黄道十二宫的家”。而第十天堂，是上帝的神圣王位。

这儿需要注意的是，根据苏美尔文献，阿努的住处在尼比鲁，我们已经将尼比鲁看作是我们太阳系的第十颗行星。在卡巴拉的信念中，通向万能的上帝的住所，需要通过 10 个塞费洛特，被翻译为“光辉”，但是事实上被描绘成 10 个同心圆（见图 46），那里，其中一个叫作雅索德（基础），第八、第九

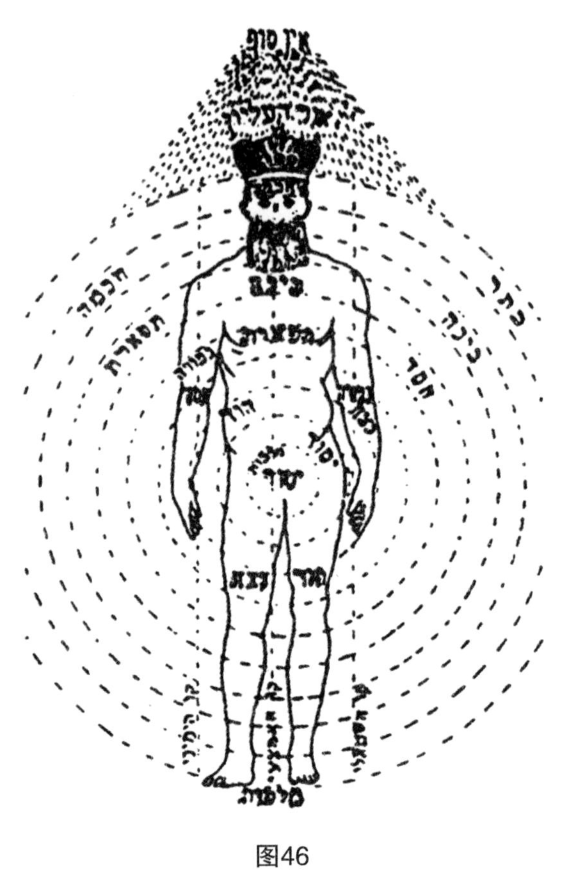

图46

个叫作理解和智慧，第十个叫作凯特，即最高贵的上帝的“王冠”。在那之外，是延展到艾因索夫：“无限”地延伸。

在两个天使的陪伴下，伊诺克到达他最终的目的地——上帝的住处。在那里，他尘世的衣服被取下。他穿上神的衣服，天使为他涂上油膏（就像他们对亚达帕所做的那样）。在上帝的命令下，大天使帕拉维尔展示了“从那些神圣的仓库取来的书”，给他一支芦苇笔，用来写下大天使将口述给他的东西。持续了 30 个白天和黑夜，帕拉维尔口述，伊诺克写下“天堂、地球以及海洋工作的秘密：关于所有的自然环境、他们的路和地面状况、打雷和雷声，太阳和月亮的秘密、行星的运转和变化，季节、年份、日子和小时……所有有关人类和每一首人类之歌的语言……所有适合学习的东西”。

根据《伊诺克书》，所有这些大量的知识，“天使和上帝的秘密”，被写在360本圣书里面，伊诺克将他们带回到地球上。把他的儿子们召集起来后，给他们展示这些书，并给他们解释内容。当一道突如其来的黑暗降临，两个天使将他带回天堂之时，他还在不断地讲、教导。那正是他第365个生日的那天。《创世记》5：23-24简单记载道：“伊诺克在世365年。伊诺克与上帝同行，他已经不在，因为神带走了他。”

在这三个传说（亚达帕、恩麦杜兰基和伊诺克）中，最大的相似点是包含两个神明在天上的经历。亚达帕在阿努的门外受到两个年轻的神明杜姆兹和吉兹达的迎接，在他们的陪伴之下出入阿努之门。恩麦杜兰基的教父和老师是沙马氏和阿达德，而伊诺克的教父和老师是两个大天使。这几个传说无疑给亚述人描述阿努天上的大门有两个鹰人守卫提供了灵感。这扇门带有尼比鲁和翼碟的符号，并且天堂的位置是由地球（作为第七颗行星）、月亮和完整的太阳系（见图47）来显示的。

尽管没有在伊诺克的例子中讲得那么清楚，另外一个突出的方面是这样

图47

一种传统，即智慧和理解力的授予使被选中的凡人不仅被称为一个科学家，而且也是一个神父，此外还是祭祀诗的创始人。我们发现这个原则运用在了出埃及时的西奈旷野中，当《圣经》中的上帝耶和华选择亚伦（摩西的兄弟）和他的儿子为上帝的祭司时(《出埃及记》28:1)。尽管已经归入利未部落——母亲和父亲两边(《出埃及记》2：1)，摩西和亚伦仍被传授了可以使他们变出奇迹也可以引发灾难的神奇力量，这意味着说服法老允许以色列人离开。亚伦和他的儿子们之后受到尊崇——现在的说法是“被升级”，称为被赋予巨大智慧和悟性的神父。《利未记》清楚地说明一些授予亚伦和他的儿子们的知识。这些知识包括历法（相当复杂，因为当时是一个太阳和月亮的历法）、人类疾病和治愈以及兽医的奥秘。相当多的解剖学知识也包括在《利未记》的相关章节中。以色列神父被赐予手术知识，这种可能性不能被排除。因为雕刻带有医学知识的解剖部分的人体模型，甚至出现在出埃及时期前的巴比伦（见图48）。

《圣经》将所罗门王描述成一个最智慧的人，他能谈论所有植物（从黎巴

图48

嫩的雪松到生长在墙外的牛膝草)、兽类、鸟类、爬行类和鱼类等的多样性。他具备这样的能力是因为，除了神赐予的智慧与悟性(智力)，他也学习隐藏的智慧——知识。

以亚伦为开端的神圣联系，受到婚姻和生育的严苛法律的限制。但他们可以有夫妻关系，特别是与他们可以结婚的“神父的后代不被亵渎”，如果一个后代是不完美的——“有一个污点”。一个遗传上的突变、一个基因缺点，这个人的所有后代都被禁止履行神父的职责，“因为我耶和华已经批准了亚伦的神圣联系”。

这些限制激发了一代代的《圣经》研究学者的热情，但是它们的真正意义直到 DNA 研究的到来才变得清晰起来。1997 年 1 月，在《科学》期刊上，一个国际科学家小组宣布，在那些血统可以追溯到亚伦的犹太人中，有一个“神父的基因”的存在。未曾改变过的犹太传统，要求一些仪式和祝福在安息日要大声念出，那些重要节日仪式必须有一个祭司来主持，意味着“神父”的术语第一次在圣经中用来描写亚伦和他的儿子们。从那时开始，这种指派一代代从父亲传给儿子们，成为一个祭司的唯一途径是以一个祭司的儿子的身份出生。这种特权身份已常常不被用于姓氏“科恩”[Cohen，转变成了卡恩(Kahn)、卡汉(Kahane)、库恩(Kuhn)]或作为形容词加在一个人名字后，例如牧师哈祭司(Ha-Cohen)。

犹太人的祭司传统中的父系本质激起了来自以色列、英国、加拿大和美国的一个研究小组的兴趣。他们把目光聚焦在从父亲传给儿子的男性(“Y”)染色体上，他们测试了不同国家的几百个“科恩”姓氏，发现他们中大多数人在染色体上有两个独特的“标记”。这证明了两个案例中，德裔犹太人(东欧)和西班牙系犹太人(近东/非洲)是公元 70 年耶路撒冷神庙被摧毁之后才分散出来的，预示他们是遗传标识者的古人。

“最简单、最直接的解释是这些人拥有亚伦的 Y 染色体。”在海法的以色列技术协会的卡尔·斯考拉克基解释道。

※

一些人被赐予秘密知识，关于他们的传说声称，这些知识被写在一些“书上”。可以肯定，这些不是像我们今天指的“书”——记载东西时装订在一起的书页。很多在以色列死海附近发现的古书，被归为死海古卷，因为它们是写在羊皮纸上（大多数是由山羊皮做成的）的书，这些书被缝在一起，卷起来形成卷轴。《法律卷书》（希伯来《圣经》的最初5本书）就是以这种方式被写在书上并保存至今的。《圣经》中的先知（特别是以西结）把这些卷轴作为神明旨意的一部分。古埃及文本写在纸莎草上——由生长在尼罗河边的芦苇做成。来自苏美尔的最早文本写在黏土碑上。作者用一支芦苇笔在一片湿的黏土上画符号，待它干之后，就成了一个坚硬的题字碑。

哪个“钩”是由亚达帕、恩麦杜兰基和伊诺克刻记的呢？它们是属于大洪水前的时代——甚至在苏美尔文明前几千年，也许不在任何一个大洪水前的文本上，尽管亚述国王亚述巴尼波曾自夸，他可以读懂大洪水前的作品。因为每个事例是经神圣的上帝口述才写下来的，我们很自然要问，这些作品是否被写在那些苏美尔和阿卡德文本所称的《神学手册》上——“神的作品”。与这些作品相关的参考资料可以在那些重建（倒塌过的）神庙里的碑铭等处找到。资料上面说这些建筑是根据古代的图画和上层天堂的作品重建的。苏美尔文献列举了一个女神尼撒巴（有时拼写为尼达巴），是专门负责保存档案的神。她的象征符号是神圣的铁笔。

其中那一个关于神早期作品的参考资料是在一个赫梯族文本中发现的，被学者称为《乌尔利库姆尼斯之歌》。它是被写在从古老的以特德特首都哈特图沙斯（在土耳其中部，现在称为波格哈士科的小村庄）发现的黏土碑上，它与一个令人费解的“充满活力的神是由闪长岩形成”的传说有关。这个传说讲的是一个被赫梯族人命名为库玛而比的古代神明向其他神明挑战。那些被挑战的神明，因为无法抵挡挑战者乌里卡米斯，冲向恩基在下层世界的住处，想从他那获得隐藏的“有命运誓约的石碑”。然而，当古老的仓库打开后，当保护石碑的这些“古代印章”移去后，发现作品是用古代符号写的，需要古代的神明来解释。

在埃及，透特被尊称为神圣的记录员。是他在神明委员会之后，决定承认何璐斯为合法继承者，将神的法令记在一块金属碑上，而碑被存放在“神明档案室”。除了这些作为神圣用途的档案，埃及人认为透特写这些作品还为了指导凡人。他们认为，《亡灵书》是一篇“透特用自己的手指”写成的文章，作为来生的旅程指导。被埃及人称为《呼吸之书》的短一些的作品也有这样的陈述，是透特“用自己的手指写了这本书”。在《魔术师的故事》中说道，被透特惩罚得死去活来的国王和王后，在地下室里守护着“那本神透特用自己的手写成的书”，上面展现着关于太阳系、天文学和历法的秘密知识。当寻找这些“神圣作品的古书”的人来到地下室后，他看到这本书“像太阳那样放射出一道光芒”。

这些神圣的“书”是什么？在这些书上，有什么样的作品？

“安美杜兰玛”的称号，“天堂神圣石碑的主人”，把注意力吸引到他的名字的术语 ME 上来，在这儿翻译为“神圣的石碑”。反过来，没人能够肯定 ME 是什么，石碑或某些更像电脑记忆芯片或光盘之类的东西。它们是一些小得足以用一只手抓住的物体，因为伊师塔试图将她的城市乌鲁克上升到首都的地位，暗中从恩基那里获得了 ME 记录，它被编码了至高无上的上帝身份、国王身份和神父身份，以及一些高度文明的其他方面。我们记得，邪恶的祖从伊尼德的杜兰安基那里偷到了神明的石碑和用神圣规则编了码的 ME。如果查看一下千年前的技术，也许我们就会知道它们是什么。

把神明们自己的作品和为了自身保存数据的这些问题放在一边，当秘密的知识被凡人听写下来给凡人使用时，使用的是什么语言和写作方式呢？当涉及《圣经》时，这个问题变得举足轻重——尤其是关于西奈山事件。

与伊诺克待在神明的住所、连续“30 个白天和黑夜”听写故事相似的，是《圣经》中关于摩西的叙述。摩西登上上帝的西奈山山顶，“与耶和华待了 40 个白天和黑夜——他没有吃面包没有喝水，他把契约的内容写在石碑上，《十诫》就是上帝口述的”（《出埃及记》34：28）。

然而，他们是后来重做的石碑，代替摩西愤怒地从西奈山上下来打碎的那些石碑。《圣经》提供了更多更难以置信的细节，关于神圣作品的第一个实例：之后，《圣经》明确地陈述，上帝自己做了记录！

故事开始于《出埃及记》第 24 章，当摩西和亚伦以及他们的儿子，还有以色列 70 岁的老人，被邀请去西奈山，在西奈山山顶，上帝已经到达他的卡博德（荣耀之意）之所。那里，高僧们可以透过厚厚的、像一把炽烈燃烧的“贪婪火焰”的云层，看到神明的到来。摩西被单独召唤到山顶，接受律法（教义）和上帝已经写下的戒律：

> 耶和华对摩西说：
>
> 来到山上
>
> 留在那儿，
>
> 我将给你石碑——
>
> 教义和十诫——
>
> 我已经写下来了
>
> 所以你可以教他们
>
> ——《出埃及记》24：12

“摩西走在云层中间，攀上山；他在那儿待了40个白天和黑夜。”之后，耶和华——

> 给摩西
> （在跟他结束交谈后）
> 两块刻有摩西十诫的石碑——
> 石碑
> 用神的手指写下。
>
> ——《出埃及记》31：17

有关石碑的其他令人惊骇的信息和它们被记录下的方式，被记录在了《出埃及记》32：16-17，它描写了摩西在经过一段很长时间（对人来说）又无法说明的消失后，从山上回来时发生的事：

> 摩西从山上返回。
> 他手中有两个刻有摩西十诫的石碑——
> 石碑两面都被雕刻。
> 雕刻在这一面和那一面。
> 石碑是神的手工，
> 著述是神写的。
> 它被雕刻在石碑上

两个石碑都是由神明的手工做成的。前面和后面记录着“神的著述”——这意味着包括语言和手迹，这样被神明自己刻在石头上！

这些都是用摩西可以阅读和理解的预言与笔迹写的，因为他将把这一切教给以色列人……

正如我们从《圣经》记录的剩余部分中得知，摩西到达营地打碎了两个石碑，因为他看到人们趁他不在，模仿埃及习俗做了一个金牛来膜拜。危机过后——

耶和华对摩西说
你自己做两个石碑
要跟先前的两个一样
我将在这两个石碑上写上
那些写在先前那两个石碑上的文字
那两个石碑已被你打碎

——《出埃及记》34：1

摩西这样做了，并再一次爬上了山。耶和华向他走来，摩西鞠躬，不断请求宽恕。作为回答，上帝向他口述了额外的戒律，说："你写下这些字，因为为了他们，我和你、我和以色列人之间有契约。"摩西在山上待了40个白天和黑夜，在石碑上记录下"契约和十诫的文字"（《出埃及记》35：27-28）。这次摩西把听写的带下了山。

不只在《出埃及记》《利未记》和《申命记》中的片段记述了教义和戒律，所有希伯来《圣经》的前五本书（上面三本加上《创世记》和《民数记》）从很久以前就被看成了神圣的著作。它们被包含在《旧约》前五卷中，也被认为是《摩西五经》，因为摩西自己纂写并创造了所有这五本书，作为对他自己的一个启示录。因此，放在犹太教堂里的，曾从他们的约柜中带出来和在安息日与重要节日宣读的《旧约》前五卷，肯定是被精确拷贝（一个特别的抄写员）下来并代代相传的——一本书一本书，一个章节一个章节，一个诗篇一个诗篇，一个字一个字，一个字母一个字母。一个字母的错误就会导致这五卷书的质量不合格。

尽管这一个字母一个字母的精确性已经被犹太哲人和《圣经》学者研究了好多年（比最近兴起的《旧约》前五卷的“密码”研究早很多），但一个比长而广泛的听写并要求每个字母的精确性更具挑战性的方面被完全忽略了。

这就是，在西奈山上的书写方式不可能是缓慢的美索不达米亚的楔形文字，这种文字书写稿一般用芦苇笔写在湿的黏土上，而不是纪念碑象形文字像画一样的埃及文稿。这样的数量、速度和每个字母的精确，要求有一个字母表手稿！

问题在于，在出埃及的那个时代，大约公元前 1450 年，世界上没有任何地方存在一个字母表手稿。

※

字母表的概念是天才的杰作，无论这个天才是谁，他将它建立在已存在的基础上。埃及人用象形文字写成的文章，从图像符号描写事物进化到代替音节或辅音字母的符号。但是它还保留着一个数不尽的图像符号的复杂写作方式（见图 24b）。苏美尔著作从它的原始象形文字演化到楔形文字（见图 49），这个符号获得一个音节语音。从它们那里形成一个词需要几百个不同的符号。这个天才将楔形文字不费力地与埃及演化的辅音结合起来，正好获得了 22 个符号！

以此为开始，天才的发明家问他自己及其弟子：用哪一个单词表达你看到的？答案：以闪米特以色列人的语言，是 Aluf Fine。创造者说：让我们称这个符号为阿列夫（希伯来语的首字母），简单地发音为“A”。之后，他为房

苏美尔文			楔形文字		含义
原形	变体	古体	普通	亚述	
					地球土地
					山
					家庭的男人
					女性外阴
					头
					水
					饮用
					行走
					鱼
					大而强壮的公牛
					大麦

图49

子画了象形文字。你称它是什么呢？他问。一个门徒回答说：Bayit。发明者说，好，从现在起我们就称这个符号为贝斯（希伯来语的第二个字母），简单地发音为“B”。

我们不能断定这样一段对话真正发生过，但是我们能肯定，这是个创造发明 Alpha—Bet 的过程。第三个字母 Gimel（发音为 G）是骆驼的形象（在希伯来语中为 Gamal）；下一个字母为 Daleth，简化为 D，代表 Deleth，“门”（装了铰链）。就这样一直到苏美尔字母表的 22 个字母（见图 50），所有这些

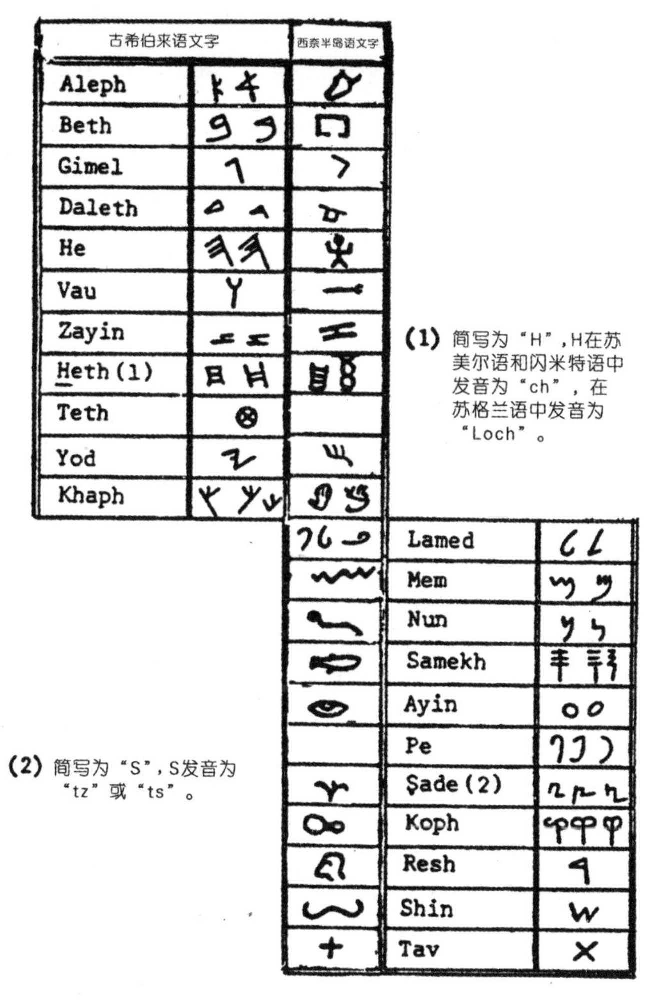

图50

都被作为辅音字母，并且其中三个被倍增作为元音。

谁是天才的创造者？

如果一个人接受学术上的观点，它是某个手工劳动者，一个位于红海边上的西奈山西部的埃及绿宝石矿中的奴隶，因为是在那儿，辛得勒斯·派特里先生于1905年发现雕刻在墙上的符号，10年后，辛得勒斯·派特里先生译解为

“截头表音法”——拼写出来为 L-B-A-L-T（见图 51）。它表示效忠于女主人（可能是女神哈索尔）——但是是在苏美尔语中，不是在埃及语中！更多的著作在那个地区被发现后，无疑说明字母表起源于那里；从那里开始，它传播到迦南和腓尼基（那里曾试图用楔形文字符号表达有独创的观点但转瞬即逝，见图 52），并被完美地执行。原始的“西奈山文稿”一直作为耶路撒冷的寺庙文稿和约旦王的王室文稿（见图 53a），直到在第二神殿时期，它被从阿拉米（用于死海地区的卷轴一直到现代时期，见图 53b）借来的方形文本取代。

把那个革命性的革新归功于青铜时代后期一个绿宝石矿场里的奴隶，没有人会真正对此感到满意。除了突出的智慧和悟性之外，它还需要演讲和写作

图51

图52

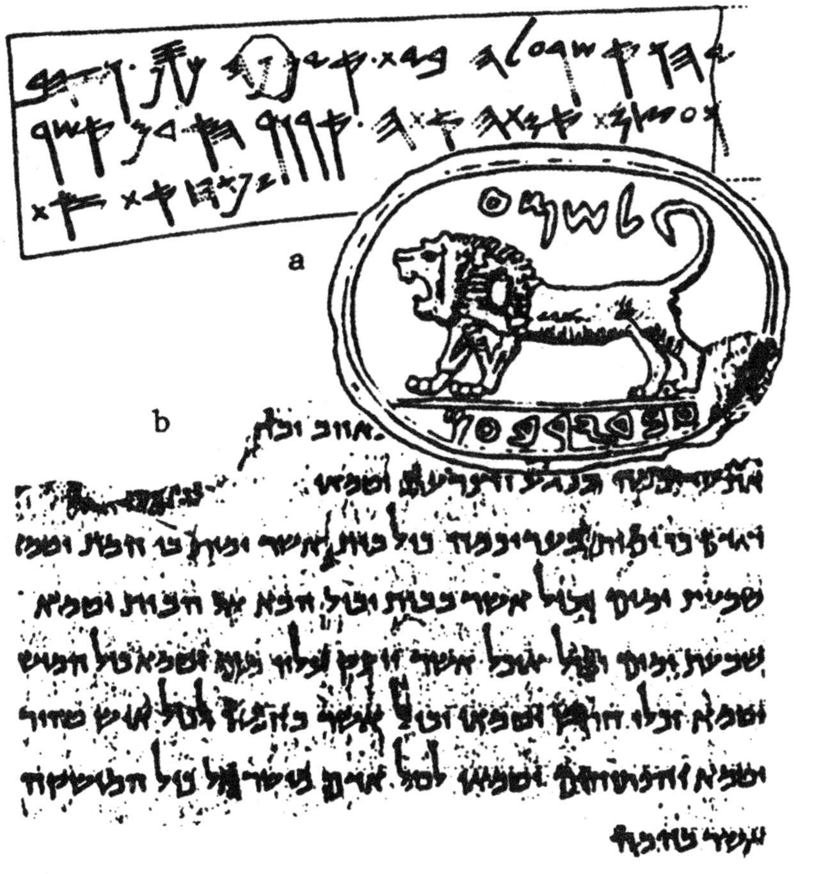

图53

图54

以及语言学的卓越成绩，这几乎不可能被一个奴隶掌握。当在同样的矿场区域中，纪念碑和围墙充满埃及象形文字碑铭，发明一个新的手稿（见图 54）的目的是什么呢？一个在限定的区域中的模糊创新怎么传播到迦南和其他地方，取代那里已经存在并使用了 2000 多年的写作方法？这让人无法理解，但当没有其他解决办法的情况下，那种理论是站得住脚的。

然而，如果我们假想是那次交谈引出了字母表，那么，第一节课是给摩西上的。他在西奈山，在那个时间，他从事广泛的写作。他有一个最权威的老师——上帝。

※

在出埃及的《圣经》故事中，很少提到这个事实，甚至在上西奈山收到石碑之前，摩西是由耶和华指导把东西写下来。第一次是在与亚摩力人的战争之后，一个本该是联盟国的部落不但背叛了以色列，而且还进攻他们。上帝说，那些背叛者将被所有后代铭记："耶和华对摩西说，把这些记录下来，为了铭记。"（《出埃及记》17：14）第二次提到一本著作是在《出埃及记》24：4和24：7，在那里面，记载了上帝从山上传下来的急速的声音，列举了他与以色列子孙之间长期契约的条件，"摩西把耶和华的所有话都记下来，并在山脚下建了一座祭坛，根据以色列部落的数量竖起12根石柱"，然后，"他拿来契约书，朗读，让人们都听到。"

这种听写和写作，在摩西登上山顶和在石碑上有不同著作前已经开始。人们需要注意更早的《出埃及记》的章节，以找出字母表是在哪里、什么时候创造的——运用在上帝与摩西交谈中的语言和书写时可能已经产生了。我们在上面读到，摩西被法老的女儿收为养子，后来他杀了一个埃及官员就逃命去了。他的目的地是西奈半岛，在那儿，他最后与米甸人的高级牧师住在一起（并与牧师的女儿结婚）。一天，他在放牧的时候，撞进了坐落着"神山"的旷野，听到从燃烧的灌木丛中传来的上帝召唤，被授予任务，带领他的人民，以色列的孩子，走出埃及。

就在那个判决他的法老（据我们推测为图特摩斯三世）死后，公元前1450年，摩西回到埃及，与继任的法老（我们认为是图特摩斯二世）抗争了7年，直到摩西他们获准出埃及。从听到上帝在旷野中的召唤，到之后7年，有充足的时间来创造并掌握一种新的书写形式，一种更简单更便捷的方式，相比大帝国时期的书写形式来说——美索不达米亚、埃及、赫梯族。

《圣经》叙述了自从摩西被召唤到燃烧的灌木丛时起，耶和华、摩西以及亚伦之间的交流。是否神的信息有时涉及详细的指导，《圣经》并没有说。但是也许这很重要，法老宫廷中的"术士"认为，他们曾经有书面指示："法老的术士告诉他，这是神的手指。"（《出埃及记》8：15）这也许会让人想起，"上帝的手指"这个术语用在埃及文本中指的是神透特，象征一种神亲自写的著述。

如果这一切让人觉得字母书写体发源于西奈半岛——一点也不惊奇，考古学家已经得出了相同的结论，但是无法解释，这么一个巨大而不可思议的发明居然起源于旷野中。

难道我们已经设想过的那个交谈真的发生过，或是摩西自己创造出了字母表？毕竟，在那个时候，摩西正在西奈半岛，他在埃及宫廷中受到很高的教育（碰巧的是，美索不达米亚和赫梯族都在发展着），他肯定是从米甸人（如果不知道这点，那是从在埃及的以色列同胞处）那里学会了苏美尔语。难道他是在西奈旷野中游荡时，看到苏美尔奴隶（当时在埃及为奴的以色列人），粗略地在矿井中刻画出他那种新的书写方式？

有人也许会把这辉煌的创造归功于摩西的个人行为；也许可以肯定的是，走出埃及的领导者，根据《圣经》所说唯一和上帝面对面谈话的那个人，带着他发明的字母表和引发的革命，这还是令人满意的。然而，根据众多关于神圣作品的参考资料，这些作品是上帝亲自写的，摩西只是做了听写，指出字母表书写方式和语言体系是"神的秘密"之一。事实上，《圣经》认为是同一个耶和华在早先的时候，发明或创造了其他不同的语言和手稿——在巴别塔事件后。

无论如何，我们以为，摩西是被首先传授的，通过他才把创新传给了人类。因此我们可以恰当地称之为摩西字母表。

※

还有更多关于作为"神的秘密"的第一个字母表。我们认为，它是建立在最复杂的终极知识的基础上——基因密码知识。

当 1000 年后希腊人采用了摩西字母表（尽管做了镜像将它颠倒过来，见

希伯来语·名字	迦南	早期希腊	晚期希腊	希腊语·名字	拉丁语
Aleph	𐤀 𐤀	A	A	Alpha	A
Beth	𐤁 𐤁	S 8	B	Beta	B
Gimel	𐤂	1	Γ	Gamma	C G
Daleth	𐤃 𐤃	Δ	Δ	Delta	D
He	𐤄 𐤄	∃	E	E(psilon)	E
Vau	𐤅	Y	Ϝ	Vau	F V
Zayin	𐤆 𐤆	I	I	Zeta	
Heth (1)	𐤇 𐤇	8	8	(H)eta	H
Teth	⊗	⊗	⊗	Theta	
Yod	𐤉	ʅ	S	Iota	I
Khaph	𐤊 𐤊 𐤊	⋊	K	Kappa	
Lamed	𐤋 𐤋	V ⊣ 1	L Λ	Lambda	L
Mem	𐤌 𐤌	M	M	Mu	M
Nun	𐤍 𐤍	N	N	Nu	N
Samekh	𐤎 𐤎	Ξ	Ξ	Xi	X
Ayin	o o	o	o	O(nicron)	O
Pe	𐤐 𐤐 𐤐	1	Γ	Pi	P
Ṣade (2)	𐤑 𐤑 𐤑	M	M	San	
Koph	𐤒 𐤒 𐤒	Φ	Ϙ	Koppa	Q
Resh	𐤓	ᑫ	P	Rho	R
Shin	W	Σ	Σ	Sigma	S
Tav	X	T	T	Tau	T

图55

图 55），他们发现，为了照顾所有的发音需要，需要加更多的字母。事实上，在摩西字母表中 22 个字母的边界上，一些字母可以发得“轻”一点（V, Kh, S, Th）或重一点（B, K, SH, T）。其他一些字母发双倍的音作为元音。

事实上，当我们沉思这 22 个字母的局限性时——不多不少——我们忍不住想到在神圣数字 12 中（要求增加或减少神以保证“奥林匹亚派”精确的 12）压缩的运用。是这样一个隐藏的法则，把原始字母表局限到 22 个数字的吗？

这个数字在今天应该是很熟悉的。它是人类染色体的数字，当亚当被创造出来时，在第二个遗传操作把性别染色体“X”和“Y”加入进去之前。

是万能的上帝给摩西展示了字母表的秘密，然后将基因密码作为字母表密码？

答案似乎是肯定的。

如果这个结论看起来有点古怪，让我们读下《以赛亚书》45：11 中上帝的宣言：“是我创造了字母……是我创造了地球，创造了亚当，让他待在地球上。”以色列的神耶和华说。任何牵涉到人类的创造，都被牵涉到组成字母表的字母的创造中去。

如今的电脑系统只由两个“字母”创建命令和数字，一个由数字 1 和 0 组成的 Yes-No 系统来匹配一个 On-Off 的流（因此称为二进制）。但是注意力已经转移到四个字母的基因密码，以及活细胞中更高速的处理过程。从概念上来说，如今的电脑语言是按顺序表达的，例如 01001100111100110000101 00 等。“0”和“1”无限的变化，可以被看成是一个 DNA 片段的基因语言，例如核苷 CGTAGAATTCTGCGAACCTT，等等，在 DNA 字母链条中（这些总是以三个字母的“单词”排列）绑定成碱基对，其中 A 和 T 绑定，C 和 G 绑定。问题和挑战在于如何创造并读懂那些不是涂了一层“0”和“1”电子，而是小块基因物质的电脑芯片。自从 1992 年以来，各个学术机构和从事基因治疗的商业公司都取得了进展，已经成功地创造出涂有核苷的硅芯片。发表在《科学》（1997 年 10 月）杂志上的一篇研究论文宣称，与 DNA 计算的速度与能力相比，被誉为新科学的“DNA 信息存储能力是巨大的”。

本质上来说，DNA 编译成密码的遗传信息，以光的速度被称为信使的

RNA 破解，它可以转录信息，还可以将 DNA“字母”重组为由三个字母组成的“单词”。已经可以肯定，这些三个字母的分组，是地球上各种生命的核心，因为化学和生物研究清楚地说明了 20 种氨基酸，它们的链组成了所有地球(也许还在宇宙的其他地方)生命的蛋白质。不妨以简单的图表形式说明，一个给定的 DNA 序列是如何被解码和重组，用三个字母的密码组成蛋白质，丝氨酸等的 DNA（见图 56）。

丰富精确的希伯来语言是建立在“字根”上的，从这些字根中产生了动词、名词、副词、形容词、代词、时态、动词词性变化以及其他语法变量。无人能

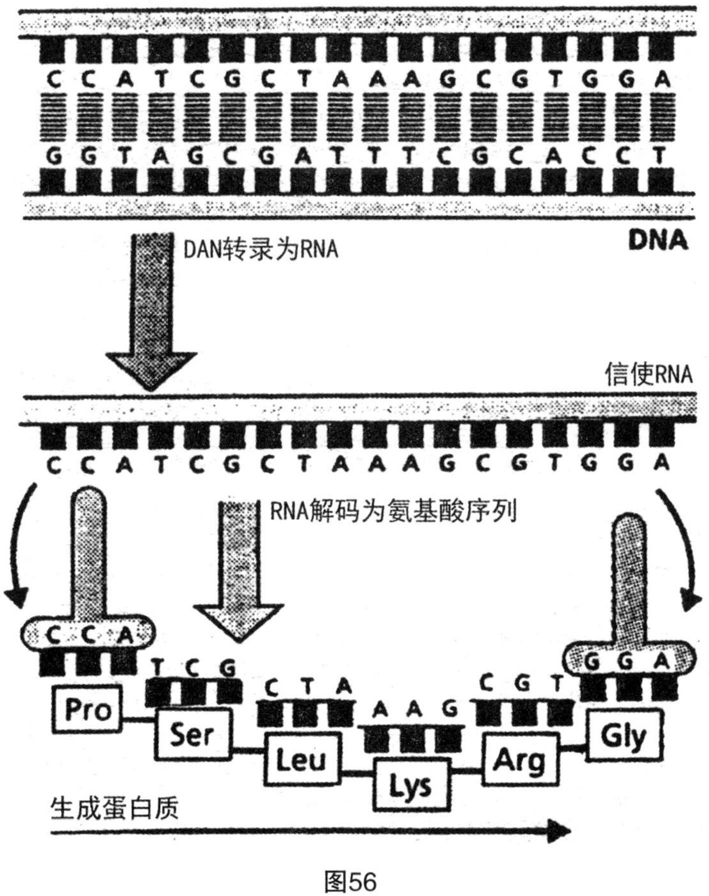

图56

解释这些字根由三个字母组成的原因。这是和阿卡德语（所有苏美尔语言的母语）相违背的，它由音节组成的——有时只有一个音节，有时有两个或三个或更多的音节。

三个字母的希伯来字根是因为三个字母的 DNA 语言吗？它正是字母表本身的来源？如果是这样的话，那么三个字母的字根确证了这个结论。

“死亡和生命在语言中。”《圣经》在《箴言篇》（18：21）中说。这个声明已被认为是寓言。也许，在这时，可以从字面理解它：希伯来《圣经》中的语言和生命（死亡）的 DNA 遗传密码，是同一个事物的两个方面。

已编码的神秘事物比人类想象的更加广阔，它们包括了其他令人惊奇的秘密的复原和发现。

第八章

隐藏的密码与神秘的数字

也许这是不可避免的，随着计算机时代的到来，一些手工专家将他们的精力转向一个新的目标：从《圣经》中寻找“密码”。

即使这些被呈现在科学论文上，甚至作为书中的摘要，事实上是，这种探索是一种真正的重建，而不是新的探寻，即使运用了·些新的和更先进的工具。

希伯来《圣经》包括三个部分。第一部分为律法（教义），这部分包括《摩西五经》，在历史上、按时间顺序是从万物的创造直到出埃及后的流浪和摩西的去世。第二部分为先知书，包含《约书亚记》《士师记》《撒母耳记》和《列王纪》，之后是《大先知书》《小先知书》《赞美诗》《箴言》和《约伯记》——在历史上从以色列在迦南定居直到耶路撒冷第一神庙的摧毁。第三部分为文集，以《雅歌》为开端，介绍了两个领导人以斯拉和尼希米指引被放逐的人回到朱迪亚重建了神庙，最后（按照希伯来《圣经》的教规的安排）以《历代记》1 和 2 结束。所有这三个部分，都是取首字母 TaNaKh 来命名。在先知的时代，产生了对第一部分律法的解释性资料。

犹太圣人和宗教领导人经讨论，打算逐字逐句地阅读《旧约》之律法和先知书，以看出其字里行间的意思，体会其言外之意。这在第一神庙被摧毁（被巴比伦国王尼布甲尼撒2世）后的流浪中有所加强，甚至在第二神庙的摧毁中（被罗马人）更是如此。这些审议的内容记录在《犹太法典》中。以卡巴拉著称的犹太神秘主义对此的接受，建立在那些更早的对神秘意义的探索之上。

《圣经》已经证明了，这些隐含的意义的确存在，关键是字母表那22个字母。

一个简单的破解方法，甚至学生经常用的方法，就是一系列字母的替代。中世纪的圣人卡巴利斯特曾用一种搜索工具，一个叫ATBSh的系统，在这个系统中，希伯来字母表的最后一个字母Tav（T）被替换为第一个字母Aleph（A）。倒数第二个字母Shin（Sh）被替换为第二个Beth（B），以此类推。卡巴利斯特在公元前1788年出版的一本书中，图解了这个系统，并提供了对它的解答。

然而事实上，这样一个密码系统被先知耶利米（公元前7世纪）运用过，他预言了巴比伦的沦陷。耶利米用字母Sh-Sh-Kh替换拼写B-B-L（巴别塔），以此避免被监禁（《耶利米书》25：26和51：42）。《耶利米哀歌》被认为是先知耶利米创造的，书里为耶路撒冷的沦陷和摧毁叹息，运用了另一种隐藏码，称为藏头诗，这里面诗文的第一个字母（有时是最后一个）组成一个单词或名字，或者（正如《耶利米书》一样）展示了神圣的字母表字母的身份鉴别。在一个诗句中（翻译为“唉”）的第一个单词开始于Aleph，第二个诗句开始于Beth，依次类推，直到第二十二个诗句。类似的藏头诗在第二章节中由先知重复着，在第三章中，每个字母以两个诗节开始，同时回复第四章中的每个诗节。《赞美诗》119是由八层的藏头诗组成的。

《赞美诗》中的一些诗节的真实性可以通过观察来证实：每个诗节有两个

部分，每个部分按字母顺序开始（例如《赞美诗》145），同样的线索隐藏在《箴言 31》的诗节安排中。此外，在《赞美诗》145 中，三个赞美耶和华的尊贵的诗节（11、12、13）以字母 Kh-L-M 为开端，将这几个字母倒过来拼写为 MeLeKh，即“国王”。

将藏头诗作为隐藏密码使用，在《圣经》的其他书中也很明显，在前《圣经》书中也可以发现（这些书被包括在《旧约》的基督教安排中）。一个突出的例子来自公元前第二个世纪反抗希腊统治的时期。这场反抗以其领导者马卡比为名。马卡比这个名字，事实上是来自摩西的赞歌（《出埃及记》15：11）诗节中一个只取首字母的缩写词。“哦耶和华，在神之中谁像你”——这 4 个希伯来单词的第一个字母形成缩写词 M-K-B-I，发音为“马卡比 ”。

公元 70 年，罗马人摧毁第二神庙后，犹太人的精神和宗教支柱就是神圣的经文——牧师的珍宝和预言格言。它是命中注定的，或是完全被预见的？注定的是什么，将会发生什么？过去和未来的奥秘必定是被隐藏在那些神圣的著作中，那时候，不仅因为其内容，而且其每个单词和字母都受到推崇。神庙被摧毁之后，搜寻被密码模糊化的隐藏的意义早已众所周知。神庙摧毁犹如“进入禁止的树林”，“树林”的单词帕德斯本身是一个缩写词，是从吸取经文信息的 4 种方法的几个首字母创造而来的：Peshat（字面意思），Remez（暗示），Drash（解释）和 Sod（奥秘）。《塔木德》中有一个传说，把 4 个犹太法师如何进入树林联系起来，意在阐明过早揭露本该继续保密的事物的危险：一个“眼睛直瞪瞪地死了”，另一个发疯了，第三个走进了旷野开始拔草，只有拉比·阿基巴一个人完好无损地走了出来。

卡巴拉人和他的先辈们把隐含的意义恢复在了中世纪的古罗马边境城墙上。通过 ATBSh 密码对《圣经》的解读会揭示什么呢？如果运用另一种字母重排，会怎样呢？如果一个插进去的单词被认为只是为了隐藏真实的意义，那么应该跳过它去读文本吗？例如，用这样的方式，人们可以证明《赞美诗》92

（安息日的一首歌）确实是摩西在西奈山时所写，而不是国王大卫。另一个例子声称，伟大的犹太学者迈蒙尼德（西班牙和埃及，公元 12 世纪）被记载在《出埃及记》中，诗节 11：9 最后 4 个单词的首字母组成了一个缩写词 R-M-B-M——与从整个名字 Maimonides, Rabbi Moshe Ben Maimon 中得来的缩写词相匹配。

然而，中世纪学者怀疑，难道探寻只局限在单词的第一个或最后一个字母，局限在诗节的开头或结尾？如果跳开字母探寻隐藏意思会发生什么呢？所有第四个、第四个……或第四十二个？也许这是不可避免的，随着计算机的出现，有些人将把这个工具运用到探寻以字母间隔为基础的“密码”中去。最近对这一探寻主题的巨大兴趣，实际上是源于很多以色列科学家对于计算机技术的运用。它是由多伦·维茨祖姆、艾里雅夫·里派和尤雅维·洛森贝尔格在 1994 年 8 月发表于著名的期刊《统计科学》上的一篇名为《〈出埃及记〉书中的等距字母顺序》的论文发起的。

随后的评论、分析以及书（米歇尔·乔斯尼著的《圣经密码》）和约瑟雷·塞丁挪维著的《圣经密码背后的真相》），在本质上讨论了一个基本前提：如果你按次序列举出所有《摩西五经》中的 304805 个字母，并将它们以“集团”方式排列在一起，这些集团将这些字母分割成由一些诗句组成的片段，而每行诗句有一天命目的字母，然后选择一种跳读方式——某些字母将形成一些单词，这些单词读出来让人无法相信，居然准确地预言了我们的时代甚至所有的时代，例如以色列总理拉宾遭暗杀，或是爱因斯坦的相对论。

然而，为了取得这些几千年前的文本中所谓的未来“预言”，探索者们必须制定如何阅读“密码单词”的任意可变的规则。形成这些语言性单词的字母最后有时是相连，有时是隔开的（间隔是多种多样且不固定的），有时竖着读，有时横着或斜着读，有时顺着读，有时反着读……

※

上述方式在选择诗句长度和数量、阅读的方向、跳读或不跳读等方面有任意性，很可能剥夺了没有技巧、不加判断地接受只建立在《圣经》中字母的密码主张的权力：不经过讨论《摩西五经》目前的文本是否确实是最初的、神赋予的、一个字母一个字母地排列着的，就这样做了。我们那样说，不只是因为小的偏移（例如用元音字母或不用一个元音字母写一些单词）已经明显发生了，也是因为我们认为在创始之初，存在另外一个字母，一个首字母。除了理论上的含义，直接的问题是一个字母计数的失真。

然而，隐藏的单词或意义被编码在《圣经》文本中的可能性很大，这一点大家肯定接受，不仅因为上面列举的例子，还因为另外两个非常重要的原因。

第一个是巴比伦和亚述的编码情况已经在从美索不达米亚来的非希伯来文本中被发现。它们包括的文本开始或结束都有警示，在神的死亡的威胁下，它们只是传授给有初步知识的人的秘密（或反过来说，不透露给没有知识的人）。一些文本有时使用可判读的编码方法（例如缩写词），有时是保密的加密方法。在前者中，包括了由亚述国王亚述巴尼波赞美神马杜克和其妻子赛尔芬尼特所创作的一首赞美诗。在诗的开端，它运用了楔形音节符号，将隐藏的信息传达给神马杜克。除了首字母缩写词的编码，国王还使用了另外一种编程译码方法。这些形成秘密信息的音节开始于诗句 1，然后跳过诗句 2，使用诗句 3，跳过诗句 4，如此往复，跳过一个诗句到达诗句 9。然后，被译成编码的信息一次跳过两个诗句，回到单数行诗句，跳到诗句 26，回到一个双行诗句，从诗句 36 跳过来，然后回到单行诗句，从剩下的其他识别的诗句中跳过来（包括它的反面）。

在这种双编码里，亚述国王将以下秘密信息传达给了神明（我们提供了横向的翻译，尽管石碑上的信息是从上到下纵向被解读的）：

A-na-ku Ah-shur-ba-an-ni-ap-li

我是亚述巴尼波

Sha il-shu bu-ul-ti-ta ni-shu-ma Ma-ru-du-uk

向他的神马杜克请求赐予我生命（而且）

Da-li-le-ka lu-ud-lu

我要赞美你

在巴比伦马杜克神庙里的一个牧师沙格拉基南姆乌比伯，发现了一种首字母缩写词的碑铭，这不仅预示着一个神父可以掌握这种编码，同时也提出了关于它的古物问题。在这个首字母缩写词中（在编码的音节中，存在 11 行诗句跳读），编码员的名字清晰地显示着。正如大家所知，大约公元前 1400 年，有那样一个名字的神父供职于巴比伦的埃萨吉拉神庙中。这可能把编码的观念追溯到大约出埃及时期。因为大多数学者发现，这个时间实在早得让人难以相信，他们仍然更愿意将它追溯到公元前 8 世纪。

亚述巴尼波的父亲，即亚述国王伊撒哈顿采用了一种略微不同的编码方法。在一根纪念他历史性地入侵埃及（学者知道的是伊撒哈顿的黑石，现在保存在大英博物馆内，见图 57）的石柱上，他宣称已经发动了军事行动，这个军事行动不仅得到神明的祝福，也得到天上 7 个决定命运的星座的庇护——涉及黄道带星座。在碑铭上（在石柱的反面），他宣称楔形符号意味着星座，“就像我名字的书写 Asshur-Ah-Iddin”（英语中为 Asarhaddon 或 Esarhaddon）。

这个密码或编密码到底是如何工作的，人们还不是很清楚。但是人们可以断定，这个国王在同一个碑铭中宣称的另一个隐藏的意义。重修巴比伦马杜克神庙，是亚述国王被接受成为一个巴比伦统治者的途径。他回想起，由于马杜克在巴比伦很生气，他宣布这个城市和其神庙在 70 年中将是一片废墟。伊

图57

撒哈顿写道，这就是“马杜克写在《命运之书》上的内容”。然而，回答伊撒哈顿的请求时：

仁慈的马杜克，
在他的心得到宽慰的时刻，
将石碑上下颠倒
第十一个年头
批准了重建。

根据这个预言可以领会到，神的行为代表了数字使用的一种技巧——用符号（也用楔形文字）代表数字。在苏美尔 60 进位（即以 60 为基础）系统中，代表“1”的符号根据情况可以表示 1 或 60。代表 10 的是“V”形符号。伊撒哈顿断言，神拿走了《命运之书》，书上，荒废持续的法令时间是“70”年（见

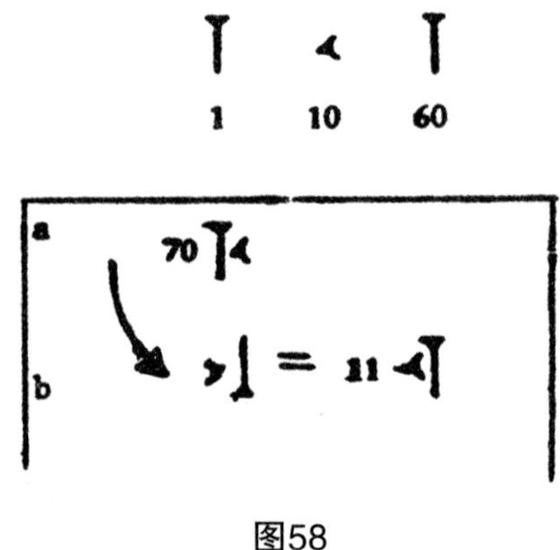

图58

图 58a），如果把它倒过来，楔形文字符号代表“11”（见图 58b）。

隐藏信息和秘密意义之间不仅是通过单词联系起来的，而且还通过数字。数字在亚述巴尼波的父亲萨尔贡 2 世的著作中甚至更为突出。在他的统治时期（公元前 721 年—公元前 705 年），他在离古代皇城、宗教中心尼尼微东北大约 12 英里的小村庄里，建立了一个新的行政军事基地。他的亚述名字是舍鲁金（正直的国王）。他把这座新的城市命名为杜尔舍鲁金（现在的考古遗址卡浩尔撒巴伯）。在纪念这个功绩的碑铭上，他写道，他建造的围绕城市的巨大城墙，有 16283 库比特长，“正是我名字的数字”。

用这个数字编成单词音节的密码出现在《给伊师塔的赞美》的文本中，在文本中，崇拜者用数字写他的名字，而不是用字母：

21-11-20-41

21-11-20-42 的儿子

这些数字编码仍然不可解译。但是我们已经有理由相信，希伯来的先知知道这样一个美索不达米亚编码方法。

《圣经》中最难懂的段落之一，是以赛亚关于来世报应的时间预言，“当它到来时，巨大的喇叭将被吹响，他们将回报那些迷失在亚述土地上的人，和那些被驱逐到埃及土地上的人，他们将在耶路撒冷的圣山前向耶和华弯腰鞠躬。”以赛亚预言道，那时混乱将盛行，人民将奔走相问，“谁将理解那些以某种方式隐藏了的信息”：

因为规则在规则之上，
规则在规则之中；
诗句在诗句之上，
诗句在诗句之中——
这儿一点，那儿一些；
因为以一种混乱的语言
以一种陌生的语言
他将讲给他的人民

——《以赛亚书》28：10-11

没有人真正理解一个“规则上的规则”和“诗句上的诗句”是如何导致“一种混乱的语言”和“一种陌生的语言”。希伯来文字是 Tzav 和 Kav，已经分别被变更为更现代的英语的译文“命令”和“统治”（见于《新美国圣经》，或是“咕哝”和“低语”，甚至是“严厉的叫喊”和“沙哑的呼喊”（见于《新英格兰圣经》）。

什么语言可能会混乱，或它的书写符号被赋予一种陌生的意义，通过到处变化“顺序”和“线路”？我们认为，先知以赛亚所讲的，就是亚述人和巴比伦人的楔形文字原本！

当然，这是一种大家都知道的语言。但是当诗节引用了上述陈述，就无法理解那种语言传递的信息，因为它通过 Kav to Kav 做了编码，并四处改变

“诗句”，因而改变了信息原先要传达的“内容”。改变的命令通过随便改变顺序的编码法（例如 the A / T-B / Sh）隐藏起来。

对诗节 28：10-11 的谜团的解答，可以用来解释《先知书》（29：10-12）中一系列的描述。它声称没人能够理解那些著作，因为“书的文字把你变成一本封住的书”。最后一个文字 hatoom 常常翻译为“封住”，但是在《圣经》的用法中，它有“隐藏”的内涵，成了一个秘密。它使用的是在一个类似于美索不达米亚译成密码的与没有经验无法看到的著作中的术语。它也这样被运用在了摩西的诗歌中（《申命记》32：34），书中引用上帝来陈述将要来的、已被注定的事物是“一个秘密，关于我隐藏、储藏和密封的财宝”。这个术语以“隐藏的方式”或“作为一个秘密”，也被用在了《以赛亚书》8：17，甚至更多地在《但以理书》和它的译本以及终极事物上。

以赛亚的预言与他那个时代的国际舞台和王室信息的编码相符，他可能曾给出了一个“圣经密码”存在的线索。他三次修改了字符 Ototh，它们在《圣经》中是用于解读神或天上的符号——一个意为“符号”和“字母”的其他类型，在他的预言中传达了字母的意义。

我们已经讲到，以赛亚提到耶和华是字母（字母表的）的创造者。在诗节 45：11 中，赞美耶和华的独一无二，是耶和华“曾排列了那些传递的字母”。这样编码排列应该是理解诗节 41：23 中谜团的一种途径。描写地球上迷惑的人们是如何从过去猜想未来，以赛亚引用他们请求上帝的话语：

告诉我们真正的字母！

如果这个单词是一个普通的符号，它可能表示“告诉我们事物创始之初的符号”。但是，先知已经三次选择写符号，即“字母”。明显是想通过看到过去的字母，来理解神的意图。这些字母在由字母拼凑而成的密码中。

然而正如美索不达米亚的那些例子预示的那样，藏头诗是一种太简单的方法，是建立在楔形文字符号的数值基础上的真正编码（在撒尔格伦 2 世的例子中仍然是不可译的）。我们已经提到，关于他们等级数字的“神的秘密”——用数字来代替神的名字。其他保存有苏美尔术语学的石碑，甚至在阿卡德人文本上（因为石碑破碎，遗留下来的很多文本都很模糊），指出数字命理学作为一种密码的早期使用，特别是涉及神明时。

无须惊奇，那时，希伯来字母表中的字母被赋予了数值（见图 59），这些数值在将秘密知识译成密码和破解密码中，扮演了比它们自身更重要的角色。当希腊人采取这个字母表时，他们保留了赋予每个字母数字的惯例。从希腊开始，根据它们的数值翻译字母、单词或单词群的艺术被称为“根码替亚释义法”。

开始于第二神殿时期，“根码替亚释义法”成为学者和诺斯替教徒掌握的一种工具，用于探究《圣经》诗节和没透露隐藏意义和信息的单词，或是用于拟定不完整《圣经》诗节的新规则。这样，当一个人宣誓成为一个修行者，

א	1
ב	2
ג	3
ד	4
ה	5
ו	6
ז	7
ח	8
ט	9
י	10
כ	20

ל	30
מ	40
נ	50
ס	60
ע	70
פ	80
צ	90
ק	100
ר	200
ש	300
ת	400

图59

不被指定的自我节制时期应该为 30 天，因为《民数记》第六章中的定义单词 YiHYeH（可以是）有数值 30。通过等值来比较单词及其含义，为隐藏的意义提供了无数的可能性。例如，摩西和雅各有相似的神圣的经历，因为雅各在夜晚梦境中看到的通往天堂的梯子（在希伯来的苏兰）和摩西收到律法石碑的西奈山，两者有相同的数值 130。

随着中世纪时期犹太神秘教卡巴拉的发展，“根码替亚释义法”的运用，特别是用“根码替亚释义法”来发现秘密的含义达到了一个新的高度。在那些探索中，对神的名字给予了特别关注。极为重要的是对上帝自己取名为摩西的研究，耶和华：“我可以成为任何人，耶和华是我的名字。”（《出埃及记》3：14-15）。如果简单相加，神的名字的 4 个字母总共为 26（10+5+6+5），但是卡巴拉派提出了更为复杂的方法，在这个方法中，将把 4 个字母（Yod、Hei、Wav、Hei）拼写出来的名字相加，一共是 72，这些数字的等值构成了比其他单词更具有洞察力的理由。

[在基督教创立之初，一个亚历山大宗派认为，至高无上的原始创始者的名字是阿布雷克斯，它所有字母的总和为 365 —— 一个太阳年中的天数。这个宗派的成员曾经背着由准宝石做的石雕，担负着神的形象和名字（通常不把它等同为 YaHU，见图 60）]。

有理由相信，阿布雷克斯起源于阿布雷希特，即“生命之始的父亲或祖

图60

先”，我们曾提议它为第一个完整的单词，这个单词以《创世记》的字母“A”开始，而不是现在 Bresheet《创世记》的开端“B”。如果《创世记》确实还存在一个字母，现在流行的密码先后顺序将必须被重新检查。

有多少数值应该被赋予数字表达的密码或意义——一个在字母内部固有的密码而不是依赖于它们间的任意间距？因为这种用法把我们带回到了苏美尔时代，在阿卡德时期是合法的，在所有时代，被认为是“神的秘密”而不是被展现为没有知识的人，因为与 DNA 的联系，我们相信数字码是保密码！

事实上，最明显（正如侦探故事那样，最容易被忽视的）的线索之一正是术语“书”，希伯来语中的 SeFeR。SeFeR 起源于字根 SFR，它的词源是代表作者或抄写员的单词，来讲述一个传说或故事等。

然而，这个字根 SFR 也可表示一切与数字相关的事物。计数是 Lisfor，数字是 Sifrah，数目是 Mispar，计算是 Sephirah。换句话说，从希伯来 3 个字母的词根出现的那时起，用字母书写、用数字计算被认为是同一件事。

实际上，在希伯来《圣经》中，有这样一个例子，“书”和“数字”的意义是可以互相转换的。如在《历代记 1》27：24 中，记述大卫王领导的一次人口普查中,“数目”一词在同一个句子中用了两次，一次是用于表示数目（计算的人数），另一次意为大卫的记录书。

这样一个双重意义也许是三重意义，已经向翻译《赞美诗》71：15 的翻译者提出了挑战。尽管他不全知道上帝创造的奇迹，仍寻求上帝的帮助。同时，赞美诗作者发誓要记述下上帝救度和正义的功绩，尽管“我不知道 Sefuroth”。《国王詹姆斯》译本将这个词翻译为“数字”，更多现代翻译倾向于“to tell”的内涵——“讲述”。但是，在特殊的形式中，赞美诗作者已融入了第三种意义，即“神秘的事物”的意义。

※

当朱迪亚的政局变得越来越狂暴时，一场起义（马卡比反抗希腊统治的起义）接着另一场（反对罗马压迫），探索希望的信息更加强烈。搜索早期关于加密数字的文本发展成为数字作为神秘密码的使用。最令人费解并且最好设置成密码的例子之一是在《新约》中：在《启示录》中，表示一只“野兽”的数字为“666”。

这里有智慧；
让拥有理解力的人
发现野兽代表的数字，
因为这是一个人的数字；
他的数字是 666。

——《启示录》13：18

这段话讲述了救世主的期盼、魔鬼的堕落以及后来的基督再临，天堂到地球的王国复苏。1000 多年来，为了解开用数字表示的密码“666”，已经做出了无数尝试。这个数字在早期希腊手稿中清楚地出现过，这本书完整的题目为《约翰福音》，书一开始是这样的声明：“起初是单词，单词是神的，单词是神。”这本书充满了数字含义。利用希腊字母（它们与希伯来字母排列十分类似）的数值和“根码替亚释义法”的方法，有人认为，“野兽”是邪恶的罗马帝国，因为拉特龙斯的数值是 666。其他人认为，数字密码意味着邪恶的皇帝图拉真自己，其中间的名字 ULPIOS 数值上合计为 666。现在仍然有一种意见认为，密码在希伯来语中代表 Neron Qesar（“尼禄帝王”），在使用直接相加和三角方法的各种“根码替亚释义法”途径中，他的名字用希伯来拼写 N-RW-

N+Q-S-R，加起来也是666。

“666”编程密码的秘密可能将在希伯来语中被揭露，而不是在希腊或罗马单词中，这可能是最终解决这个谜团的关键。我们发现，在希伯来语中的666数值等同于托架（见图61a）——一个隐藏的事物，一个超自然的谜。它被运用到圣经关于神的智慧与理解力的联系中，智慧和理解力对于人来说是隐藏的、超自然的。为了产生666，不得不加上字母Wav（= 6，见图61b），把意思“一个秘密”改变为“他的秘密”或“他的隐藏事物”。

有些人发现，“他的秘密”的翻译是用来描写“水淋淋的黑暗”，那里让人回想起提亚马特的天堂之战：

> 地球颤抖着，战栗着，
>
> 山的根基都被摇动了……
>
> 他的鼻孔中有烟雾冒出，
>
> 他的嘴巴里冲出贪婪的火焰……
>
> 他不透露他的秘密，
>
> 被迷雾般的黑暗和天空的云朵所掩盖。
>
> ——《赞美诗》18：8-12

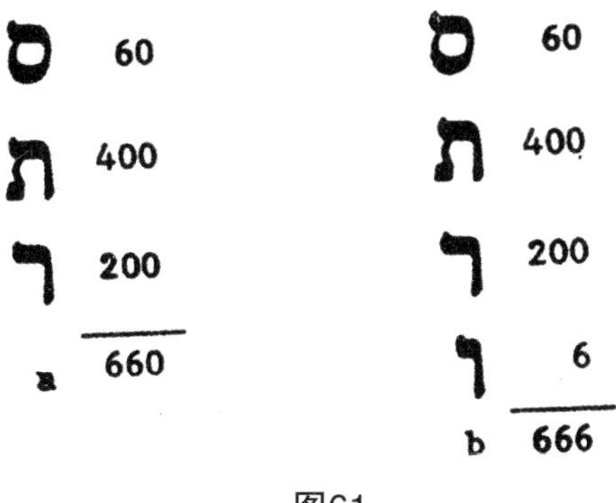

图61

《圣经》中反复提及那场天空之战，美索不达米亚造物史诗发生在马杜克和提亚马特之间，而《圣经》中发生在原始创造者耶和华和“深水渊”之间。深水渊／提亚马特有时是以“傲慢者”出现，或用字母 RaBaH（伟大者）代替 RaHaB 出现。《赞美诗》18 中的措辞回应了《申命记》29：19 中一个更早的陈述。之中，耶和华对于“最后一代”的判断，被预言为一个“烟尘将从上帝的鼻孔中冒出”的年代。最后计算的那个时代，在圣经中常常由副词 Az 提到 ——“那时”，未来的某个特定时刻。

显然，如果《启示录》的作者也记得 Az，最后一代的那个时期，当上帝以他自己的身份出现，当天堂和尘世在一场与特胡姆拉比（《摩西》7：4、《赞美诗》36：7 和《以赛亚书》5：10 中运用的术语）的战斗中创造出来时，一个通向谜团“666”的数字途径显示，《启示录》这本书讲的是在天空之战再次上演时天堂上帝的归来：因为 Az+Tehom+Rabah 的数值总和为 666(见图 62)。

我们将数字“666”还原到字母中，然后在《旧约全书》中寻找包括这些字母的单词，这种尝试对于解密数字“666”还是有可能的。将阿布雷希特作为异教的神转化为阿布雷克斯（刻有避邪符号的玉石，与其数值 365，通过改变楔形文字著作的楔形文字符号，来加密《圣经》的参考资料（更早引用），

图62

以及对于回返阅读的涉及和 A-T-B-Sh 方法在外来神明身份的隐藏中的运用，提出了这样一个问题：尤其当希伯来的天命卷入其他国家和他们的神明的命运中时，《圣经》对外来著作和万神庙中隐藏秘密数据的编码到了什么程度？如果《创世记》中的造物故事真的是记录在《伊奴玛·伊立什》中造物秘密的缩减版，那些透露给恩麦杜兰基和亚达帕的秘密部分是什么呢？

我们在《创世记》中读到，当法老提拔释梦的约瑟时，赐予他一个新的埃及官方名字：Zophnat-Pa'aneach。当学者们尝试推算象形文字书写这个称号的埃及意义时，很显然的是，它的意思是用希伯来语编码了的，在希伯来语中，它意为秘密或隐藏的事物的“阐释者”。

这种语言或字母或数字的变形，让我们对那个问题（和可能性）更加困惑：除了对“666”之谜，这些密码是不是还包含对古代其他万神庙中的神明的暗示。

希伯来字母表中一个无法解释的方面是，当五个字母的位置处于一个单词的末尾时，它们的书写是不一样的（见图 63a）。如果我们冒险去帕德斯，那个“禁林”，在密码是由字母和数字结合起来的前提下，我们可以说，反过来（从左到右）读译成密码的原因，是因为那些奇怪的 5 个字母是“60”的一个“保密码”，而“60”是阿努的秘密数字（见图 63b）！

如果是这样的话，希伯来单词中表示“秘密”的单词的第一个字母（S）有数值“60”，甚至整个单词的数值为“70”，而“70”是马杜克（然后他把字母颠倒过来）为巴比伦这座城市颁布的荒废年限的秘密数字，这些难道是巧合吗？这样说来，耶路撒冷及其神庙的废弃也将准确地持续 70 年吗？当一个预言被宣布时，它是对神的秘密或 Sod 的揭露吗（见图 63c）？

一种方式是承认《旧约》以及《新约》是从早期的美索不达米亚秘密作品中借来了它们的编码和神的等级，这种方法给了另一种“666”谜团可能的解决方法。

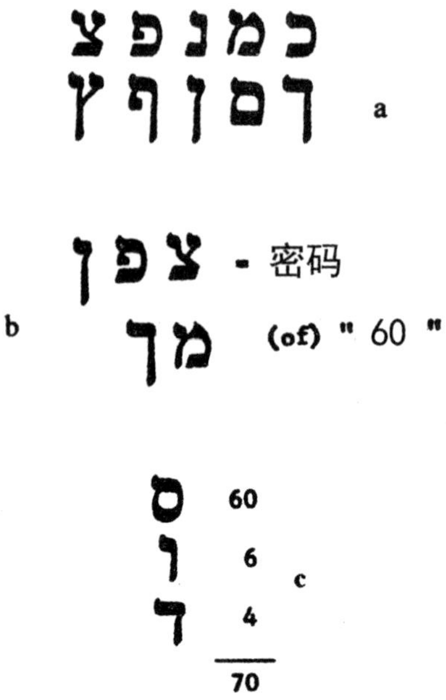

כמנפצ
דסןףץ a

b צפן - 密码
מך (of) " 60 "

ס 60
ו 6 c
ד 4
70

图63

一个少有（已发现）的例子中，数字“6”作为一个神的等级被呈现在一个石碑上。石碑由写作《亚述和巴比伦的神秘和神话解释》的学者阿拉斯代尔·利文斯顿建造。重建的石碑带有它所包含的不可解释的秘密的警告，以“60”为开始，作为“众神之父，至高无上的上帝”的等级，然后在每个圆柱上，揭露了他的身份：阿努。在他之后是恩利尔（50），恩基（40），辛（30）和沙马氏（20），石碑上提到阿达德，称他为“雷雨之神”，他的等级为“6”。当列表从正面到反面继续往下看时，它列了“600”作为阿努纳奇的秘密数字。

美索不达米亚石碑关于神的秘密数字中出现的现象，我们把它看成是一个以苏美尔语为基础的编码，也许以此可以最终获得解开“666”谜团：

600 = 阿努纳奇，“那些从天堂来到地球的神”

60= 阿努，他们至高无上的统治

6 = 阿达德，一个教授初学者的神

666 = “这里是智慧”，“由拥有理解力的神计算”

（阿努和阿达德的相似开始于公元前 2000 年，被发现不只在文本表述中，也存在于他们连接着的神庙中。尽管可能难以置信，《圣经》列举“其他国家”的神明时，把阿努和阿达德紧挨在一起——《列王纪 2》17 : 31）。

神的秘密数字可以作为破解其他神明名字秘密含义的线索。因此，当字母表被构想出来时，字母“M”—— Mem，从 Ma'yim、water 中而来，与埃及人和阿卡德人关于“水”（一个波浪的古代石壁画）的图像描绘相似，也和语言中表示“水”的术语的发音相似。在希伯来字母表中“M”的数值是“40”，“40”是宝瓶座的原型，“家在水上的人”的艾/恩基的数值等级，这难道只是巧合吗？

存在着起源于苏美尔、代表耶和华的同样的神秘数字密码吗？如果一个有初步知识的苏美尔人试图将神秘的数字密码运用到这个字义为“神”的名字中（正如将前缀和后缀运用在个人名字中），人们可以说 YHU 是代表“50”的神秘密码（IA =10, U = 5, IA.U = 10x5 = 50），并带有它所有的神学上的含义。

※

当注意力聚焦在“666”的意义上时，我们发现在《启示录》的秘密诗节中的一个最重要的声明。它宣称，这个秘密是所有智慧所关注的内容，它只能由拥有理解力的人来破译。

确实存在苏美尔人使用的两个术语和其他在它们后面的术语。这些术语表示阿努纳奇传授给那些有初步知识的特权者的秘密知识。

这些令人难以置信但确实存在的苏美尔知识的基础，是建立在同样令人难以置信的数字知识上的。像亚述研究者、数学家赫尔曼·希拉帕里奇在众多的美索不达米亚数学石碑（宾夕法尼亚大学的巴比伦探险队）被发现后叙述的那样，“从尼普尔和西巴尔的神庙图书馆到尼尼微的亚述巴尼波图书馆，所有相间和分隔的石板，是以数字 12960000 为基础的”——一个真实的天文数字，一个理解起来很复杂的数字，并且于公元前 4000 年在人类身上被运用，这看上去是完全可疑的。

然而在分析这个数字（一些数学石碑以此为开端）时，希拉帕里奇教授得出结论，它只可能与岁差的现象有关——在地球围绕太阳运转的轨道上地球的延迟，这个轨道需要用 25920 年来完成（地球正好回到原来的起点）。黄道带十二宫的完整环被命名为一大年。天文数字 12960000 代表 500 个这样的大年。但是，除了阿努纳奇，谁能把握或拥有如此跨度的时间呢？

在数字和计算系统中，十进制系统（以“10”为基础）显然是最“人性化”的，因为用我们自己的手指就能计算。即使复杂的玛雅历法精选了哈伯历，哈伯历将太阳年分成 18 个月，每月 20 天（在年底加上特殊的 5 天），可以假定是计算人身上所有的手指和脚趾的数目得来的。但是，苏美尔使用六十进制（以“60”为基础）系统是从何而来？六十进制的永久表达方式仍然在时间计算（60 分，60 秒）、天文学（一个 360 度的天上的圈）以及几何学中存在。

在我们的书《当时间开始》中，我们已经提到，阿努纳奇来自一颗轨道周期相当于 3600 个地球轨道周期的行星，他需要不同时期的同一标准——已经在岁差的现象中发现一个（只有他们可能发现，而不是由地球上寿命较短的人）。当他们将天上的圆周划分为 12 部分时，岁差延迟（他们可以轻易地观察到）是每宫 2160 年。我们已经提到，这个延迟导致了比例 3600 ：2160 或 10 ：6（希腊最终的黄金比例），导致六十进制系统，这个系统以6×10×6×10……运算（导致60、360、3600，直到巨大的数字12960000）。

在这个系统中，天上或神圣的入口的几个数字似乎处于不恰当的位置。一个是数字7，它在造物故事中的重要性，是以亚伯拉罕的住处Beer-Sheba（7的源泉，The Well of Seven）的名义，作为第七天或安息日，这些很容易被意识到。在美索不达米亚，它被运用于做裁决的7个人，7个圣人，下层世界的7扇大门，《伊奴玛·伊立什》的7个石碑。它是恩利尔的一个绰号（苏美尔人声称，“恩利尔是7”）。无疑，数字重要性的起源，它是地球的行星数目。所有苏美尔天文学文本声称，“地球是第七个”。正如我们解释的那样，这对于一些从外来天际进入我们太阳系中心的人才有意义。对于来自远方尼比鲁的他或他们来说，冥王星将是第一颗行星，海王星和天王星是第二颗和第三颗，土星和木星是第四颗和第五颗，火星将是第六颗，地球是第七颗，金星是第八颗——事实上，这些行星被描绘在纪念碑和圆筒图章上（见图64）。

（在赞美恩利尔的苏美尔诗中，认为他是“最仁慈的”，看到他就等于看到食物和幸福，把他当成协约和誓言的保证人，对他顶礼膜拜。无疑，在希伯语中，这7个词干来源于同一个词根Sh-V-A，也是“使满足”“宣誓、发誓”等意思的同一词根。）

数字“7”是《启示录》的一个关键数字（7个天使、7个图章等）。下一个特别的数字12也是如此，或者它的倍数，在《启示录》7：3-5和14：1中的144000。我们已经讲过它的运用和重要意义，因为起源于太阳系成员（太

图64

阳、月亮以及10颗行星——我们知道的9颗再加上尼比鲁)。

然而，很难意识到特殊的数字是72。正如我们曾经那样做的，这个数字就是12和6的乘积，再乘以5，结果就是360(就是一个圆周的度数)，这样说仅仅是为了说明清楚。然而，为什么以72开始呢?

我们已经陈述过，卡巴拉神秘主义的鼓吹者通过“根码替亚释义法”的办法得到了耶和华的数字秘密，即数字72。上帝指示摩西和亚伦带着70个以色列长老到达圣山时，《圣经》中对这一时期的描述很模糊。尽管这一描述不是很清楚，但事实上摩西和亚伦有72个同伴：上帝指示，亚伦的两个儿子也要加入(尽管亚伦有4个儿子)，这样就在70个长老中加入了2个，一共是72个。

在有关何璐斯和塞特的斗争故事中，我们也可以到处发现这个奇怪的数字72。从它的象形文字资料中讲述这个故事，普卢塔克(在德希得和奥西里斯那里，他把塞特看作希腊神话的堤丰)说，当塞特诱使奥西里斯进入命定的箱子时，他是在72“神灵”面前做的。

那么，为什么72在如此多的例子中出现?我们认为，在岁差现象中寻找到的只是一个似是而非的答案，因为正是在那儿发现这一关键数字72，而72就是延迟地球一周所需要的时间。

直到如今，还不能肯定，一个大赦年的观念是如何发生改变的，在《圣经》中颁布了以50年为一个周期的大赦年，并在《禧年书》中作为时间单位运用。这里有一个答案：对于阿努纳奇来说，他围绕太阳的轨道周期相当于3600个地球年，该轨道通过了50个岁差产生的度数(50×72=3600)!

也许，这并不只是一个巧合，恩利尔的秘密等级数字(由马杜克寻找到的数字)也是50。因为它是表达神圣时间(源于尼比鲁的运动)、地球时间(与地球和月亮的运动有关)和天时间(或者说源于岁差的黄道带时间)之间的联系。3600、2160、72和50是属于位于尼普尔“天地纽带”中心的命运石碑的数字。它们是真正表达“天地纽带”的数字。

苏美尔国王列表断言，从阿努纳奇到达地球直到大洪水，已经过去了432000年（120个尼比鲁轨道）。数字432000也是印度和其他概念以及周期性降落到地球上的灾难的关键。

数字432000也精确地包含72个6000次。也许值得留意的是，根据犹太圣人关于年的计数，犹太历法中的年数（1998年为5758）计算到达6000时，将到达一个满圈，一个终点。然后，它才继续完成一个完整的循环。

※

从古代有关这些初步接受知识的人（亚达帕、安美杜兰玛、伊诺克）的记录中，可以清楚地看到，知识和理解力的核心已为他们所知，无论是天文学、历法和数学（数字的秘密）。事实上，正如古代的编程译码和编译实践显示的那样，无论使用何种语言，它们之间的普遍思路是数字，如果地球上曾存在一种单一世界性语言的话（正如苏美尔文献和《圣经》断言的那样），那么它必须建立在数学基础上。假设，或者说什么时候，我们与天外来客交流，正如我们与曾经来到地球的阿努纳奇交流那样。当我们冒险去其他空间时，我们也会这么做——宇宙语言将是数字。

事实上，目前的计算机系统已经采用了一种世界性的数字语言。当A键在打字机上被按下去时，一个支持这个字母的杠杆动起来了，它在纸上敲下A。在电脑中，当A键被按下去时，一个电子信号被激活，将A表达为一系列数字“0”和“1”——那些字母已经被数字化了。换句话说，现代计算机已将字母转化成数字。

假如重视苏美尔和《圣经》中传承给我们的知识和理解力方面的医学知识的声明，是否在古代文本中的某些地方，因为它们被“推崇”，所以如此准确无误、小心翼翼地抄写并与我们分享关于创始的遗传知识的关键，然后仍然在健康、疾病和死亡中陪伴我们?

我们已经做到，我们的科学家已经在染色体数 1 或 13 或 22 的特别位置，鉴别出一个特别的基因（称之为 P5I），它与某种特征和疾病的关系密切。它是一个可以在计算机上被表达的基因和位置——现在作为数字或完全在字母中，或是在它们的组合中。

是否在那些古代文本中，特别是希伯来《圣经》中，存在这些编成密码的基因信息？如果我们可以破解出这样的密码，我们将成为恩基和宁呼尔萨格曾想创造的“完美模型”人类。

第九章

预言：过去的作品

过去的某些人可以预见未来（按苏美尔的说法，某些人已经知道了天命，并能决定命运），这个事件可以在书写的文字上发现。无论是已揭露的还是隐秘的，直接的还是加密的，总之，信息必须书写记录下来。一个契约、一个协议、一个预言——如果这些文字没有被记录下来，对于当时的未来的人又有什么价值呢？

当考古学家挖掘出一个古代遗址，他们认为没有什么比写在上面的“东西”更令人激动、更意义重大——一个物体、一块砖、一块石块、陶器碎片，更不要说一个写在黏土碑或纸草片上的部分文本。它在什么地方，它的古代名字是什么，它属于什么文化，它的统治者是谁？一些乱写的字母，一两个词就能提供答案，当然，更多的是由完整的文本提供。

虽然还称不上一个成熟的考古学家，但亚述国王亚述巴尼波无疑是最早的古文物研究者之一。因为他相信自己的命运和王国的天命是过去决定的，他对过去的主要功绩或他征服的战利品做了书面记录。他在尼尼微宫殿中的图书馆，在那时（公元前 7 世纪）也许是对神话、史诗、王室记录以及天文学、数学、医学的无数文本和其他无价文本（在黏土碑上）和黏土碑最伟大的收藏。黏土碑被仔细地排列在木质架子上，而每个架子都以碑牌目录开始，列举上面有哪些内容。古代巨大的知识财富、档案和预言都聚集在那里。很多现在所知的文本都是来自在尼尼微发现的黏土碑或其碎片。同时，每一个架子开始的碑牌目录也显示了有多少仍然是缺失的或还未发现的。

当然有缺失（因为在其他地方没有其复本），亚述巴尼波自己认为，那个部分是大洪水之前的作品。我们知道它们曾经存在过，因为亚述巴尼波曾经吹嘘他可以解读那个作品。

有人也许已经注意到，国王的断言还没有得到现代亚述学者的重视。一些人已经修改了国王的陈述，为了读懂“用苏美尔语写的作品”，因为这似乎是令人难以置信的：不仅宣称那里曾经是比美索不达米亚黏土碑早1000年的作品，而且宣称这些作品（无论在哪个黏土碑上）是从全球性的灾难中幸存下来的。

然而，其他一些与亚述巴尼波或他的时代无关的文本和原始资料，使那些成了真正的断言。亚达帕（大洪水前接受过知识的人）写了一本书，《来自神阿努和神恩利尔时代关于时间的作品》。它在苏美尔语中名为U.SAR Dingir ANUM Dingir ENULA。

另一个大洪水前的祖先伊诺克，从天堂回来，带回了360本“书”——一个与天上或数学暗示有关的数字。我们需要指出，当转化为字母时，拼写出来是SeQeR（60+100+200），意为“这是隐藏着的”。而埃及一个名叫塞加拉的地方，即早期王室金字塔和墓地的“秘密位置”，起源于相同的字根。

作为第一人称报告，《伊诺克书》（以《伊诺克之书》卷1著名）号称是由伊诺克亲自写的。尽管根据所有的学术观点，它是在基督时代前不久汇编的，它引用的都是来自其他早期作品和与其他非《圣经》的作品（事实上，它在早期基督时代受到推崇），这证明它是建立在真正的古代文本上的。书中，简短地介绍了谁是纳菲力姆(《创世记》六位知名人士之一)之后，伊诺克声明，接下来是“正义和永恒的纳菲力姆陈述的书”。是他在梦幻中听到的，并且他现在记录了下来——“伟大的上帝已经给予人类认识的语言”。

伊诺克在被授予天堂与地球的知识以及它们的秘密之后，他要求写下未来事件的预言（根据《禧年书》)，伊诺克被告知“以前的事物和将要发生的事物”。尽管学者们假设“预言”实际上是一种后见之明，早期文本中《伊诺克 1》的合并和后来称之为圣典的文本都证明，在第二神殿时期，人们坚持认为，未来可以而且曾经由神圣的神灵启示所预言——甚至由上帝自己以及他的天使口述给人类。这些都被记录书写下来，传于后世。

我们也许可以相信，伊诺克带下来的不只包括科学知识，也包括预言未来的书，其译本是《伊诺克之书》卷 2 或是其完整书名《伊诺克秘密之书》吗？书中声明，上帝指示伊诺克“用手写书给他的孩子们”，这样那些书也许可以世代相传，从这个民族传到另一个民族。上帝向他透露了“造物的秘密”和地球上事件的循环。“地球创始之初，头几千年的时间是一个没有计时的时期，没有年，没有月，没有星期，没有天，也没有小时”(《伊诺克之书》卷 2，33：1-2)。

一个关于更早的希伯来《圣经》第三部分的参考资料称，亚当和塞特属于伊诺克的祖先——“书写稿将永不摧毁”。也有另一种参考资料称，“上帝命令必须保存好上帝放在地球上的图表，祖先们的书写稿；它不应在我带给你们种族的大洪水中灭亡。”

关于未来大洪水的资料，作为上帝给予伊诺克的一个预言性的启示（谈到了亚当和他的儿子塞特的书写稿，以及这张存放在地球上的神圣的图表，并且，他们能在大洪水中存活下来)，这些都包含在《伊诺克之书》卷 2 中。如果这些书写稿从此保存下来，它们必须算在遗失的大洪水前的作品中。在第二神殿时期，在这些大洪水前的希伯来《圣经》第三部分中，《亚当和夏娃之书》

就在其中，这两本书提供了很多细节，为《圣经》故事做了很好的补充。

学者们一致认为，《伊诺克之书》卷 1 无疑是从更早的手稿《诺亚之书》中的片段逐字拼凑起来。《诺亚之书》是在除《伊诺克之书》之外的其他作品中提到的。这本书曾经是《创世记》第六章中 8 个谜一般的诗节的来源。在大洪水的《圣经》译本和英雄诺亚之前，这些诗节说到纳菲力姆，那些娶亚当的女儿们为妻的“神的儿子”。他们是上帝决定在地球上驱除人类的背景。在书中，这个故事很完整，确认了纳菲力姆的存在，解释了神愤怒的本性。回到苏美尔时期和来源的所有可能性，它包括了另外的美索不达米亚《阿特拉 – 哈希斯》文本的一些细节。

更有可能的是，上述提到的两本书（《亚当和夏娃书》和《诺亚之书》）确实以某种形式存在，事实上，《旧约》的编辑们也知道。《创世记》描述了亚当和夏娃的创造，伊甸园的突发事件以及该隐、亚伯和以挪士出生之后，在第五个章节它讲到，“这是一本亚当后代的书”，又重新开始了家谱记录，并且重复了创造的故事。希伯来词“世代”不仅仅是“后代”的意思——它表明了历史，接下来的文本给出了建立在更早的文本上的一个总结。

同样的术语托利多（后代）开始了诺亚和大洪水的故事。这个词再一次被翻译成“有诺亚的后代们”，开始涉及诺亚和大洪水不多的故事——毫无疑问，建立在更早的苏美尔文献上（然后是阿卡德）。

有趣的是，《诺亚之书》可能包含的部分在其他两本书中也有发现，一本是《禧年书》，另一本来自第二神殿时期（或更早）的《新约外典》（《圣经》副本）一书中。它声称，“天使给诺亚解释所有的药物和疾病，以及如何使用地球上的草药治愈他们。诺亚把这些关于各种医学的东西都记在书上”。大洪水之后，诺亚“写给他儿子所有的知识”。

不只在《圣经》中，在人类事件中也有以单词托利多开始的新一章，我们发现是在《创世记》第十章。它一开始讲述了大洪水之后人类智慧的结晶，“现在那里有诺亚儿子的后代：闪、哈姆和雅弗。大洪水之后，他们生了儿子。”大致的列表，被《圣经》学者称之为国家的石碑。回到闪和他的后代这个话题上，并特别把注意力放在他中间的儿子阿尔帕克沙德那一支上。在第十一章中，回到了主题“这些是闪的后代”。由此我们知道，这些是亚伯拉罕家族的直系亲属。

曾经有过一本书，也许让我们武断地冠名为《闪之书》，或更确切地说是《阿尔帕克沙德之书》，在大洪水前的其他关于手迹的传统中有所提及。在《禧年书》中也发现了相关的参考：它告诉我们，诺亚的孙子阿尔帕克沙德由他的父亲闪教他写作和阅读。在寻找一个地方安居的同时，“他发现一种先辈刻在石头上的作品，他读到上面的文字，并转录了这些文字。”在其他的信息中，“它包括纳菲力姆教义关于如何观察太阳、月亮、星星和天空的征兆。”纳菲力姆作品的内容描述（从大洪水之前而来），与《伊诺克之书》中关于太阳、月亮、星星或行星的知识措辞相似。这些知识是他从“神圣的石碑与其上面的文字”中得到的。伊诺克传给他儿子密图希拉所有的知识，并这样对他说：

我现在把所有这些东西讲给你听
并为你记录下
我已经给你揭示了所有的东西
把关于所有这些的书给你
我的儿密图希拉，你要好好保管这些
从我父亲的手中得到这些知识
把它们传给世界的后代。

关于大洪水前的著作以及犹如雪崩给它们造成的破坏的明确资料，可以在希腊历史学家贝罗苏斯的作品中发现。一位巴比伦历史学家，编辑了亚历山大死后近东的希腊统治的人类历史，他无疑能进入阿卡德人的古代作品图书馆（这种图书馆也许在苏美尔：他作品的第一卷描述了从艾/恩基飞降到地球上直到大洪水时期的事件，他以苏美尔名字苏德拉命名大洪水的英雄）。从贝罗苏斯那儿来的关于巴比伦神话的作品片段中声称，恩基已经告诉斯斯特洛斯（Sisithros= 苏德拉）将有一场大洪水，并命令他把属于沙马氏的城市西巴尔中那些有用的作品隐藏起来。斯斯特洛斯完成了所有这些事情，立刻启航到了亚美尼亚，于是，神曾经告知他的一切真的都发生了。那些作品是关于"开始、中途以及结束"。

巴比伦的神话继续讲述，躲在方舟中，在大洪水中幸存下来的那些人中有沙别特，也就是苏德拉/诺亚一个儿子的妻子——她的名字也许是苏美尔语或阿卡德语中沙别图（意为"第七个"）的一个讹误。根据巴比伦神话，"她是第一个女相命家"，她预言了巴比伦塔的建造，"所有那些，都发生在计划者们的事业心中。"这发生在语言被混乱及区分之前。

因为神谕式女预言家的第一行诗句（最有名的是德尔斐的女相命家），她扮演了神与大洪水中幸存者们的调解人角色。她给他们发表"来自天堂声音的圣书"，这些圣书指引他们如何在大洪水之后活下来，"如何从西巴尔发现那些描写着人类未来的书。"

※

这些关于大洪水前的作品的普遍传统和回忆，无疑坚持主张，除了科学知识的一切方式之外，它们也包括关于未来的预言。这些预言经常不只是关注降临到个人或民族的命中注定的大事，也关注人类和地球的最终天命。

伊诺克看到了"已经发生的和将要发生的"事，并为后代记录下创造的秘密和地球上大事的循环。上帝已将图表放在地球上，决定了行星和在它上面一切的天命。来自大洪水之前的著作是关于“开始、过程与结果”的。

事实上，当我们回顾所有这些不同声明的信仰，便不难理解，为什么《创世记》的编者们在希伯来译本中已经忽略首字母，而把“B”（Beth，生命）作为开端。因为实情如此：一个开始的内涵体现了一个结尾的内涵。正是那些包含将被告知的古代作品（那些运用计算机语的古代“数据库”），肯定被保存直到“时间的尽头”或“日子的尽头”。这个警告暗示说，这么一个尽头已经由天命注定了。通过以起源为开端，《圣经》的编者们赞成这个信仰。

这些观念贯穿希伯来《圣经》，从一开始的《创世记》到《先知书》再到最后的几本书。“雅各召唤他的儿子们，说：过来，聚集起来，我要告诉你们日子的尽头，将会有什么降临到你们身上。”（《创世记》49：1）。因为摩西害怕以色列人在他死后背弃戒律，所以他警告他们，“最后的日子里，罪恶将会降临到你们身上”（《申命记》31：29）。与这个警告一起的是一个预言，关于以色列每个部落的命运和天命。以赛亚预言的先见之明以这个声称为开始：“日子的尽头将要来到。”（先知耶利米清楚地解释了，日子尽头将要发生的事，它们“从一开始就在耶和华的心中安排好了。”“他断定开始的结束。”以赛亚这样赞美上帝。）

上帝是终极先知，是所有预言的来源，甚至在《圣经》文本记述事件的地方都发现了某些表述。当亚当和夏娃偷吃了伊甸园的禁果之后，便预知了人类未来的路，惩罚他们并施加了影响。该隐得到了保护性的记号，否则他和他的后代将连续 7 代遭到报复。在上帝和诺亚以及他的儿子的契约中，上帝发誓永远不再有一场大洪水。在上帝和亚伯拉罕的契约中，上帝预言他未来将是无数民族的祖先。然而上帝也预见，当他的子孙在异域国度受奴役时——延续 400 年的痛苦经历（就像以色列人逗留在埃及那样），一个时期就到来了。此外，关于不受孕的萨拉，上帝预言她将有一个儿子，这个儿子是很多民族和国王的祖先。

《旧约》包括了从亚当和夏娃，一直到耶路撒冷的第一神殿的摧毁，以及公元前6世纪归来的驱逐者重建神殿的《圣经》故事;《旧约》也直接、几乎不动声色地讲述了预言的转化，这个转化先是从上帝到与某些人的直接交流，再是天使（字面意思使者）和人，然后是先知之间。尽管摩西被指派为上帝的一位先知，这种现象的广泛性通过“不可靠的预言家”巴兰（Bile'am，或叫Balaam）的《圣经》故事所体现。他是出埃及时期的一位有名的预言家，他被摩押人国王留下来，诅咒前进中的以色列。但是每一时期，当诅咒的地方和典礼准备好时，耶和华出现在他面前，警告他不要诅咒他的选民。几次尝试后，他在摩押人国王的劝说下，再试一次。但是那时，在一次神的幻觉中，他可以“听到上帝的语言，目睹那个最高贵的上帝的知识”。“尽管不在附近，我可以看到它。”巴兰宣布了雅各的命运：“尽管不是现在，它停止了。”这就是神的信息，他说：以色列的儿子们击败并征服了挡在他们路上的国家。无法让人相信的是，那些注定的民族列表中，包括亚述—— 一个在出埃及时期的迦南的民族，在他们的国王受到攻击的几个世纪后，以色列王国仍然没有形成。

建立在过去预言上的一个预言案例是哥革和玛各的伟大战役。这场战役是由《先知以西结》展现的——当时的启示录文学认为，那场战役是千年末的最后一场战役，《新约》中的哈米吉多顿之战。尽管在最后的作品中，哥革和玛各被当作是两个不同的人或民族，以西结提到哥革将他作为玛各的统治者，他也预示当哥革攻击“地球的中心”耶路撒冷时，他统治的尽头就要来到。耶和华预言这将发生在“日子的尽头”，也是“日子尽头”的一个征兆，他通过以西结宣布：尽管你将在日子的尽头来到，哥革——

就是你

我曾经提到

在过去的日子里

通过以色列的预言

以色列曾在那些日子里的预言

在那些最后的时光中，耶和华通过以西结宣布，将会有一场大地震和强烈的毁灭、瘟疫、流血、骤雨洪流、从天而降的火和硫黄。

另一个召回了更早的先知（第一个“先知”）的先知是撒加利亚，他也看到了过去意义上的未来，所谓的“开始的日子”。这也符合所有《圣经》中的预言：在预见未来上，先知断言，死亡固定在开始。先知以赛亚预见世界上的民族聚在一起，去发现储存了什么，并预见他们在互相询问：“我们之中谁能让我们听到第一事物，并预知未来？”以赛亚嘲笑那些在民族中互相询问过去和未来的人，而不是询问上帝，他宣布只有上主耶和华才有那些知识（《以赛亚书》第四十三章）。这些事例在《以赛亚书》第四十八章中进一步详述，在四十八章中，耶和华宣布：

是我已经预见了第一事物

它们是从我口中出来的

我将突然宣布它们

当我这样做的时候，它们将会马上发生。

为了预言未来而对隐秘的过去的探求，不仅在《先知书》有所渗透，而且也存在于《赞美诗》《箴言》以及《约伯书》中。“听着，我的子民，听着我的教义，侧着耳朵听着从我的口中说出的词；我将要给你们讲述教义的寓言，我将为你们解开亘古之谜。”《赞美诗》这样记述代代相传的永为世人铭记的圣言。他声称自己有资格讲述这些谜团，他解释道：“因为我已经计算了过去的天数以及古时的年份。”

“让我们找出过去已经发生了什么，我们就能知道将要发生什么。”这种预言方法建立在人类几千年记忆的经历上——正如“神话”对于大多数人。对于关心古代传说的任何人来说（不只是现在，而且也在《圣经》时期），在每一个转折点上，人类都要依靠它的创造者神的计划和想法，这点已很明显。

在一开始，今天的我们和几千年前的人类（当然也包括先知）已被告知，我们人类的形成源于一次意在解决诸神在采矿发生兵变时众神委员会的决定。我们的基因组成是由两个阿努纳奇（恩基和宁呼尔萨格）认真而又轻浮地确定的。在主神委员会上，他们投票并发誓结束创造性实验，让人类在大洪水中毁灭。正是在委员会上的那次讨论，阿努纳奇诸神决定大洪水后，给予人类三个地区的王权——美索不达米亚文明、尼罗河谷文明和印度河谷文明。

公元前最后一个千年（《圣经》中先知的时代）的人对人类起源的记录感到好奇，那些故事从创世开始，直到大洪水和民族的兴起。他们也想知道古昔的日子，前一两千年发生的事件，那时《圣经》切换到了苏美尔迦勒底地方的乌尔、亚伯拉罕、列王之战以及索多玛和蛾摩拉城的剧变。人们要求授予预言和知识，“告诉我们那些古昔的日子，我们才能知道期盼什么”。

《圣经》提到了一些这样的记录，也许已经给出了答案，但那些记录都完全消失了。其中一本就是《加沙尔书》，字面上翻译是《正义之书》，但是也许意为《真知的记录》。另外一本，也是更重要的一本是《耶和华的战争》。这本书通过它的谜团，暗示了神明间的战争和冲突。

这样的冲突有时引起了战争，它们在苏美尔作品中有所记录。这些来自过去的作品是真正的圣言，因为文本是由神亲自写下的，或是由神口述并由凡人记载的。最初由神亲自记载的是发生在尼比鲁的事件，这些事件包括阿努争夺王位和地球继承权问题的争斗，邪神祖的故事，何璐斯和塞特之间的斗争（何璐斯和塞特导致史上第一次征募人类与神斗争）。神亲自写的作品，这个范畴属于“预言文本”，它以阿卡德人译本呈现给我们，同时是马杜克写的一部自传，除此之外，什么都不是。在另一类范畴中，书直接由神口述，例如大家所知道的文本《埃拉叙事诗》，就是一个由宁加尔自己讲述的事件记录。这些文本都是神企图向人类解释 2000 年的文明（古昔的日子）是如何突然走到了尽头。

更具讽刺性的是，那些导致伟大的苏美尔文明灭亡的事件与它的光荣时代是一致的。一本“古书”（一个苏美尔文献）记录了主神的委员会，会上决定，王权（文明）授予人类：

> 伟大的阿努纳奇宣告了命运
> 相互交换了关于陆地问题的意见
> 他们创造了四个地区
> 他们建立了定居地，他们俯瞰陆地。
> 对于人类来说，他们无所不能

因此，他们决定，作为一个崇高者与人类之间的缓冲器或联系的纽带，王权制度必须要创立。从那时开始，凡人仍被允许生活在神圣区域旁神的城市之中。从那时起，他们拥有了自己的城市，这些城市由卢加尔萨统治，他们是“伟大的人们”（国王），他们是上主的代言人。

当阿努纳奇回到伊丁，大洪水之后底格里斯河和幼发拉底河的平原已经变干，他们又完全按照大洪水前的计划重建了城市。第一个城市是恩基的城市埃利都，我们相信，就在那里做出了授予人类王权的决定。考古证明，时间大约是公元前 3800 年。

然而，与神的决定一致，人类的王权早已在一个人类的城市中行使，这个城市被命名为基什。这个日子由授予人类的一个历法记载了下来。这个历法

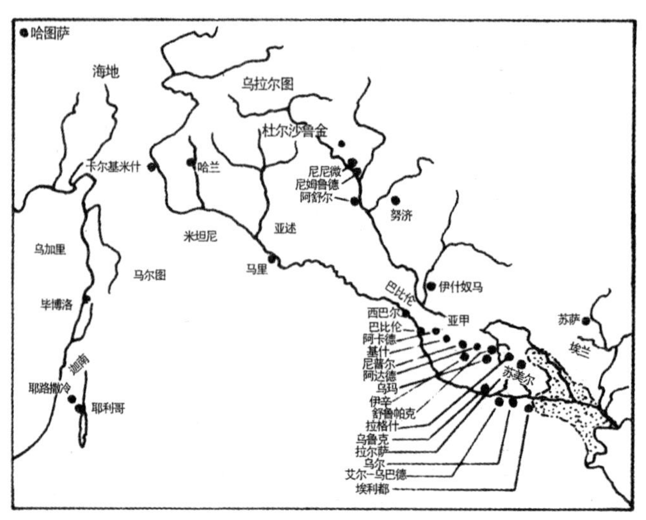

是在恩利尔的祭祀中心尼普尔设计的，它开始于公元前 3760 年。

苏美尔国王名单上，记载了他们首都在人类城市到苏美尔神的城市之间的频繁转换。这些变化与命运，和神自己王权的变化甚至他们之间的冲突无关。这些冲突发生在第一区域（美索不达米亚和附近的陆地）、第二区域（尼罗河谷）以及第三区域（印度河谷）。印度河谷文明大约从公约前 3100 年到公元前 2900 年开始。在马杜克和尼努尔塔的冲突中，地表下传来隆隆声，岩浆不时从地表里剧烈地喷射出来。马杜克和尼努尔塔分别是恩基和恩利尔的子孙，他们将他们父辈的战争延续到了他们这一代。

事实上，直到马杜克（他曾导致杜姆兹的死亡）服刑被流放，被活埋在密封的金字塔中，地球上才有了和平。马杜克将同样的惩罚(驱逐至遥远的地方)加到了他同父异母的兄弟明尼吉叙兹达 / 透特身上。透特穿越了海洋，成为中美洲的羽蛇神奎扎科特尔。

相对和平的时期开始于公元前 3000 年初，那时，苏美尔文明扩展到附近的地区，并在伟大的国王（例如吉尔伽美什）的领导下繁荣起来。在几个世纪中，向北扩展合并了一些闪族部落。大约在公元前2400年，在一个正直国王，即撒尔格伦二世的统治下，亚甲——新的城市——阿卡德的首都形成了。从那时起，就以苏美尔和阿卡德区的联合王国而闻名。

从很多文本（大多数是一些碎片）中可以发现，这些文本记录了连续几个世纪事件的过程（神和人的事务）。帝国的中心一直在变，最后，到公元前2113年，苏美尔和阿卡德区历史上最辉煌的时代开始了。历史学家把这个时代称为乌尔第三时期，因为乌尔第三次成为帝国的首都。它是居住在神圣地区的兰纳/辛和其妻子的祭祀中心（见图65）。他们的统治是文明而仁慈的。他们对国王施以涂油礼开始一个崭新王朝，国王乌尔南模智慧而正直，他精通国际贸易。在这些国际贸易中，苏美尔用粮食和毛纺产品换到金属和木材。根据《圣经》，即使在遥远的耶利哥，五颜六色的皮毛也受到好评。"乌尔商人"全球闻名，并受到普遍尊重。通过他们，苏美尔文明的各个方面都得以广泛传播。因为需要更多羊毛，苏美尔人接近了北方地区的放牧草原，那里，主要的贸易村落建立在通往小亚细亚的门户上，那是赫梯族人的土地。它被称为哈兰——商旅之城。因为想作为一个小乌尔（一个远方的乌尔），它在规划和神庙上都仿效乌尔。

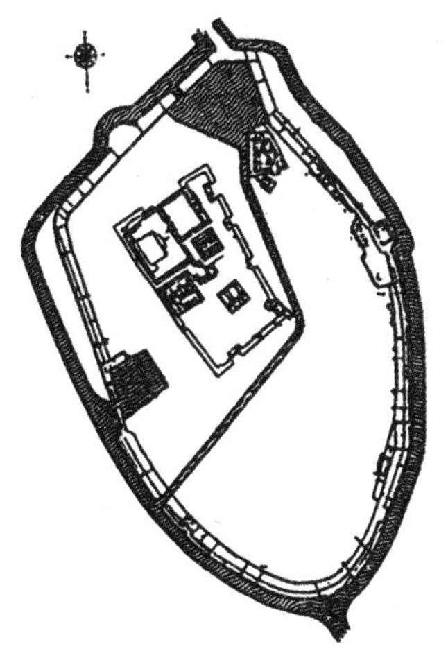

图65

因为流放，马杜克始终带着越来越严重的失落和愤怒，关注着这些发展。在他的自传中（在亚述巴尼波图书馆发现的一个复本），马杜克回忆了他是如何在漫游了很多地方之后（从太阳升起的地方一直到它下山的地方），到达赫梯族人的土地。“我在 24 年中，一直在找一个窝。”他写道。在这些年里，他一直问神的委员会：“到底要到什么时候？”

得不到一个清楚或者令他满意的答案，马杜克不免抬头仰望天空。我们已经说过，命运有 12 站。马杜克的命运之站（黄道宫）是白羊座。岁差一直移动着，从春天的第一天远离牛的星座（金牛座，恩利尔的黄道宫），它越来越靠近马杜克白羊座的命运之站。马杜克肯定，时间越来越接近他的天命，就快要完成了，他预想自己带着盛况和与之相配的境遇回到巴比伦，任命一个值得敬重的国王，看护着处在和平中的国家和欣欣向荣的民族——一个预测未来的预言的先见之明。在以后的日子里，巴比伦将体现出它名字的内涵：Bab-ili，即“神的通道”。

学者们注意到阿卡德人预言记录了天文学家们的报告，这些天文学家们观察天空，揣测与白羊座有联系的行星预兆。然而，这些征兆大多数是关于战争、屠杀、掠夺以及灭亡。最后成真的是这些预言而不是马杜克乐观的预言。在尼努尔塔和马杜克自己的兄弟奈格尔领导下的其他神明，利用“从古昔而来的”科学工具以及“天堂和地球的人造物品”，宣称转移到公羊时代的变化还没有出现。不耐烦的马杜克派他的儿子那布，在西地（幼发拉底河以西的土地）从他们的追随者中挑选了一些人组建了一支人类军队。在公元前 2024 年，那布成功发动了一场入侵美索不达米亚的战争，为他的父亲打开了巴比伦的门户。

《埃拉叙事诗》叙述了那些奈格尔（昵称为埃拉，意为“歼灭者”）和尼努尔塔（称为以舜，意为“极热之物”）认为的重大事件。它详细描述了为了和平解决纷争的狂乱谈判，并建议马杜克保持耐心。主神委员会在连续的会议中进行了无休止的争论，最后，当马杜克提到以巴比伦作为神的通道时，委员会警告怀疑他的儿子那布和他的人类军队的真正意图，因为在西奈山的太空船发射降落场的边境，那布和他的追随者们一起，正打算占领太空船发射降落场，继而控制与主行星尼比鲁的联系。

主神委员会看到似乎已没有别的办法阻止马杜克和那布，便下令奈格尔和尼努尔塔开启“7种致命武器”，这些武器曾被锁住封在冥界之屋（恩基在非洲东南部的住处）。一个核屠杀被释放了出来，它使太空发射降落场瞬间蒸发，在半岛表面留下一个巨大的裂缝和它周围广阔的黑色区域。站在那布一边的“罪恶之城”覆灭了，死海以南肥沃的山谷被废弃——这就是亚伯拉罕从他在迦南南部的住处所看到的一场剧变。

然而因为命运就是如此，“死亡之云”由地中海的风带来，往东飘向美索不达米亚。在它的所经之地，一切活的生物——人类、动物和植物，都可怕地死去。当死亡之云靠近苏美尔时，阿努纳奇神开始抛弃他们的城市。然而，月神辛不能接受他辉煌的城市乌尔的命运。他请求阿努和恩利尔想个办法宽恕乌尔，然而无济于事。无助的恩利尔坦率地告诉他：“乌尔是被授予王权的——但它永远不被授予永恒的统治……它的王权和统治已被切断。”——它的纳姆塔不是永恒的，它能被破坏也能被中断，这是它的命运。

然而，一切宛如宿命。这些风，当它们到达地中海的时候，竟然向东南方改道了。而当苏美尔和它的伟大旧城变得荒芜之时，北方的巴比伦城却毫发无损。

※

直到那时，马杜克仰望天空，预见他的命运。从核死亡和荒芜中，巴比伦奇迹般的幸存使他怀疑，他如今在通向霸权途中清除不了的障碍是否不仅仅是命运——而是他的天命？

尽管马杜克已经不是一个神明，有人可能曾说，他被供奉为神明却是可以保证的。在这些情况下，让我们将它称为神化。这种传达的手段是一种对《伊奴玛·伊立什》圣典的变更（也可以说是一种“弄虚作假）：称尼比鲁为“马杜克”，从而使至高无上的行星神明和地球上的至高无上的神明同一化。因为用“马杜克”代替了圣战故事中的尼比鲁，所以这些关键词就可以运用到他身上：从提亚马特东道国的首领金古那里获得了神明的石碑。

他从他那里找来了神明的石碑。
他用一张海豹皮毛将它封上
牢牢系在胸口

他的命运现在是一个天命。神明们在他们集会上的意见受到关注，他们鞠躬，大声呐喊：“马杜克是一个国王！”他们接受这一不可避免的事实，阿努和恩利尔（巴比伦国王汉谟拉比写的碑铭的文字）：

确定恩利尔的长子马杜克，
恩利尔对整个人类的职能，
使他称为可以预见之神中的伟大者。
呼唤巴比伦的名字使之荣耀，
让它的威名至高无上；
在它中间，为马杜克建立，
一个永恒的王权。

马杜克成为“神明中的国王”的加冕礼（用了一个容易理解的术语）在肃穆的典礼中进行。典礼有50位主神和7位天命之神出席，有上百个阿努纳奇横列和纵列参加。恩利尔象征性地将它神圣的武器弓（这个弓箭在天堂有弓星作为它的配对物）放在马杜克之前。通过将秘密数字50交接给马杜克，众神热烈庆祝恩利尔将权力转交给马杜克。典礼上以朗诵的形式来庆祝，由“五十主神”逐个朗诵。他们宣称阿努在马杜克出生的时候，没有用其他名字，而是亲自这样命名他。阿努以尼比鲁结束——将地球上的神转变成至高无上的行星神，他们这样开始使用马杜克这个正式的名字。

50个名字是由苏美尔文字或音节组合构成的，一个无论谁在创世记时代前拥有的称号，被伪造来称呼马杜克。尽管巴比伦的典籍（用阿卡德语写成）编辑者们试图解释他们同时代的苏美尔音节文字之谜，很显然，他们甚至无法完全掌握每个名字所传达的秘密信息。这种秘密意义或在50个名字下的编译码，是由著名的亚述研究者和《圣经》学者E.A.史本赛意识到的。他通过将《伊奴玛·伊立什》以英语的形式呈现，并将古代的近东文本与《旧约》联系起来，观察到“典籍探溯了《圣经》中大家众所周知的名字的语源。这种真正伴有名单上每个名字的探溯语源的方式，意味着是犹太神秘哲学的，也是象征性的，而不是严格意义上的语言性的”。

在一个“卡巴拉”种类的50个名字中，存在比上面观察到的更多的东西。第一批那9个名字被列举在《伊奴玛·伊立什》的第六块石碑的尽头，并带有一些赞美诗节。正如弗拉茨·伯尔在他的书《马杜克的五十之名》中提到的那样，第一批9个名字被认为是祖先的，不只是马杜克的，甚至也是阿努自己的。他们之中的每3个各包含3层意义。每层意义中，都认为只有马杜克拥有“复活死去的神明”这种唯一的（其他方面没有被记载）神力。弗拉茨·伯尔认为，这些可以作为奥西里斯（埃及知识中）的死亡和复活的参考资料，因为这3个受到保证的名字（数字10、11、12）是称号蛇形丘的变量，根据弗拉茨·伯尔的说法，这3个称号与埃及神明的3个称号相似。

随着这3个称号，《伊奴玛·伊立什》继续到第7个石碑——并不是没有《创世记》中7天创造的含义(《创世记》的前6天是活动时期，第7天是神明的休息日)。我们回忆起，第7天是地球和地球的指挥者恩利尔的行星系名称。

在这3个ASAR称号之后，称号变得各种各样，最后总共有12个名字。它们在4个诗节中又被解释，给出了这个ASAR名字的4重意义，再次提出了将12个名字表现在文本中的一种尝试。这样，五十主神的朗诵表现了恩利尔的神圣等级数字和他的行星系数字，也是太阳系和星座成员的数字。

恩基在典礼总结中宣布："所有我的教导包含在这50个名字中。"在这些名字中，"所有教派已经合并。"他亲自写下这些："他记录下来，保留至后世。"他命令著作要保存在神在巴比伦为马杜克建造的伊萨吉尔神庙中。那里，秘密知识可以由一群受过初步教育的神父们看管，以父子方式代代相传："然后它们保存在那里，让年长者解释它们，让智者和懂得知识的父亲传给他们的儿子。"

根据恩基所说，这50个名字中隐含了深层含义和秘密知识，把它们结合起来，是为了解开其中的谜团吗?

也许有一天，当新的发现能够使我们解开亚述和巴比伦国王的数字编码时，我们也就知道这些隐藏着的答案了。

第十章

地球的中心

在核灾难发生前的 24 年，亚伯拉罕和马杜克的行走路线交叉在了哈兰，这并不是一个偶然。马杜克确信他的命运已经变成天命，而亚伯拉罕的天命最终变成了他的命运。

当巴比伦（现在的伊拉克）对耶路撒冷大地进行死一般的导弹轰击时，也让一些遗迹保留到了我们的时代。

从《圣经》中，我们得知亚伯拉罕在哈兰逗留过。而从马杜克自传中，我们知道了他在遥远的国家周游过，并直到赫梯族为止。而对于他在哈兰这个特别地方生活了 24 年这件事，我们是从马杜克自传中非常奔放的语句中得知的：他以质问开始，“要到何时？”他向作为可以立即出现的神——哈兰的神（见图 66）问道。接着他转而质问可以作出裁决的伟大而遥远的上帝。

确实，去哈兰是一个逻辑上的选择，因为它是一个主要的城市和宗教中心——坐落在交易路径的交叉口，也是一个交流中心，在苏美尔和阿卡德区的边界处，但确切地说不在苏美尔的管辖内。对于神来说，要是他的儿子要发动侵略战争，那么哈兰是一个完美的指挥部。

图66

在马杜克逗留了 24 年后，核爆大屠杀在公元前 2024 年发生了，这意味着马杜克在公元前 2048 年到达了哈兰。根据我们的计算（基于对《圣经》和埃及人的数据的细致对照），对亚伯拉罕来说，那是一个很关键的时段。因为他出生于公元前 2123 年，他拉和他家人的每次搬迁，都与乌尔和闪族帝国的快速发展有关，我们在《众神与人类的战争》中已经对此有过描述。《圣经》告诉我们，亚伯拉罕在他 75 岁时按照神的指示，离开了哈兰。那一年是公元前 2048 年——也是马杜克来到哈兰的那一年！而就在那时，耶和华——不仅仅是“神，上帝”——“对亚伯拉罕说：离开你的国家，离开生你的地方，离开你父亲的安家地，去我将给你指示的土地”。这是一个三重离开——离开亚伯拉罕的国家（苏美尔），离开他的出生地（尼普尔），还有离开他父亲的安家地（哈兰）；去一个新的不熟悉的地方，因为耶和华必须这样指示亚伯拉罕。

带着他的妻子撒莱和侄子罗得，亚伯拉罕去了“迦南之地”。他们从北方出发（通过了他的孙子雅各后来通过的地方），迅速向南前进，到了一个叫阿龙－莫雷的地方——字面意思是“橡木树指向点”，很明显是一个旅行者不会错过的地标。为了确保他们行走方向正确，亚伯拉罕就等待更多的指示；“耶和华在那儿和亚伯拉罕相见了”，确定了他没走错方向。亚伯拉罕继续前进，到达了贝斯－伊尔，意为“上帝的住处”，然后再一次“叫着耶和华的名字”继续前进，一直到了干燥的沙漠内盖夫，位于迦南的最南部，与西奈半岛接壤。

亚伯拉罕没在那里逗留多久，因为那里食物匮乏，所以他继续前进，一路到了埃及。习惯上把亚伯拉罕描述为贝多因游牧人的酋长，整天在田间看管羊群或懒洋洋地倚靠在他的帐篷里。事实上，他还能吃苦，否则为什么他被耶和华选中去完成神安排的任务呢？他由牧师所生，而他妻子和他兄弟妻子的名字，撒莱（公主）和密迦（女王）象征了一种和苏美尔王族之间的联系。不久亚伯拉罕确实到达了埃及边境，然后他教他妻子，如果他们被法老们的法庭传票怎么办（此后，他们回到了迦南，他和埃及国王做了交易）。在埃及逗留5年后，亚伯拉罕安排好准备回内盖夫，法老却赐给他一大批男人和女人供他差遣，以及一大群羊、牛和驴子——还有一大群很贵重的骆驼。其中的骆驼是有重要意义的，因为骆驼在沙漠里是用于军事目的。

我们从《启示录》第十四章之后的章节可以知道，东方王国的结盟——包括苏美尔及其摄政国（例如扎格罗斯山脉的埃兰，以它们国家好战的男人们而著称），入侵南方的迦南，制造了军事冲突。沿着国王的大道，他们一路入侵，攻破了一个接一个城池。随后他们绕过死海，径直向西奈半岛进发。但是在那里，亚伯拉罕和他的军队挡住了入侵者。虽然入侵者对没能继续入侵感到失望，但是他们还是比较满意于掠夺了死海以南的肥沃土地上的5座城池（包括索多玛和蛾摩拉城）。他们也把亚伯拉罕的侄子罗得抓去当了俘虏。

当亚伯拉罕得知他的侄子被抓，就带着精选的318个勇士一路追击入侵者到了大马士革。因为从索多玛逃出的一个难民告诉亚伯拉罕他侄子被抓的事

图67

时，时间已经过去了一些，所以对于亚伯拉罕来说，他能在丹（迦南的北部）赶上入侵者，这确实是一个壮举。从中元古（生）代的雕塑得知，那些“训练有素的年轻人”，正如《启示录》中称呼的那样，是骆驼骑兵（见图 67）。

“这些事发生之后，”《圣经》上说（《启示录》15），“耶和华在梦里对亚伯拉罕说：不要害怕，亚伯拉罕；我是你的后盾，你应该得到更大的奖励。”

是时候回顾亚伯拉罕传奇的由来和问一些问题了。为什么是亚伯拉罕被告知要放弃一切，去一个完全陌生的地方？迦南有什么特别之处呢？为什么急匆匆地去西奈半岛边界的内盖夫？为什么他在埃及受到皇室的接待，并在离开时还带着军队和骆驼骑兵？东方来的入侵者的目的是什么呢？为什么他们败在了亚伯拉罕的手下，而亚伯拉罕却从神那里得到“更大的奖励”的许诺？

很古老的图片都把亚伯拉罕画成是一个牧羊人，而他最终成了一个超级的军队领导者，成了国际舞台上的主要角色。我们认为，所有这些都可以得到解释，如果我们接受阿努纳奇在场的事实和考虑到那时还有其他重要的事件发生。值得发生一场世界大战的利益——那时那布正在幼发拉底河西部土地上组织勇士——那里是西奈山的太空飞船发射基地。而亚伯拉罕——与赫梯族人结盟，并被他们授以战争技巧——被急忙派遣去保护。埃及法老面临着驻扎在底比斯南部的马杜克追随者的入侵，所以在孟菲斯的埃及法老赐予了亚伯拉罕一个骆驼骑兵和一大批男仆和女仆。而且因为亚伯拉罕成功地保护了去太空飞船发射基地的路，所以耶和华才向他许诺更大的奖励——还许诺保护他，作为未来损兵折将的补偿。

依我们的计算，王国间的战争在公元前 2041 年爆发了。南方的王子占领埃及的孟菲斯之后，废弃了与亚伯拉罕的联盟，宣布效忠于阿蒙 - 拉，那个“隐藏的”或“看不到的”马杜克，而他当时还在流放（在马杜克成为霸主后，埃及新的统治者，在首都底比斯的郊区，开始建造埃及最伟大的神殿，以表对阿蒙 - 拉的尊敬。他们建造的宏伟大道直通神殿，大道两边立着狮身羊面雕塑——见图 68——来表示亚兰神到来的时间）。

在苏美尔和他的帝国，事情不再火爆。据天象预兆，包括公元前 2031 年的日全食，都预言世界末日即将来临。迫于那布武士的压力，苏美尔的最后一任国王调回部队和前哨，这些前哨曾经安置在比离首都乌尔还近的地方。神的委员会也没好过多少，因为他们和马杜克陷入了尖锐的对峙中。人类，即使是有资格的亚伯拉罕，已不能再保护阿努纳奇的基本设施和太空飞船发射基地。所以，在公元前 2024 年，经过众神理事会的同意，奈格尔和尼努尔塔动用了核武器，来阻止马杜克的入侵。这些都被形象而细致地记录

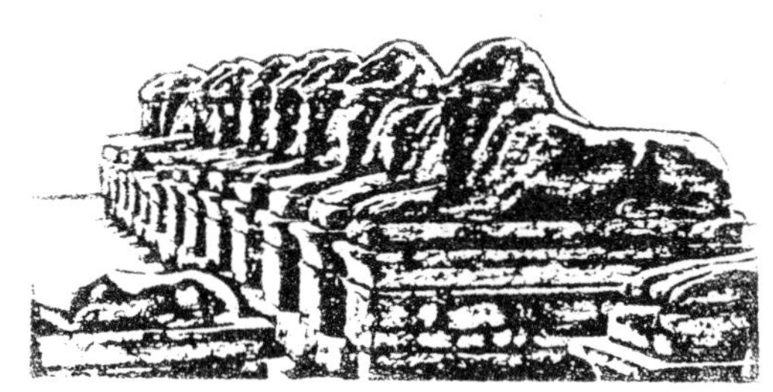

图68

在了《埃拉叙事诗》上；其他附属事件，“罪恶城市”（包括索多玛和蛾摩拉城）的巨变，也被叙述。

亚伯拉罕被事先预告什么将发生：按他的请求，在对太空飞船发射基地和城市核攻击前的一天，上帝的两位天使被派遣去营救罗得和他的家人。罗得需要时间来集结他的家人，他要求两个神推迟巨变，直到他的家人到达大山里的一个安全的避难处，神明批准了。因此这个事件不是自然灾难——它是可预测和推迟的。

“在那天早上，亚伯拉罕早早起来，去了他之前站在耶和华面前的那个地方”；“他向索多玛和蛾摩拉城望去，向平原里的所有地方望去；然后他看到烟雾从平原的所有土地上升起，烟雾之后是熊熊火焰”。

按照上帝的旨意，亚伯拉罕离开了那个地方，向海滨靠得更近。在约旦东南面的大山里，罗得和他的女儿害怕得紧紧地抱着；他们的母亲，随着他们逃出索多玛时逗留在了后面，在核爆炸中蒸发了（对那个句子的通常解释是，她变成了盐柱，而这来自一个读错了的闪族词，意思既是“盐”也是“蒸汽”）。他们确认见证了世界的末日，而唯一可以使人类种族生存的方式，就是罗得的两个女儿的决定：和他们的父亲睡觉，之后每个人都有了一个儿子。根据《圣经》记载，他们是约旦河东面两个种族的祖先：摩押人和亚门人。

至于亚伯拉罕：“神如承诺的那样记住了萨拉”（在一年前他带着两个天使出现在他们面前时），“萨拉在亚伯拉罕老年时怀上了他的一个儿子”。他们给儿子取名为以撒。在那时亚伯拉罕是 100 岁，萨拉是 90 岁。

太空飞船发射基地毁灭后，亚伯拉罕的使命也就结束了。现在应该由上帝来履行契约。上帝对亚伯拉罕“消减契约”，让他和他的子孙长期拥有埃及小溪和幼发拉底河之间那块土地上的所有权。

还有一个问题就是其他的太空设备怎么处理。

可以确信的是，除了太空飞船发射基地本身外，还有两处这样的设施。

一个是着陆场，吉尔伽美什确定了他的用途。另一个是任务控制中心——不再需要了，但还完整无缺：洪水冲积后的“地球的中心”，有着和尼普尔曾经拥有的洪水冲积前的“地球的中心”同样的功能。

为了理解类似的功能和布局，需要比较下我们对洪水冲积前和冲积后太空设施的描述。在大洪水发生前（见图 69），尼普尔设计了“地球中心”，因为它在同心圆的中央，描绘了登陆走廊，被用作任务控制中心。这个上帝之城标记了等距的间隔和通往西巴尔（鸟城）的着陆跑道，太空飞船发射基地。着陆跑道，在一个拉长了的着陆走廊内，把两端建在了亚拉腊山的两个山峰上——近东最显著的地形特征。太空飞船发射基地所建的方向分割了精确向北

图69

的方向。因此，着陆跑道和地理平行形成了精确的 45 度角。

大洪水之后，当人类被允许有 3 个生存区域时，阿努纳奇为他们自己保留了第四个区域——西奈半岛。那里，在它的中心平原，地面既平坦又硬朗（很好的作战地形，正如现代军队对此作出的结论那样），不像大洪水过后的美索不达米亚平原，那里到处都是掩埋的泥泞和水域的阻塞。再一次选择亚拉腊山的双峰作为抛锚点，阿努纳奇画出了与地理平行同样呈 45 度角的着陆跑道——第三十平行北线（见图 70）。

在西奈半岛的中心平原有一个太空飞船发射基地，对角线在那里分割了北纬 30 度平行线。为了完成布局，还需要两个部分：建立一个新的任务控制

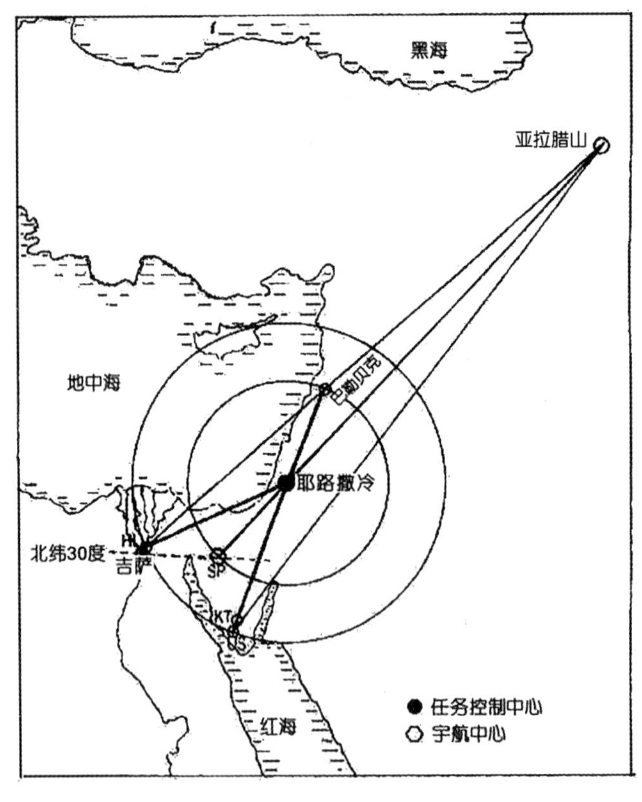

图70

中心和飞船着落走廊。

我们相信，飞船着落走廊的外形比任务控制中心地址的选择更重要。原因呢？黎巴嫩雪松山上的着陆场就是证据。和那个地方有联系的每个民间传说、每个传奇都重复着同样的断言，那就是那个地方在大洪水之前就存在了。大洪水过后，阿努纳奇马上在亚拉腊山双峰返回地球，他们拥有一个有真实机能的着陆场——不是一个完整的太空站，而是一个可供着陆的地方。所有涉及人类“驯服”（也就是从基因的角度改变）植物和动物的闪族人文本，都描述了在雪松山的物种实验室，恩利尔和恩基在一起恢复地球上的生命。所有现代的科学证据都确认了，小麦、大麦还有第一次被驯服的动物都是来自那个特别的地方（现在基因组合技术的进步加入了确认行列：在最近的 1997 年 10 月《科学》杂志上发表的研究精确指出，在大概 11000 年，在近东那个特殊的角落，对野生单粒小麦的基因操作，创造出了 8 种不同谷类的农作物）。

有各种理由相信在新的太空设施中包括这个——一块巨大的石头平台构成的建筑物。而那些等距同心圆，把任务控制中心围在中央。

为了完成太空设施建设，还有必要锚定着陆走廊。在它的东南端，两个邻近的峰——其中一个就是所谓的摩西山，对于现在来说它还是很神圣的——就在旁边。而在等距离的西北端，没有山峰，只有一个平坦的高原。阿努纳奇——不是任何人类的法老——在那里建立了两座人工大山，两座伟大的吉萨金字塔（我们在《通往天国的阶梯》中提到，比较小的第三个金字塔，是被作为尺度模型而建立起来的）。它的布局是一只“神话的”动物，刻在当地的石头上——狮身人面像。它精确地迎着北纬 30 度平行线凝视着，向东朝向西奈山的太空发射基地。

这些都是大洪水之后，阿努纳奇在西奈半岛的太空发射基地的组成部分，大约在公元前 10500 年由他们建成的。当西奈山中心平原的着陆和起飞基地被轰击后，太空发射基地的附属部分还在：吉萨金字塔和狮身人面像（雪松山

图71

的着陆场），还有任务控制中心。

我们从吉尔伽美什的历险历程中可以知道，着陆场大约在公元前 2900 年就在那儿了。在吉尔伽美什试图闯入着陆场的前一晚，他见证了一座火箭飞船的升空。在大洪水之后，那个地方还没毁坏。腓尼基人的硬币生动地描述了停留在那块石头平台上的东西（图 71）。那块巨大的石头平台仍然存在。那个地方叫作巴勒贝克——因为它是迦南人的太阳神，“北方秘密的地方”。《圣经》称那地方为伯示麦，太阳神“沙马氏的住所”，在所罗门王国的地域内。亚历山大王国之后的希腊人称那块地方为赫利奥波利斯（太阳城），意思是“太阳神的城市”，他们为宙斯、宙斯的妹妹阿芙罗狄忒以及他的儿子赫尔墨斯建立了神殿。而他们之后的罗马人为朱庇特、维纳斯和墨丘利建立了神殿。

其中朱庇特神殿是最大的神殿，曾被罗马人建在帝国的各地，因为他们相信那个地方是世界上最重要的神谕之地，它可以预言罗马及其帝国的命运。

罗马神殿还矗立在那块巨大的石头平台上，那块平台本身也未受到时间流逝的打扰以及自然和人类的蹂躏。它平整的顶部一层一层地叠在巨大的石块上，而一些石块重达上百吨。其中最著名的古代巨石是巨石牌坊，由 3 个巨大的石块组成，肩并肩靠着形成一个中心线，那里是平台支撑最大负荷冲击的地方（见图 72，以一个经过的人作为大小对比）。这些庞大的巨石每一块重达

图72

1100吨——即使是现在，能举起和搬运那么重的石头的装备也很少。

但是谁在古代可以做到这些呢？当地的传说称：是巨人种族。他们不仅把那些大石块放在了那里，而且他们还开采、加工那些大石块，并把它们从几乎一公里远的大山里搬过来；这些事都得到确证，因为那里的采石场已经被找到了。在那里，一块开采了一半的巨石从山腰里凸现出来（见图73）；坐在上面的人看起来就像一块冰块上的苍蝇。

在着陆走廊的南端，吉萨金字塔依然耸立，挑战着所有的传统解释，让埃及古物学家只能接受它们早在法老王国前的100万年前就已经建好了，但不是任何法老建造的。狮身人面像依然精确地向东沿着北纬30度平行线凝视着，保守着它自己的秘密——也许是《透特之书》上的秘密。

那么任务控制中心呢？

那个地方也存在，在一个叫作耶路撒冷的地方。

在那里，一个伟大而神圣的平台也搁在庞大的巨石块上，没有人或古代的机器可以搬动、举起，并把它们放在那里。

图73

※

《圣经》关于亚伯拉罕在迦南的到来和离去的记载中，包括了下面两个例子，它们看起来好像是多余的、离题的。在这两个例子中，那个偏题的地方就是未来的耶路撒冷。

第一次偏题的内容是在《王国之间的战争》的结尾语中给出的。亚伯拉罕一路向北，在大马士革附近赶上并打败了入侵者，带着俘虏和战利品返回迦南。

索多玛的国王向他走去——
当天从美好的肯多劳门回来
国王们和他一起——
向沙维的乐谷走去，那是国王的乐谷

麦基洗德，撒冷的国王——
他也是侍奉最高级神的牧师——
带来面包和酒，

为他自己祝福，说：
“祝福亚伯拉罕去见最高级神。
天堂和地球的创建者；
也祝福最高级神，
把敌人送到了你的手上。”

麦基洗德（他的名字在希伯来语中的意思是“真正的国王”，和阿卡德人中的萨鲁-金意思一样）留下他战利品的十分之一给亚伯拉罕。索多玛的国王更慷慨大方：他说，把所有的财产都留下吧，只要把所有的俘虏给我。但是亚伯拉罕什么都没要；信赖“耶和华，最高级的神，天堂和地球的创建者”，他说他连根鞋带也不要（《启示录》14）。

（学者们已经长期争论，而且毫无疑问地还将继续争论，亚伯拉罕信赖的是麦基洗德“最高级神”还是说：不，耶和华是我将信赖的最高级神。）

这是《圣经》第一次提及耶路撒冷，在这里叫作撒冷。耶路撒冷不仅基于长久的传统，还基于《赞美诗》76:3中明确的说明。我们通常接受的是全名。耶路撒冷在希伯来语中，意思是“撒冷城市”，撒冷是一个神圣的名字。然而一些人认为，那个名字也可以理解为“由撒冷建造”。也可以争论撒冷这个词不是一个地名或甚至不是一个名词，而是一个形容词，意思是“完美的”“没有瑕疵的”。这样，便使得那个地名的意思成为“完美的地方”。或者，如果是一个神圣的名字，它也可以理解为一个“人很完美的”地方。

不管撒冷表示尊敬上帝，还是由上帝建造，或者是个完美的地方，总之它坐落在人类的城市所认为的不可能的地方。它坐落在贫瘠的大山间，既不在任何交易和军事交叉口，也不在任何食物和水源附近。确实，那个地方几乎完全没有水，对那里饮水的供给是一个不变的本质问题，这也是撒冷的弱点。撒冷既不在亚伯拉罕的迁移中表现出重要性，也不在由东而来的入侵路线中，也不在追击入侵者的路线中。但为什么在战争胜利返回那里庆祝——人们倾向说，返回去了“上帝抛弃的地方”——除非那个地方还没明确地被上帝抛弃。它是牧师侍候最高级神的地方——迦南唯一的地方。问题是，为什么在那里？那个地方有什么特别？

第二个看起来没必要偏题的，是亚伯拉罕已经执行使命去了迦南。上帝已经向他承诺，他的奖励将是巨大的，上帝自己将保护他。上帝让他在极大年龄时发生了一件奇事：得到一个儿子作为合法继承人；艾布拉姆的名字改成了亚伯拉罕——“众多民族之父”。土地被保证将给他和他的后代；承诺被写进了盟约里，包括不可思议的典礼仪式。索多玛和蛾摩拉城被毁后，亚伯拉罕和他的儿子剩下的就是享受和平和宁静，这当然是他们应得的。

之后突然地，“在这些事之后，”《圣经》说（《启示录》22），“上帝测试了下亚伯拉罕”，叫他去一个地方，并在那里祭祀他自己心爱的儿子：

> 现在带上你的儿子以撒，
> 你唯一的最心爱的儿子，
> 到摩利亚的土地去；
> 在那里献上他作为祭祀，
> 在其中一个山上，
> 我将为你指出。

为什么上帝决定用极痛苦的方法来测试亚伯拉罕，《圣经》上没有解释。当亚伯拉罕准备执行神的使命时，恰巧发现这仅仅是对他忠诚的测试：上帝的天使指着从灌木丛里抓的公羊，告诉他是那只羊而不是以撒将被用来祭祀。但是为什么进行那个测试，如果有必要的话，为什么不在亚伯拉罕和以撒居住的地方（贝尔谢巴附近）执行呢？为什么去一个需要3天行程才可以到的地方呢？

为什么去了上帝指的迦南的摩利亚的土地，并在那里确定一座山——上帝自己指的——作为执行测试的地方？

就像第一个事例那样，选择之地肯定有些特别的地方。我们从《启示录》22：4 中读到，“在第三天，亚伯拉罕抬起眼睛，从一定距离处看到了那个地方。”和其他生物和贫瘠的大山相比，那里很肥沃；从附近，从一定的距离，它们看起来很像。亚伯拉罕“从一定距离”记住了那座特别的大山。那里一定有些特别的东西让它区别于其他所有的大山。严酷的测试结束后，他给那个地方取了个很长的好记的名字：耶和华被看到的大山。像《历代记》2 与 3：1 中明确的那样，摩利亚山是耶路撒冷的山峰，那里是神殿最终被建造的地方。

从耶路撒冷变成一座城市以来，它包括了 3 座大山。从东北到西南列举出来，他们是索菲山（“观察者之山”，就是现在的斯高帕斯山），摩利亚山（“指示之山，给予指示”），在中心，还有锡安山（“信号之山”）；这些用功能来命名的地点，让人想起太空站还位于美索不达米亚的时候，标志出尼普尔和登陆轨道的那些阿努纳奇的灯塔城。

犹太人的传说叙述到，亚伯拉罕从一定距离认出了摩利亚山，因为他看到“一柱火焰从地球延伸到天堂，浓雾中的天堂依稀可见”。这个描述几乎和《圣经》中的一段描述一样，即出埃及时期西奈半岛之神的出现。但是把这些放在一边，我们相信亚伯拉罕看到的那座很不一样的山，可以与其他所有的区分开，因为上面有一个大型的平台。

这个平台虽然比巴勒贝克的着陆场小些，但也是阿努纳奇太空设施中的一部分。因为我们提到的耶路撒冷（在它成为耶路撒冷之前），就是大洪水之后的任务控制中心。

就像在巴勒贝克那样，那个平台也仍然存在。

※

因此，偏离主题的理由（作为第一点）和目的（作为第二点）变成了焦点。亚伯拉罕任务的完成以正式的庆祝为标记，包括僧侣带来面包和酒来对他的祝福，在一个直接连接到神出现的场所——迦南唯一这样的场所。第二次偏题意在测试亚伯拉罕的资格，发生在太空发射基地毁灭和任务控制中心被军事瓦解之后；在亚伯拉罕的继承者以撒面前，恢复亚伯拉罕与神的盟约。在测试之后，这样一个神圣誓约的恢复确实存在：

耶和华的天使
从天空里叫亚伯拉罕等一会儿
说，这是耶和华的话：
这是我的誓言：
因为你已经完成了这些事，
并且没有拒绝带着你的儿子，唯一的儿子
我将衷心地祝福你
我也将尽快地繁殖你的种子……
愿地球上各族的种子
得到祝福

在那个特殊的场所恢复了神圣的誓言后，那个场所从此被神化了，变成了亚伯拉罕、希伯来人还有他子孙后代遗产的一部分。

神对亚伯拉罕承诺的神圣的诺言，在仅仅一段时间之后，就变成了事实。据说 1000 年后亚伯拉罕的后代拥有了圣山摩利亚山。当以色列人在出埃及后进入迦南，他们发现耶布斯人的一个部落已经在圣山的南面安了家，他们没有打扰他们，因为占据最神圣的土地的时间还没到。这个奖励落在了国王大卫身上，他在大约公元前 1000 年——对亚伯拉罕测试 1000 年以后——捕获了耶布斯人部落，把首都从希伯伦移到了《圣经》中的大卫之城。

值得注意的是，我们应该认识到被大卫捕获的耶布斯人部落，还有他的新首都，根本不是现在想象的“耶路撒冷”，甚至也不是被城墙围住的“古城”。被大卫占领的区域和后来知道的大卫之城是在锡安山上，不是在摩利亚山上。即使当大卫的继承者所罗门向北扩建城市时，也只是到了北部的一个叫奥费尔山（见图 74）的地方，在北部那块特别的区域前停住了。我们认为，这表明那块神圣的平台，向北延展在摩利亚山上，在大卫和所罗门时期就已经存在了。

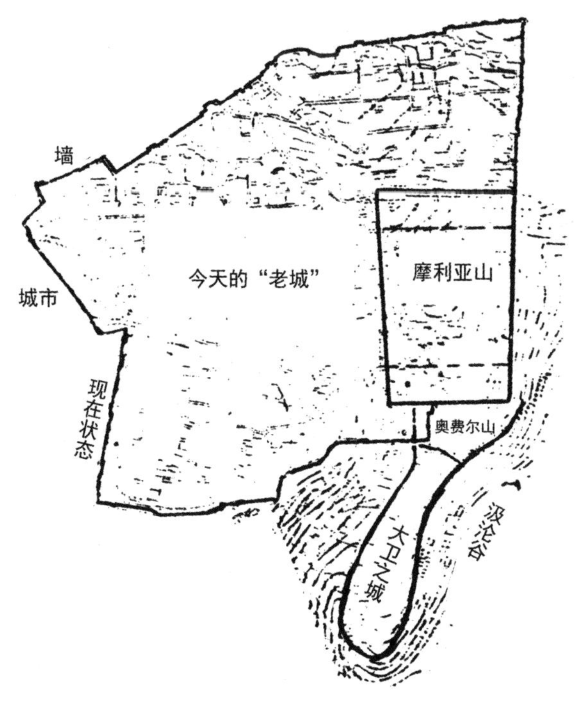

图74

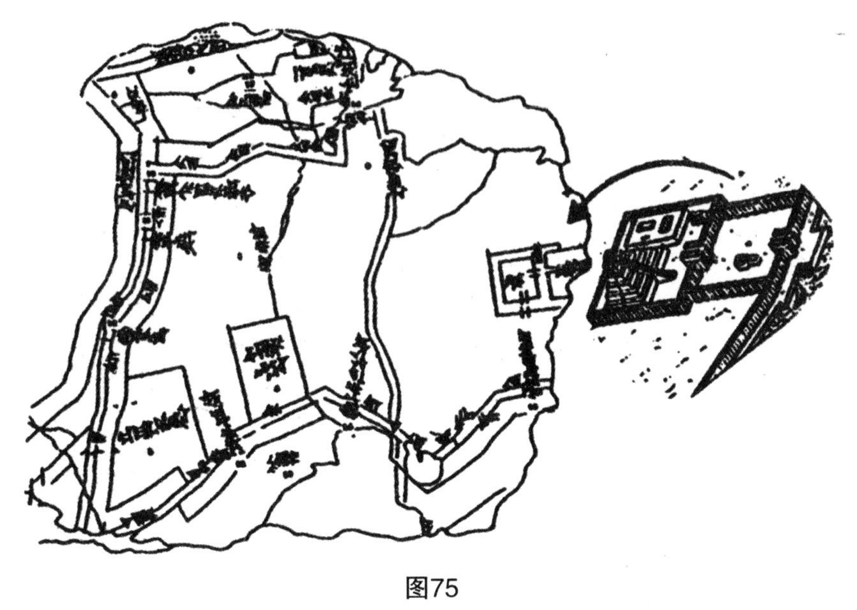

图75

因此耶布斯人部落不是在摩利亚山和它的那个平台上，而正好在它的南部。人类住处在神圣的区域附近——不是在里面，在中元古（生）代“祭祀集中点”比较普遍，比如在乌尔（见图 65）或甚至在伊尼德的尼普尔，这些从一块真实的地图上得到证明，这块地图被画在尼普尔发现的一块黏土碑上（见图 75）。

大卫首批计划中的一个，是把盟约中的约柜从它最近停放的位置移到首都，计划在耶和华建立一个合适的大房子，把它放在里面。但是先知者内森告诉他，因为内战和在他个人冲突中所流的血，这个荣誉不属于他，大卫被告知，荣誉将属于他儿子所罗门。他被允许做的就是同时建立一个祭坛；它的精确位置，是一个“耶和华的天使，站在地球和天堂之间”给大卫指示的，用拔出的剑指向那个地方。未来神殿的造像——一个尺度模型也给他展示了，并告知以细致的建筑方法。当时间到了，他在公共的仪式上把它转给了所罗门，并说：

所有这些，都是出自他的手笔

是耶和华让我

懂得了——

所有造像的功用

（神殿的详细说明和它的各个部分以及仪式器皿都可以从《历代记》28：11-19 中得到判断。）

在大卫统治后的第四个年头——出埃及 480 年之后，《圣经》叙述道：所罗门开始建造神殿，“根据他父亲大卫的指示，建在摩利亚山上。”木材从黎巴嫩的雪松山砍伐下来，纯金从俄斐进口而来，指定建造脸盆的铜在所罗门国王的矿井开采并被精炼，建筑结构本身还需要“开采切割巨大的昂贵的石头”来建造。

石块必须被准备好，切成合适的尺寸并处处都需要修整，因为神殿的建造需要服从严格的规定，不准用任何与铁有关的工具。石头必须被转运到那里，仅作为组装之用。“当那房子在建造时，房子的石块需要在还没搬运到时就准备好；这样保证当房子在建造时，铁锤或斧子或任何铁器的声音在那房子里都听不到”（《列王纪 1》6：7）。

花了七年时间才完成神殿的建造和对神殿仪式器皿的装配。在接着的那个新年（在第七个月）庆典中，国王、牧师还有所有的人民见证了对盟约中的约柜的转移：转移到了它永久的归宿里，神殿至圣所中的至圣所。“约柜里面什么都没有，除了两块石碑，它是摩西在西奈半岛时放上去的。”约柜刚被放好（放在带有翅膀的小天使下面），“一阵烟雾就充满了耶和华的房子”。迫使牧师们逃奔出来。之后所罗门站在庭院的祭坛上，向神（他们住在天堂）祈祷，希望他们下来并居住在那个房子里。之后的一天晚上，耶和华出现在了所罗门的梦里，并向他保证他将到场：“我的眼睛和我的心将永远在那里。”

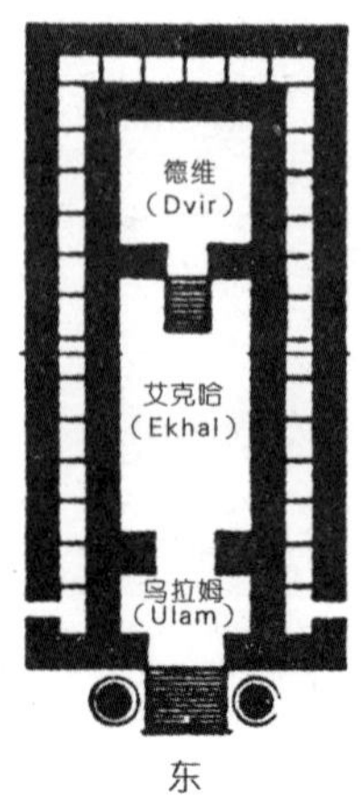

图76

图77

神殿分成三部分，进去通过一个大门，两边安置着特别设计的柱子（见图76）。前面部分叫乌拉姆（“走廊”），中间部分，也是最大的部分，叫艾克哈（一个希伯来术语，源于闪族人的E.GAL，意为“伟大的住所”）。被遮蔽的是最里面的部分，至圣所中的至圣所。它叫德维——字面意思是“说话者”，因为它支撑着盟约中的约柜，并有两只带翅膀的小天使在它上面（见图77），出埃及时上帝在那之间曾对摩西说过话。伟大的祭坛和脸盆放在庭院里，不在神殿里面。

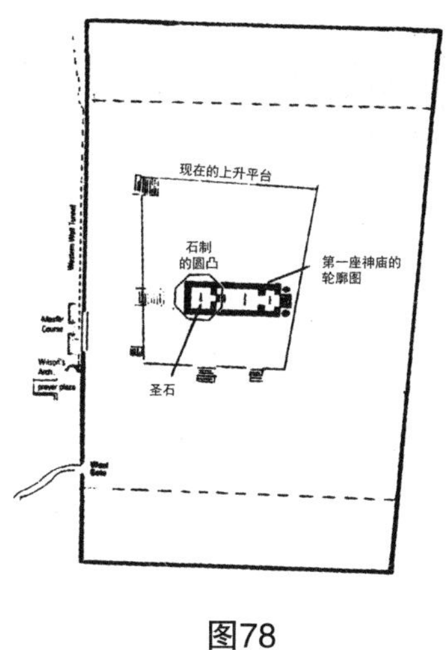

图78

《圣经》上的数据、大量参考书目、一些传统的习俗还有大量的考古证据都毫无疑问地表明，所罗门建造的神殿（第一神殿），矗立在伟大的石头平台上，那平台还在摩利亚之上（也叫圣山，上帝之山，或神殿山）。撇开神殿的尺寸和平台的大小不管，人们对神殿的坐落位置意见一致（见图78），还有至圣所中的至圣所里放着的盟约中的约柜：它被放在一个凸出地面的石头上，一块圣石。根据传统可知，那块石头就是亚伯拉罕准备在上面祭祀以撒的石头。在犹太人手稿中，那块石头被称为 Even Sheti'yah，意为"基石"——因为在那块石头上，"整个世界被编织。"先知以西结把它称作地球的中心（《以西结书》38：12）。传统是如此难以改变，以至于到了中世纪，基督教的艺术家们还把那个地方描绘成地球的中心（见图79a），而且即使在美洲被发现后还那样（见图79b）。

所罗门建的神殿（第一神殿），在公元前576年被巴比伦的国王尼布甲尼撒二世毁掉，并在70年后被从巴比伦回来的流放的犹太人重建。那个重建的神殿，也就是第二神殿，后来被犹太国王希律王在他从公元前36年到公元前

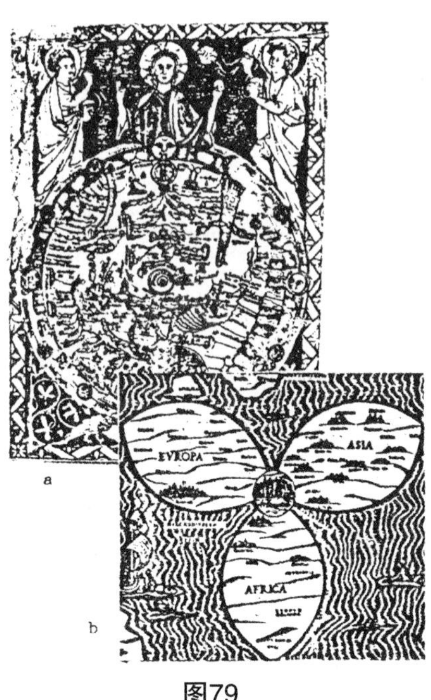

图79

图80

4 年执政期间慢慢扩充加大。但是第二神殿，在各个方面都是依据原始的设计、布局，而且至圣所还是在那块圣石上。公元第 7 世纪，当穆斯林攻陷耶路撒冷时，他们说，穆罕默德就是从那块圣石上爬到天堂，并进行了夜间造访的：他们把那块地方建成圆顶形石头建筑（见图 80），以此来保护和赞美它。

从地质学上看，那块石头是地底下自然突出的一块石头，比石头平台高出 5 或 6 英尺（表面并不平）。但它以各种不凡的方式，非常不平常地“突现于地面”。它可见的面，以极其精确的手法（见图 81a）被削切和修整过，形成矩形的、拉伸的、水平的、垂直的容器和各种深度和尺寸的壁龛。那些人造的壁龛和容器，不管是谁在石头上切刻的，一定有一些用途。长久以来，如雨

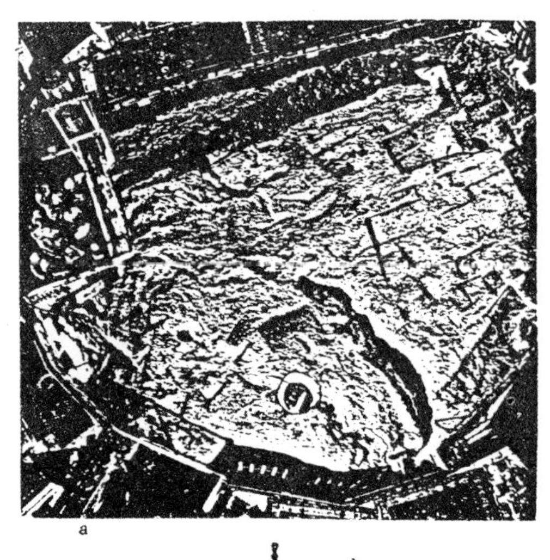

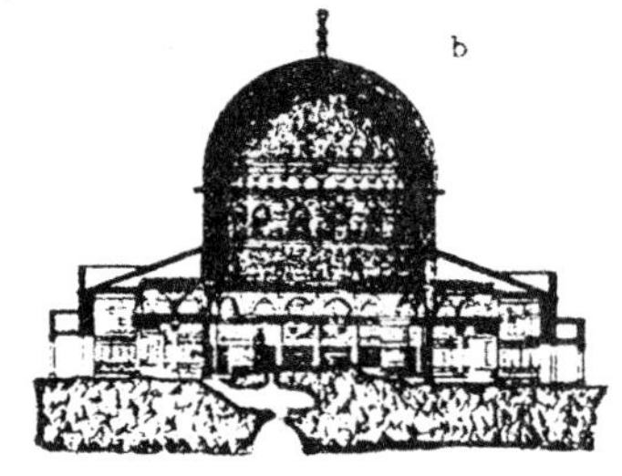

图81

果·格瑞斯曼、阿托瑞塔里士奇、比德·日和阿尔滕·提斯泰门特一直猜测的用途，被最近的研究者里·瑞特米耶尔证实：盟约中的约柜和至圣所中的至圣所里的墙，被放在石头的长直的切口和表面的其他壁龛上。

那些发现的暗示是，那块石头表面的切口和壁龛至少始于第一神殿时期。然而，在《圣经》的相关章节中并没有提到任何由所罗门做的这样的切刻；这确实是不可能的——因为在圣山上，严格地规定不准用任何铁器或其他相关的工具。

圣石和曾经安置在其上的东西是个谜，这个谜又被曾经安置在其上的神秘的石头夸大。因为那块石头不是简单地向外突出来的，它是中空的！

事实上，假如允许的话，人们可以沿着梯子一直下去，最后到达一个像空穴的巨洞，它的岩石顶就是向上突出的圣石的一部分。这个巨洞——是自然形成的或是人为的还不能确定——也以深深的壁龛和容器而显著，它们都在石头墙壁上（当地面没铺上祈祷地毯时可以看到），也在地面上。在一个地方，有一处看上去像是通向一个黝黑的隧道；它是什么，它通向哪里，这些都是穆斯林紧紧保守的秘密。

19世纪的探险者说，这个巨洞并不是最后一个连通到圣石的地下洞穴；他们说还有一个下面较矮的洞穴（见图81b）。以色列的研究者，盲目地相信不容许人类去那块地方，但借助于可穿透土地的雷达和声呐技术，已经确定了圣石下面确实还有一个洞穴。

这些神秘的洞穴让人产生了各种疑问，不仅是关于可能的神殿宝藏，还有神殿档案。当第一神殿和后来的第二神殿即将遭到蹂躏和摧毁时，它们可能被藏了起来。甚至有关于盟约中的约柜的疑问，在《圣经》中，埃及法老示沙克在大约公元前950年洗劫神殿后，就没再提起约柜。它可能被藏在了别的什么地方。即使到现在，还是一个疑问。

但是，可以确定的是，《圣经》的预言者和《赞美诗》作者提到了圣石，他们用“以色列之石”来委婉地表示“耶和华”。还有预言家以赛亚说过，在主之日拯救世界时，地球上的国家将来到耶路撒冷，“在耶和华之山的以色列之石上”向上帝祈祷。

※

神殿之山由一块水平的石头平台铺盖着，那个平台的形状不是一个很完美的矩形（因为地形弯曲），它的大小大约是 1600 英尺 ×900 英尺，其中完全的石头覆盖区域面积接近 150 万平方英尺。但是我们相信，现在的平台包括了一些断层，在南端，可能也在北端，在第一神殿建造和第二神殿毁坏时产生了更多断层，可以确定的是，这个平台的大小是原始的；考虑到那稍微突起的部分时也是这样的，那部分就是圣石（也是圆顶形石头建筑）坐落的地方。

正如平台侧部可见的保护墙展示的，也正如现在的一些挖掘揭露的，摩利亚山的自然岩床已经由北向南倾斜了很多。虽然没有人可以很确定地说出所罗门时期平台的大小，但是也没人能够精确估计倾斜所带来的填充深度。如果假设平台只有 100 万平方英尺，平均深度是 60 英尺（北部比这浅很多，南部比这深很多），结果将是需要 6000 万立方英尺的混合物（泥土、石块）。这可是一个非常巨大的建筑工程。

但是《圣经》上甚至没提到这样的工程。关于第一神殿的说明在《圣经》里写了一页又一页；每个很小的细节都显示出来，测量达到了惊人的精度，这个或那个器皿或人造物品应该放的位置被给出，搬运约柜的柱子应该要多长也被给出，等等。但这些都是关于耶和华之屋的。没有一句话是关于平台的，这唯一意味着的，便是平台已经在那里了，没有必要再建筑它。

与没提到这事形成鲜明对照的是，《撒母耳记》下部和《列王纪》上部重复提到的参考资料，字面上是“填充物”——由大卫开始并被所罗门扩大了的工程，在东南部填充部分由神圣的平台引起的倾斜，这样可以使大卫之城向北扩张，与古老的平台更接近。明显地，两位国王都对这个成就感到很自豪，并把这些记录在了皇室历代记里［然而，目前在那个区域的挖掘表明，他们所做的就是通过建筑一系列的台阶（它们随着高度的增加变得越来越小）来提高倾斜水平；比起用高高的挡土墙围起那片区域并填充混合物，这样做显然要容易得多］。

这个矛盾毫无疑问地确证了这个结论：既不是大卫也不是所罗门在摩利亚山建造的那巨大的平台。平台需要极广大的挡土墙和巨大的填充物。所有的证据都表明，那个平台在神殿建造时甚至预期时就已经存在了。

那么是谁建造的那座平台，并采集了所需要的土方和石块？我们的回答当然是：和建造巴勒贝克平台的营造者是同一批人（正因如此，伟大的吉萨金字塔矗立在了那巨大和精确安置的平台上）。

围墙包围着铺盖在神殿大山上的伟大的平台，起到挡土墙和防御工事的作用。《圣经》说所罗门建造了这些城墙，之后的犹太国王也建了城墙。城墙的可见部分，尤其是在南面和东面部分，显示了各种之后的建造。不变的是，那些下层的（因此更古老）建构都是由更大的修整得更好的石块建成。在这些墙中，只有西面的墙，是按照传统修建并得到考古学家的证实，作为从第一神殿时期保留下来的残骸还是很神圣的——至少在下层的建构，那里的琢石（切割和修整得很完美的石块）是最大的。第二神殿被毁 2000 年以来，犹太人保留着那块残骸，在那里拜神，向上帝祈祷，往琢石间插入对神的祈求，来祈祷对个人的帮助，哀悼神殿的被毁和犹太人的萧条——这些事情是如此之多，以至于改革者和其他耶路撒冷的征服者给西面的墙起绰号为“哭墙”。

直到 1967 年，耶路撒冷才被以色列人重新统一，那个西面墙不再是一条单独的长墙了，大概有 100 英尺长，被挤在住宅的房子之间。前面给祈祷者

图82

留下了一块窄窄的空间，两边都是高耸的大厦，它吞食了圣山。当房子都被移除后，在西面墙的前面建起了一个大型的广场，但它一直伸展到向南的角落部分还未被公布于世（见图82）。并且应该是2000年以来第一次发现，保护墙下面的部分几乎与暴露在地面水平面之上的部分一样多。根据到现在为止“哭墙”的可见部分可知，下层的建构更大、修整得更好，当然也更古老。

带着诱人的神秘和对古老秘密的许诺，西墙一直向北延伸下去。

1860年，查尔斯·威尔逊对那里的一个拱门进行了搜索(现在被命名为“威尔逊拱”)，发现它向北指向一个像隧道的通道，向西指向一系列弓形的小室和墓穴。将侵占的住房移除后显示，现在的街道地面在几个下降阶梯之上，也就是说，现在的地下，即古代结构的地面，包括了更多的通道和拱道。它们向下和朝北扩展了多远？这样一个谜团，以色列的考古学家终于开始处理了。

最后他们发现的是让人很费解的事。

根据《圣经》里的数据、《马卡比之书》和犹太－罗马历史学家约瑟斯的手稿（还可以考虑中世纪的传说，国王大卫知道一种从西方攀上圣山的方法），以色列考古学家得出结论，威尔逊拱是一个入口，它通向较早时期的户外街道。那街道沿着西墙下去，墙本身向北延展了好几百英尺。经过费力地清除碎石，那些猜想得到证实，导致了 1996 年“考古学通道”的开放（好多理由使这个事件成了头条新闻）。

从威尔逊拱开始一直延展 1600 英尺到达在悲哀之路的出口（耶稣带着十字架从那里走过），西墙暴露了，穿过街道的残骸就是水道、水池、拱门、建筑物、集会所。这些集会所来自拜占庭、罗马、希律一世、哈斯蒙王朝还有《圣经》时代。走过那隧道（在地平面以下很深处），让人有毛骨悚然和可怕的感觉，就像是在一部时间机器里被传送一样——每一步都走向过去。

一路上旅游者可以看到——也可以触摸到——进入时见到的最早时代的西部挡土墙的真实部分。掩埋了几千年的建构已经暴露。在隧道的最北部分，倾斜的岩床依稀可见。但是最奇怪的是，不管是旅行者还是考古学家，都在向南部分发现了裸露的石墙。

那里（在古老的街道地面，但不是最底层）摆放了许多巨大的石块，在它们上面还有 4 块庞大的石块，每个重达数百吨。

在西面墙上，有一块 120 英尺长的部分，构成它的那些石块非常高，有 11 英尺，大约是通常作为底层大石块的两倍。只用 4 块石块就构成了那部分：一块是 42 英尺长的巨大的石块（见图 83）；另一块是 40 英尺长的巨石，第三块超过 25 英尺。穿地雷达和其他声呐设备已经表明，这些石块的深入为 14 英尺。这三块中最大的一块有 6500 立方英尺，大约是 600 吨！小一点的重达 570 吨，第三块大约是 355 吨。

图83

不管按什么尺码来衡量，这些巨石的大小和重量都是极其巨大的。那些用来建造伟大的吉萨金字塔的石块平均每块重为 2.5 吨，最大的也就是大约 15 吨。确实，仅仅这些比较就会让我们想起在巴勒贝克巨大石头平台上的 3 块巨石牌坊，它们也在一些较小的石块（但也是巨大的石块）上构成基底（见图 72）。

是谁安放的这些巨大的石块，干什么用的呢？

因为石块的边缘上有凹痕，考古学家们认为它们来自第二神殿时期（或更明确点，就是希律一世时期，公元前 1 世纪）。但是他们中的一些人甚至认为原始的石头平台比现在的小些，同意环绕圣石的中间部分属于巨大的挡土墙的部分，且从第一神殿时期以来就已经存在这一观点。在那个时候，禁止用铁器工具（那得回溯到约书亚时代）是严格执行的。所罗门用的所有石头，毫无例外地，是在其他地方开采、切割、修整，并被运到遗址，它们仅仅用来组装。考虑到所讨论的巨大的石块，它们不是来自当地的石头，那么这个问题将被这些事实阐清；它们稳稳地躺在它们上面，有一些不同的色调（事实上，在耶路撒冷西部最大的发现表明，它们可能来自那里的一个采石场）。它们是怎么被搬运，怎么被举到需要的高度，然后怎么被推到相应的位置，这些都是考古学家们不能解释的。

然而，对于那些问题的一个回答，已经提出来了。遗址的首席考古学家丹·巴拉赫，在《〈圣经〉考古学评论》中阐述道："我们相信在西墙的另一面（东面），圣山下面，是一个巨大的礼堂。""它被安置来作为支撑和缓解里面拱顶的反冲力。"

这具有很多巨大石块的一部分，仅被安置在圣山偏南的位置上。我们认为，就像我们现在也在做的那样，这个巨大的部分是被用来承受巨大重击的。遗址的功能是任务控制中心，它的装备被安置在圣石上，这看上去是唯一可行的解释。

第十一章

一个预言的时代

耶路撒冷神殿建造的推迟，其缘由在前面已经提到过：大卫家族在战争和仇恨中的衰落。但这本身就只是一个借口，还是有更深刻的原因呢？

人们发现，奇怪的是，由于建造的拖延，从摩利亚山与亚伯拉罕（同时还有以撒）的再次结盟到神殿的开建，这个时间跨度是整整 1000 年。这是很奇怪的，因为马杜克的流放也持续了整整 1000 年；这些看起来应该不仅仅是一个机缘巧合而已。

《圣经》里明确指出，神殿建造的时间是由上帝自己确定的；虽然建筑细节，甚至连一个尺寸模型都已准备好了，先知者内森说：不是，不是大卫，而是下一任国王，所罗门。同样地，可以明确的是，不是马杜克他自己来确定流放自己的时间的。事实上，他在绝望中大声抱怨："要等到何时？"这说明他不知道自己要流放多久，这由所谓的命运或是看不到的众神之王（希伯来书中的耶和华神）决定。

太平盛世 1000 年不仅仅是一个历法上的事件，它预示了更多的启示。一本比较有远见的书《揭示》的第二十章中预言道，"龙，古老的大毒蛇，是恶棍和恶魔”，应该被关 1000 年，投向深渊关闭在那里 1000 年，让它不能在国家行骗，“直到 1000 年履行完”。那时哥革和玛各将被卷入一场世界大战；死者的第一次复活将会出现，救世主时期将开始。

这些有远见的话写于公元 1 世纪，介绍了基督教观念和期望中的世界末日千年。所以，虽然那本书把巴比伦看作是“邪恶的帝国”，但学者和神学者们认为它是罗马的代名。但即便如此，值得注意的是《揭示》中回应了先知者以西结的话。以西结生活在公元前六世纪，在封建时代（第三十七章）和哥革和玛各的世界战争（第三十八，三十九章）中，他能看到死人的复活。以西结说，它将“在未来”发生。这一切，他说，是由先知者耶和华在昔日预知的，“之后他预测了大概的年份”。

它确实是在以西结时代好多个世纪以前，《圣经》提供了线索：

> 1000 年，
> 在你的眼里，
> 就像是过去的一天

《赞美诗》90：4 里的这段陈述，在《圣经》里是归结于摩西自己；1000 年是个神圣的时间尺度，因此回到了至少出埃及时期。事实上，《申命记》7：9 确定神和以色列的盟约持续时间为“1000 代”；而在大卫创作的《赞美诗》中，当约柜被带到大卫之城时，1000 代的持续时间再一次被提起（《历代记 1》16：15）。其他《赞美诗》在耶和华和他的奇观中重复的应用数字也是 1000，《赞美诗》68：18 甚至用 1000 年作为耶和华战车的持续时间。

希伯来语中的“1000”，写作 Eleph，由 3 个字母拼出：阿列夫（Aleph，A）、姆德（Lamed，L）和珀（Peh，P 或 Ph），可以读为阿列夫，意思是字母表的第一个字母，也就是数字“1”。把3个字母加起来得到数字111（1+30+80），这可以被看成是对唯一的耶和华和一神论的三重确认，“1”是“神”的代码。这当然不是偶然的，同样的3个字母被重新排列（P-L-A），拼出Peleh——a wonder of wonders，上帝手艺的绰号，人类无法理解的天堂和地球的神秘事物。这个奇迹中的奇迹主要涉及那些在很久以前被创造和预言的事物；当但以理探求神圣的时间之末时，它们也指代他的调查。

因此在1000年里，那些诗句看上去有复杂的结构、复杂的意思、复杂的编码：不仅仅是明显的对过去时间的数字计数，而且也是盟约持续时间的建构，一神教主张的编码，与太平盛世1000年和年岁之末有关的预言。

就像《圣经》陈述的那样，在那1000年，以神殿建造计数开始——与现在的公元前最后1000年相符——是预言的时间。

※

为了理解那些事件和最后1000年的预言，我们应该回转时钟到1000年以前，到核灾难和马杜克担当霸权的时期。

在《悲叹文本》中，描述了当致命的核爆云雾被吹送到美索不达米亚时，大破坏和荒芜席卷了苏美尔和阿卡德区。此文本还生动地描述了，当邪恶的风吹向苏美尔神明们时，他们是如何慌张地遗弃他们的“祭仪中心”。一些“躲在了大山里”，一些“逃到了远处的平原”。伊南娜丢下财产，驾着能潜水的船向非洲航行而去；恩基的配偶宁基，“像鸟一样飞”，也向非洲飞去，到了冥界之屋，北方的一个安全港；恩利尔和宁利尔像老处女尼哈尔撒格一样，去了不知名的目的地。在拉格什的女神巴乌孤身一人，因为尼努尔塔在核爆炸开始时就走了；她“为她的神殿悲痛地哭泣”并且继续逗留；那结果是悲剧性的，因为“在那天，暴风雨赶上了她；巴乌，她像人类一样，暴风雨赶上了她”。

逃亡的神一个接一个，直到这些降临到乌尔和它那里的神。就像我们已经提到的，在那里，兰纳／辛拒绝相信他的城市的命运是早已确定的。在极大的悲伤中，他的配偶宁加尔描述道，尽管散发着腐烂气味的死尸充满了整个城市，他们仍继续停留着，“没有逃离”。即使在可怕的那一天到来的前一夜，他们也没逃离。但是在快到早上时，他们在金字塔神殿的地下室里挤作一团，认识到这座城市的命运是注定的，然后他们也离开了。

核爆云雾，随风向南转移，避过了巴比伦；那些被作为征兆用来加强马杜克对那 50 个名字的确认，用来指明他的霸权是应得的。他第一步就是执行父亲的提议，阿努纳奇他们自己应该在巴比伦为他建立他的房子／神殿，E.SAG.IL（“最高尚领袖之房”）。在那个神圣的区域还建造了另一个神殿，作为新年庆祝和阅读修订版的《伊奴玛·伊立什》之用；它的名字，E.TEMEN.AN.KI（“天堂—地球基金会之房”）明确地说明它已经取代了恩利尔的“天地纽带”（“天堂—地球连接处”），它位于当时被作为任务控制中心的尼普尔的中心。

学者们对《圣经》里面的数学关注得不够，留下了一些未解决的谜：虽然亚伯拉罕是一个依伯力人（属于今天的阿曼）——来自尼普尔的苏美尔人，并且《启示录》（像《赞美诗》和其他地方回应的）里的所有故事都是基于苏美尔文献，那为什么希伯来人《圣经》采用的是十进制？为什么苏美尔人的六十进制（“60 为基”）一点都没有在《圣经》的数字命理说（在千年太平盛世中达到顶峰的一种惯例）中得到回应呢？

人们想知道，马杜克是否认也知道这些事。通过宣布新的年代（也即公羊座年代），修改历法，建造新的神殿大门，这些都是他显示至高无上权力的表现。在那些步骤中，人们也可以找到新数学的证据——默许的从六十进制到十进制的转移。

那些改变的焦点是纪念他的金字形神塔神殿，恩基说是由阿努纳奇他们自己建造的。对遗址残骸的考古发现和石碑记录的精确的建筑数据信息，展示了金字形神塔向上有 7 层，最高层被作为马杜克的真实住所。为了“和上面的天堂保持一致”（马杜克自己声明的），金字形神塔将会建成正方形结构，它的底部或第一层的每一边是 15gar（大约 300 英尺），向上 5.5gar（大约 110 英尺）；在其上是第二层，要小些和短些；依次类推，直到神殿的组合高度也达到与底部一样的 300 英尺。

结果将是一个立方体，它的周长等于 60gar；当达到平方（60×60）这个结构时，得到天上的数字 3600，而达到立方（60×60×60）时，得到的数字是 216000。但是那个数字中隐含了小数点的移位，因为它是黄道带数乘以 100。

金字形神塔的四个角精确地面对着指南针的 4 个方位点。考古学家的研究显示，从第一到第六层的高度，是精确地计算好的，这样可以在那个特殊的地理位置进行对天上的观察。因此金字形神塔不仅是为了超越恩利尔过去的埃库尔神庙，而且也接替了尼普尔的天文 / 历法功能。

这是通过修改历法的组成来实施的——一种很有威信、也很必要的神学事件。因为黄道带转移（从金牛座到白羊座）需要历法调整一个月，如果尼散月（意为“倡导者”）仍然是第一个月，春分点的那个月。为了达到那点，马杜克确定一年的最后一个月，即阿达加月，在那年记两次（一个周期 19 年重记 7 次的方案在希伯来历法中做了修改，它是按照周期性来重排月亮和太阳年）。

和美索不达米亚一样，埃及的历法也做了修改。最开始，它是由透特设计的，他的“秘密数字”是 52，把一年按 7 天分成 52 周，一个太阳年只有 364 天（在《伊诺克之书》中，这是一个很显著的事件）。马杜克（作为拉）创立的一年不是基于 10 的倍数：他把一年分成 36 个 10 天的“十度分度”；得到的 360 天然后加 5 个特殊日子，构成 365 天。

马杜克展示的新时代不是一神论。他没宣传自己是唯一的神；事实上，他需要其他神来为他的霸权欢呼。为了达到目的，他在神圣的巴比伦神殿给所有重要的神提供小神殿和住所，并且邀请他们在那里安家。没有任何文本表明众神接受了他的邀请。事实上，马杜克想象中的皇室王朝，在大约公元前 1890 年才最终在巴比伦安置好，而那时被驱散的神已开始在美索不达米亚各地区建立自己的领域了。他们之中最显著的是在东部的埃兰，苏萨（后来在《圣经》中叫书珊）被作为首都，尼努尔塔被作为“国神”。在西部，首都被叫作马里（西方称为阿穆路）的王国在幼发拉底河西岸正兴旺发达；它华丽的宫殿被壁画装饰着，展示的是伊师塔在为国王授权（见图 84），证实那里神的高尚的地位。在多山的土地上，一个带有皇室实力和渴望的王国开始成长，那里的赫梯族人敬拜恩利尔最年轻的儿子阿达德，赫梯族语中叫他特舒卜（风／雷电神）。而在赫梯族人的土地和巴比伦尼亚之间，兴起了一个崭新的王国——亚述，和苏美尔和阿卡德区有同样的万神殿，但国神是阿舒尔。他把权力还有恩利尔和阿努的身份都集于一身，被描述成一位在一

图84

图85

个翼碟（见图 85）里面的神。

而埃及，尼罗河的王国，也有过一段动荡时期，被学者们称为第二中间时期。这段时光使他们的国家退出了国际舞台，直到大约公元前 1650 年被称作新王国的开始。

学者们还是很难解释，为什么古代的近东会在那个时期比较活跃。取代埃及的新王朝（17 世纪）充满了帝国热情，大力向南面的努比亚、西面的利比亚以及东面地中海沿岸的土地推进。在赫梯族人的土地上，新的国王派遣他的军队通过金牛座人山的障碍，也沿着地中海海岸推进；而在巴比伦，一个被称为卡斯特斯的种族，不知道从哪里（其实是从接壤里海的东北部山区）冒出来袭击了巴比伦，使那个王朝在汉谟拉比朝代停止，并突然灭亡。

每个国家都声称自己是以神的名义和按照国神的命令来进行战争的，人只是作为神明们之间竞争的替代品。有一个线索可能使之得到证实：18 世纪，法老名字中带有字义为“神”的，都被省去了前缀或后缀中的“拉”或“阿蒙”，从而改为“透特”。这个改变，也就是在大约公元前 1525 年开始采用图特摩斯（Thothmes 或 Tuthmosis，皆以神“透特”之名为前缀）这个称号冠名法老以后，标志了对以色列人压制的开始。由图特摩斯一世给出的开战原因是具有启发性的：向纳哈林开赴远征军队在到达幼发拉底河上游时，他害怕以色列人会成为内奸。原因呢？纳哈林是一个非常重要的地方，哈兰就在那儿，并且那里的人民是有家族关系的子孙。

这些足够解释对以色列人加以压制的理由，但它留下了未能解释的疑问：为什么埃及——现在崇拜透特——要派遣军队去征服哈兰？

在军队远征的同时，对以色列人的压制也在进行。布告要求杀害以色列所有新生的男孩，这在图特摩斯三世时达到了顶峰。这也迫使替他的人民说话的摩西不得不逃离。摩西只能在图特摩斯于公元前1450年死后，才能从西奈山荒地返回埃及。17年后，在反复的要求和一系列由耶和华制造的痛苦之后，以色列人被释放，之后出埃及就开始了。

《圣经》中提到的两件事，以及埃及的一个重要变化，作为耶和华支持他选择的人们而引起的奇迹，显示了其他种族神明的反响。

“当米甸的神父、摩西的岳父叶忒罗听说所有的神都为摩西和他的以色列种族办事时”，我们从《启示录》第十八章中读到，他来到以色列人的宿营地，听摩西说了全部的故事。叶忒罗说“现在我知道耶和华比所有的神都伟大”，之后他把自己祭献给了耶和华。当摩押人国王按照预言家巴兰的预言，对发展的以色列人进行诅咒时，另一件事（在《民数记》22-24有描述）发生了。但是“神的灵魂突降到了比兰”，用“神的视力”，他看到雅各的房子受到了耶和华的保佑，而他的话不能被撤销。

一个非希伯来人牧师和先知者预言了耶和华的权力和霸权，这一认知在埃及皇室家族中起到了意想不到的作用。在公元前1379年，正当以色列人进入迦南，一位新的法老将自己的名字改为阿赫那吞，因为太阳神阿吞由翼碟（见图86）象征。他把首都迁移到了一个新的地方，开始只敬拜一个神。这是一个短暂的实验，祭师阿蒙-拉很快就将它结束了……这个实验虽然短暂，却是一个倡导宇宙和平的概念，伴随着宇宙之神的信念。在公元前1296年，埃及军队在加低斯（在现在的黎巴嫩）战役中被赫梯族人打败。

当赫梯族人和埃及人双方都精疲力竭时，亚述人就有足够的空间发展他

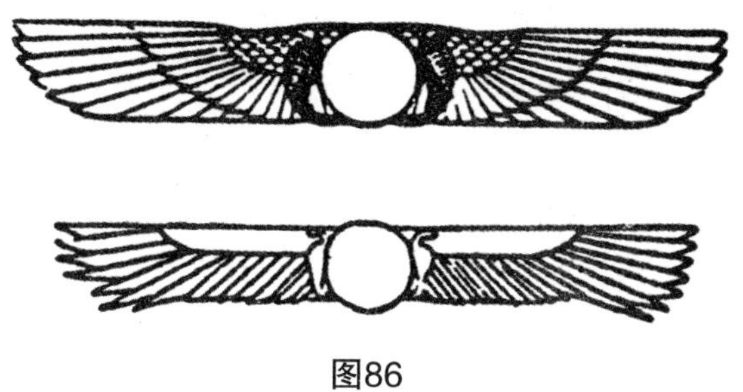

图86

们自己。事实上，他们在各个方向扩展，在亚述国王图库尔提-尼努尔塔一世夺回巴比伦并抓住了巴比伦的神马杜克时达到顶峰。那之后是典型的多神论：非但没有诋毁神马杜克，他还被带回亚述人首都，并且新年庆典的时间到来时，是马杜克而不是阿舒尔在岁末典礼上起重要作用。这“宗教的统一”，没能阻止曾经的王国的继续衰败；并且在接下来的几个世纪里，美索不达米亚那两个古老的力量，加入了收回丧失的埃及和赫梯土地的队列之中。

毫无疑问，收回行动将可能使西亚出现繁荣的城市或国家，特别是沿着地中海沿岸，在小亚细亚，甚至在阿拉伯半岛。然而，事实上他们的兴旺引来了各个方向的迁移者和入侵者。入侵者驾船而来——正如埃及人称呼的那样，“海上的民族”——力图侵入埃及，最后占领迦南海岸。在小亚细亚，希腊人驾驶着1000条船向特洛伊进发。说着印-欧语言的入侵者，一路挺进到了小亚细亚，再直下幼发拉底河。波斯人的先驱部队侵犯埃兰。而在阿拉伯半岛，靠控制交易路线变得富有的部落，开始把眼光投向他们北方富饶的土地。

在迦南，以色列人厌倦了持续的战争，通过最高祭师撒母耳给耶和华送去了一个请求：让我们成为一个强大的国家，给我们一个新的国王！

第一个出现的国王是索尔，之后是大卫。然后，就是把首都迁移到耶路撒冷。

《圣经》列举了那个时期的人和神，甚至叫他们“先知者”，上帝的“发言者”。他们确实传递了神圣的信息，但是在古代，他们比本质的预言者在其他地方更鲜为人知。

在耶和华神殿建造好后，预言——预言即将发生的事——才变得兴旺起来。根据《圣经》可知，与希伯来预言家不同的是，他们把正义和道德的布道与来自古代任何地方的预言联系了起来。

※

那个时期就是我们现在称作的公元前第一个千年盛世，其实是人类 4000 年的故事（以苏美尔文明兴旺发展为开始）中的最后一个千年盛世。在人类历史舞剧（我们称它的故事为《地球编年史》）的中央，是核爆炸大毁灭，苏美尔和阿卡德区的灭亡，还有苏美尔指挥棒向亚伯拉罕和他子孙后代的转交。现在故事的最后 2000 年，在苏美尔，以阿努（大约公元前 3760 年）对地球进行的访问开始，但也走到了尽头。

人类被给予了忏悔的机会，返回正义和道德，认识到只有一位真正的上帝，甚至是神的上帝。通过每一句话、幻想、象征性行动，先知者发出了信息：时间被用完了，巨大的事件即将发生。耶和华没要恶人的命——他让他们回到正义。人不能控制自己的天数，但可以控制自己的命运；人类、王国、国家可以选择自己的路线。但是如果恶人盛行，如果不公道充斥了人类关系，如果国家继续屠杀其他国家，所有这些都将注定在主日受到审判。

正如《圣经》自己承认的，对善于接受的读者来说它不是信息。被看上去知道他们自己崇拜谁的人包围着，根据一个不可见的神（仅仅因为他的肖像不为所知）的要求，犹太人坚持着严格的标准。耶和华的真实预言者全力反击“假先知”，他们也声称来传布上帝的话。后者说，祭祀和捐献将弥补所有的罪恶；

但以赛亚说，耶和华不希望你牺牲，而是希望你正义地活着。以赛亚说大灾难将降临给邪恶；而假预言者说，不，不，和平即将来临。

为了得到信任，《圣经》的预言者借助于奇迹——就像摩西，受到上次的教导，不得不借助奇迹来获得法老对以色列人的释放，然后让以色列人相信耶和华的全能。

《圣经》详细描述了先知以利亚在亚哈（以色列之王）和他的腓尼基人妻子耶洗别统治期间（以色列北部的一个王国）面对的困难，他带来了她崇拜的迦南神巴尔。让一个贫苦的女人一直有面粉和油吃，还让一个死去的孩子苏醒，以利亚以此建立了自己的声誉。但以利亚的最大挑战是在卡梅尔山面对“巴尔的预言者”时。在一大群人前面，通过表演一个奇迹，来决定谁将是“真正的预言家”：祭品被准备好放在一堆木头上，但不能用火点着——火必须来自天堂。巴尔的预言者从早上到中午一直叫着巴尔的名字，但是没有声音也没有回答（《列王纪》1：18）。以利亚用嘲讽的话语对他们说：也许你的神睡着了——为什么不叫大声点？然后他们大声地叫到晚上，但是什么也没有发生。之后以利亚搬了石头重新为耶和华建了一个祭坛（以前的已经破败），把木头和祭祀的公牛放在上面，并让人们往祭台上泼水，确保那里没有隐藏的火种。然后他呼唤耶和华的名字，亚伯拉罕、以撒还有雅各的上帝；“耶和华的火降落到祭品上，之后祭坛燃烧起来。”信服于耶和华的霸权，人们抓住巴尔的预言者，并杀死了他们。

在以利亚乘着火焰的战车去天堂后，他的弟子和继承者以利沙也通过表演奇迹，来证实自己是耶和华的真先知。他把水变成红色的血，使一个死去的孩子苏醒，用一小滴油装满空空的容器，用一小点剩下的食物喂饱了一个饥饿的人，并且使一块铁条浮在水上。

这些奇事有多少值得相信的呢？我们从《圣经》——从约瑟时期而来的故事和后来的《出埃及记》——还有从埃及文本本身（比如《魔术师的故事》）

可以知道，王室法庭充满了魔法师和占卜者。美索不达米亚有征兆祭师和神谕祭师、占卜者和预言家，还有解梦人。然而，当一个被称为“《圣经》考证”的学术学科在公元 19 世纪变得很流行时，这些奇迹般的故事，让人更加确信，《圣经》里的所有事情肯定都是由独立的、被信任的来源所提供的。幸运的是，在 19 世纪考古学家的最早发现中有一块石碑，对摩押人国王米沙的记录，不仅证实了以利亚预言中关于朱迪亚地区的数据，也额外地提到了耶和华的全名（这是极少见的事，见图 87）。虽然这不是确切地证实奇迹本身，但这个发现——像后面其他发现一样——超出了《圣经》中记录的可鉴别的事件和个人。

而文本和被考古学家发现的考古遗物提供了确证，他们也清楚地显示了《圣经》中的预言者和其他国家的算命者之间深刻的不同。从最开始希伯来人的 Nebi'im——被译成“先知者”，但字面意思是上帝的“代言人”——解释

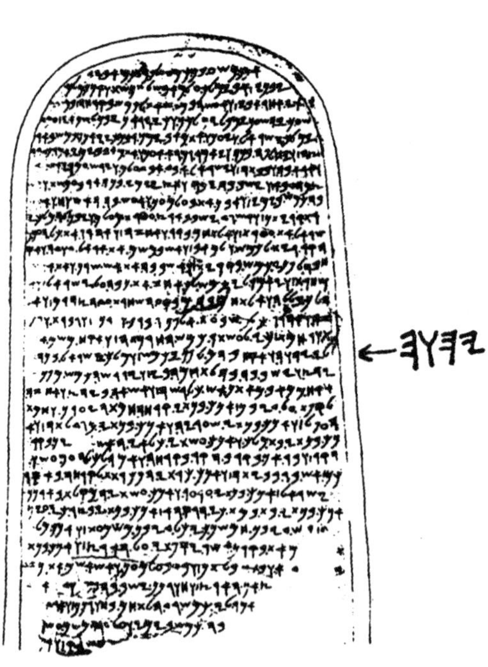

图87

了魔法和远见不是他们的，而是神的。奇事是他创造的，所预言的就是上帝颁布的命令。然而，作为一个判断人的预言家，他们不仅没有行使好法庭雇员的职责，而且常常傲慢地做了坏事或错误的决定而没受到批评和警告。甚至国王大卫都被申诉垂涎他手下将领乌利的赫梯人妻子拔示巴。

很巧合的是——如果事情就是那样——那时大卫占领了耶路撒冷，并且初步在神圣的平台上建立了耶和华的房子。衰败衰落的老亚述王朝突然地走向灭亡，被历史学家称为新亚述的新朝代兴起了。不久耶和华神殿被建立起来，耶路撒冷开始关注远方的统治者。作为一个直接的结果，它的预言家们也开始把注意力转向国际舞台，并且预言关于世界各地的事，他们的预言有关于朱迪亚地区，分裂的以色列北部王国，他们的国王，还有他们的民族。它是全世界性的，它的范围和理解性都是让人惊奇的——那些预言家在受到上帝召唤前，大部分都是普通的村民。

关于远方国土和国家如此深刻的知识，他们国王的名字（作为一个例子，甚至国王的绰号），他们的商业和交易路线，以及他们的军队和战斗的供给，在那时，这些预言肯定让人惊奇，甚至是朱迪亚的国王。对此，至少有一个解释曾经被给出。先知哈拿尼因警告犹太国王与住在古叙利亚和美索不达米亚北部的阿拉米人交易时，对国王解释道：用耶和华的话说，因为“那是遨游在整个地球上的耶和华的眼睛”。

在埃及，也有过一段时间不统一，当新朝代——第二十二代出现后，重新统一了国家，并再次参与到国际事务中。新朝代的第一任国王，法老王舍松契成了当时一个很强大的国家的第一个外国统治者，并强力推进到耶路撒冷，获取了它的宝藏（没有破坏和污染神殿）。那件事发生在公元前 928 年，在《列王纪》1∶14 和《历代记》2∶12 有叙述：这些都由耶和华的预言者示玛雅，在事情发生前就已经给犹太国王和贵族们预言过；这也是其中一个事例，说明《圣经》的记事被外面的独立的记录证实——在这个事例中是被法老自己，在

图88a

卡纳克－阿蒙神殿的南墙上。

亚述侵犯犹太人王国，在《圣经》中被精确地记录了下来，侵犯从北部的王国以色列开始。这里，再一次，《圣经》的记录被《亚述国王年鉴》证实：撒缦以色三世（公元前858年—公元前824年）甚至把它画了下来，在由尼比鲁翼碟控制的场面下，以色列国王耶胡在他面前鞠躬的场面（见图88a）。几十年后，另一位以色列国王通过向亚述国王提格拉特帕拉沙尔三世（公元前745年—公元前727年）敬献贡品，从而阻止了一次攻击。但这只赢得了一点时间：在公元前722年，亚述的国王撒缦以色四世向北部王国进军，占领了它的首都撒马利亚（是希伯来的“小苏美尔”），并且流放了它的国王和贵族。两年后下一任亚述国王，萨尔贡二世（公元前721年—公元前705年）流放了其他的人民——引发了以色列10个失去部落的谜团，结束了那个国家独立存在的生涯。

在记录的无数次军事战役中，亚述国王都以“按照我们的上帝阿舒尔的命令”开始，给他们的俘虏造成宗教战争的氛围。对以色列的征服和镇压是如此重要，以至于萨尔贡（把他的胜利记录在他宫殿的墙上）开始题写碑文，把他自己描述成“萨尔贡，撒马利亚和整个以色列土地的征服者”。到处都是无与伦比的战利品，他写道，“我扩大了属于上帝的国王阿舒尔的领地。”

※

根据《圣经》记载，因为它的领导者和人民未能注意到预言者的预兆和警告，那些灾难就降临到了以色列北部地区，而南方的朱迪亚地区的国王对预言的指导更留意些，他们享受了相对和平的一段时间。但是亚述人已经把眼光投向了耶路撒冷和它的神殿；他们的《年鉴》对其中的一些原因并未作出解释，他们的许多远征军队开始进驻哈兰地区，之后向西扩展到了地中海沿岸。值得注意的是，《亚述国王年鉴》上，描述在哈兰的战利品和控制的领域时，按名字把一个城市叫成拿波，另一个称为拉班——是亚伯拉罕的兄弟和妹夫的名字。

亚述转向对朱迪亚和耶路撒冷的攻击是不久之后的事。带着扩充领土的任务和上帝阿舒尔的“命令”，志在巩固他父亲的占领地的萨尔贡二世的儿子和继承者，在公元前 704 年结束了亚述地区反复的叛变，投入了他的第三次战役（公元前 701 年），占领了朱迪亚和耶路撒冷。

这次事件被广泛地记载在了《亚述国王年鉴》和《圣经》上，它也成为证明《圣经》记载的真实性的一个事例。它展示了《圣经》预言的真实性，以及《圣经》作为预言指导和概括的地理政治的意义。

此外，还存在物质上的证据，来确证和阐明那些事件的一个重要方面；所以人们可以用自己的眼睛看到这些是如何的真实。

随着我们开始把那些事件和亚述王西拿基立的话联系起来，可以注意到，对遥远的耶路撒冷的战役在赫梯人的土地迂回之后才开始，然后到达哈兰地区，那之后才一路向西到地中海沿岸，在那里袭击的第一个城市是西顿：

在我的第三次战役中，我向赫梯行军
路利，西顿的国王，被震撼人心的恐怖
压倒了其贵族身份的魔力
他逃到遥远的海外，并死在那里

敬畏阿舒尔，我的上帝，武器的夺目的光彩，
推翻了伟大的西顿强大的城市……
所有的国王，从西顿到阿维达、毕博罗斯、阿什杜德、
贝丝—阿蒙、摩押还有安铎尼都带来了奢华的礼物；
以色列的国王被我流放到了亚述……

碑铭继续着（见图 88b）：

至于犹太人国王赫齐卡亚
还没屈服于我的统治
46 座带有结实防护墙的城市
在它们邻近还有许多小城市
这些数不胜数……
我包围并拿下了他们，并且
200150 个人，老的和年轻的，男性和女性
马、骡、骆驼、驴、牛还有羊
我把他们从城池带走了

尽管有这些损失，赫齐卡亚仍然保持着坚强——因为先知以赛亚已经预言过：不要害怕攻击者，因为耶和华将把他的意愿给他，他将会听到谣传，之

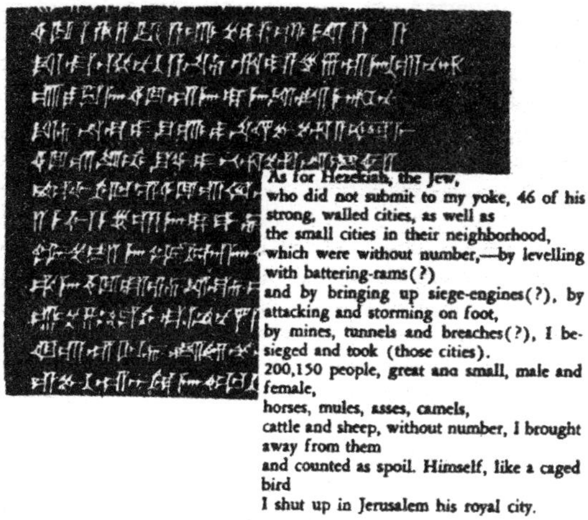

As for Hezekiah, the Jew,
who did not submit to my yoke, 46 of his strong, walled cities, as well as
the small cities in their neighborhood,
which were without number,—by levelling with battering-rams(?)
and by bringing up siege-engines(?), by attacking and storming on foot,
by mines, tunnels and breaches(?), I besieged and took (those cities).
200,150 people, great and small, male and female,
horses, mules, asses, camels,
cattle and sheep, without number, I brought away from them
and counted as spoil. Himself, like a caged bird
I shut up in Jerusalem his royal city.

图88b

后会回到自己的国土，在那里他将被剑刺倒……“因此耶和华说：亚述的国王不能进入这个城市！他哪里来就沿着哪里回去，因为我保护着这个城市，并要营救他，为了我，为了我的仆人大卫。”（《列王纪》2：19）

遭到赫齐卡亚的反抗，西拿基立继续在《年鉴》里写道：

在耶路撒冷，我把赫齐卡亚变成了
一个在他皇室宫殿里的囚犯
像笼子中的鸟一样，围住了他
用土木工事，骚扰他们
离开城市大门

“之后我接管了赫齐卡亚王国的行政权，并把他们送给了阿什杜德、以革伦和加沙的国王，并且增加赫齐卡亚的贡品。”西拿基立写道；之后他列举了赫齐卡亚“稍后在尼尼微送给我”的贡品。

因此，《年鉴》极其细微地提到了既没有占领耶路撒冷，也没有抓住它的国王，仅仅强加繁重的贡品：黄金、白银、宝石、锑、红琢石（块）、嵌有象牙的家居饰品、象皮，“还有各种珍贵的财宝”。

以上自夸忽略了阐述在耶路撒冷真正发生了什么事；完整故事的来源是《圣经》。在《列王纪》2：20，同样在《以赛亚书》和《历代记》中，记录了在赫齐卡亚统治的第十四年，亚述的国王西拿基立来攻打朱迪亚所有的城市并且占领了它们。之后朱迪亚的国王赫齐卡亚传话给亚述的国王，他当时在莱基，他说：我做错了，你们折回去，不管你施加什么于我，我都将忍受。所以亚述的国王要赫齐卡亚提供“300 块银条和 30 块金条”；赫齐卡亚都付清了，额外还贡献了镶嵌在神殿和宫殿大门的青铜器，并把它们交给了西拿基立。

但是亚述国王没遵守交易。不但没有撤退回到亚述，反而派遣了一大支军队来到犹太人首都；亚述的攻城策略是，攻击者的第一件事就是控制城市的水源。这个策略在其他地方是有效的，但不适用于耶路撒冷。因为，亚述不知道的是，赫齐卡亚在城墙底下挖了一个输水管道，把基训河大量的河水引到城市里面的西罗亚水池。这个秘密的地下水通道，给围困的城市供给了新鲜的水源，抵抗着亚述的计谋。

围困城市失败后，亚述的指挥官转向心理战。为了让那些普通的守卫者明白他在说什么，他用希伯来语说话，指出反抗是无意义的。没有其他国家的神可以拯救他们；这个“耶和华”是谁？为什么他要对耶路撒冷好些呢？他是和其他神一样容易犯错的神……

听到这些后，赫齐卡亚换下衣服，穿上哀悼者的麻布衣，去了耶和华的神殿，并祈祷：“以色列的神耶和华，你管理着小天使，管理着所有国家的唯一的神，天堂和地球的创造者。”神听到后安慰他，又重复说了神的诺言：亚述国王永远进不了城市，他将带着失败返回家乡，并且将被刺死在那里。

那天晚上神圣的奇迹出现了，预言的第一部分实现了：

事情在那晚发生了
耶和华的天使发出公告
重击了在帐篷里的亚述军队
185000 人
在日出时，
他们那里到处都是尸体。
所以亚述的国王西拿基立，离开了
撤退并且停留在尼尼微

——《列王纪》2：19，35—36

在后记中，《圣经》确实记录了预言的第二部分也实现了，上面写道："西拿基立离开了，撤退到尼尼微。当他在神殿里向他的神尼斯洛科鞠躬时，阿达姆尼科和夏瑞日儿用剑把他刺倒；之后他们逃到了亚拉腊山。他的儿子以撒哈顿接替他成了国王。"

《圣经》中关于西拿基立之死的方式，长久以来一直困扰着学者们，因为《亚述国王年鉴》没有记载国王的死因。直到近来，学者们借助其他考古发现，证实了《圣经》的阐述：西拿基立确实是被他的两个儿子刺死的（在公元前 681 年），小儿子叫以撒哈顿。

在 19 世纪早期，考古学家在对耶路撒冷的发掘中发现，赫齐卡亚的隧道是真实的，不是一个传奇：地下隧道在耶路撒冷确实是用作秘密输水之用。地下隧道从犹太国王时期开始，通过防护墙下面的石块。

在 1838 年，探险者爱德华·罗宾逊做了近代的第一次测定，它全长 1730 英尺。在接下来的几十年，其他在古耶路撒冷方面有威望的探险家查尔斯·沃伦、查尔斯·威尔逊、克劳德·康德、康拉德·希克清理并检查了隧道和它的所有连接轴。它确实是基训河水源（防护墙的外面）和城里面的西罗亚水池的

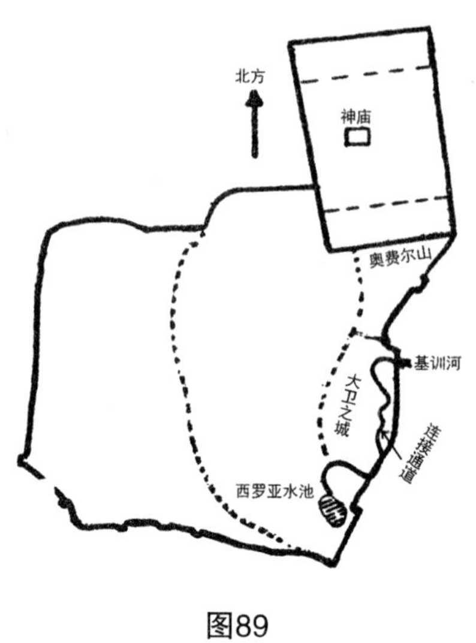

图89

连接通道（见图 89）。

之后，在 1880 年，玩耍的孩子们发现，大约在隧道的中部，一个碑铭被刻在了墙上。土耳其权威们命令，把碑文部分从墙壁里切取出来并带回伊斯坦布尔（土耳其的首都）。之后确知，碑文（见图 90）是用犹太国王时期通用的优美的古希伯来文写的，以纪念隧道的竣工。当时赫齐卡亚从两端切通了石头，碑文就是在那个特殊的地点被发现的。碑文（从墙壁上切取的一块石头上）现在伊斯坦布尔古生物博物馆展览，上面记录如下：

> ……隧道。这里记述那个重要时刻。当（隧道修建者举起）斧子相互对着他的伙伴，当只有 3 个库比特（即腕尺）的距离需要挖通时，可以听到对面一个人在叫他的伙伴，因为有一块岩石在右侧……在打通的那一天，隧道修建者们互拥他们的同伴，斧子对斧子。这时水开始从水源流向水池，有 1200 库比特的长度；而隧道修建者们头顶上面石块的大小有 100 库比特。

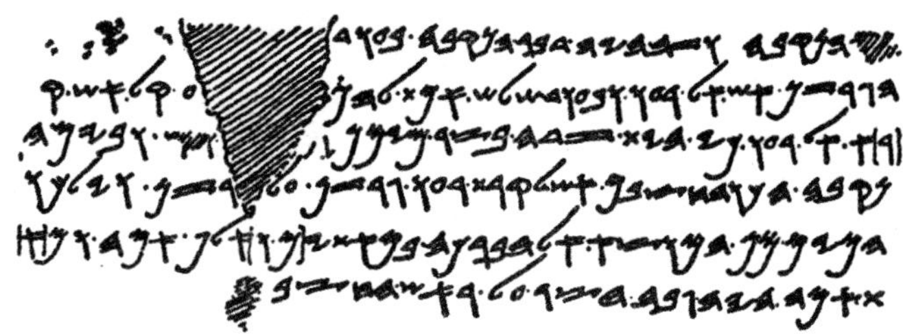

图90

《圣经》关于耶路撒冷事件记录的精确性和真实性，扩展到了遥远的尼尼微亚述王位继承这件事上；确实是一件血腥的事件，西拿基立的儿子杀死了他，最后较小的儿子，以撒哈顿（也被拼作 Asarhaddon），继承了王位。流血事件被记录在了《伊撒哈顿年鉴》中，在那里，他写道，是他而不是他哥哥当了国王，这是根据神明沙马氏和阿达德给予西拿基立的神圣旨意——他的继承受到伟大的亚述和巴比伦之神的赞许，“还有其他居住在天堂和地球上的神”。

西拿基立以流血告终，仅仅是狂暴的舞剧（关于上帝马杜克角色和立场）中的一个事件。 亚述力图把巴比伦踩在脚下，事实上想通过把马杜克带到亚述首都来并吞巴比伦，但没成功。几十年前，马杜克回到了他在巴比伦受尊敬的位置。文本上提到，神复位的至关重要的方面，是需要庆祝新年的亚基突节，在那里《伊奴玛·伊立什》被公然阅读，马杜克的复苏在基督受难剧中再次扮演，这些事发生在巴比伦而不是其他地方。到提格拉特帕拉沙尔三世时代，国王的合法性需要谦卑地在马杜克面前得到允许，直到马杜克“用他的手扶起我的双手”（用国王的话说）。

为了巩固以撒哈顿作为他的继承人的地位，西拿基立任命他为巴比伦的总督（他称自己为“苏美尔和阿卡德区的国王”）。后来当他继承王位，以撒哈顿做了庄严的就职宣誓，“在亚述的众神面前：阿舒尔、辛、沙马氏、尼波还有马杜克”。（伊师塔虽然不在场，后来也被写到了《年鉴》里。）

但是所有这些虔诚的努力，没能带来稳定或和平。随着公元前 7 世纪的开始，在最后一个千年盛世的后半段（从苏美尔时期开始计），动荡充满了伟大的首都，并向整个古代世界扩展。

《圣经》的预言者看到这些即将来临，于是他们代表耶和华通告，这是末日的开始。

在预言的即将来临的事件中，耶路撒冷和它的神圣的平台将是全世界宣泄的焦点。狂怒首先在它的城市和臣民中显现，因为他们抛弃了马杜克还有他的戒律。各个伟大国家的国王成了耶和华愤怒的工具。但之后，他们也都一个又一个地，在审判日受到了审判。“这将是对所有肉体的审判，因为耶和华已经和全世界大吵了一架。”先知耶利米宣告道。

亚述，先知以赛亚引用耶和华的话说，是他的惩罚藤条；他预见它突袭了许多国家，甚至入侵了埃及（确实兑现了的预言）；但是亚述也将因为它的罪恶受到审判。巴比伦将是下一个，先知耶利米说：它的国王将会突袭耶路撒冷，但是 70 年后（确实是那样）巴比伦也将受到审判。各个国家的罪恶，不管是大与小，从埃及和努比亚一直到遥远的中国，都将在主日受到审判。

一个接一个地，预言都成为现实。先知者以赛亚预见到埃及在三年战争后将被亚述的军队占领。预言在西拿基立的儿子以撒哈顿手上成为现实，除了预言成为现实的这些事实外，值得注意的是，在他的军队向西、之后向南一直挺进埃及时，亚述国王在哈兰做了个迂回！

那是在公元前 675 年，在同一个世纪，亚述自己的命运是被封存着的。国王那布坡拿沙带着复苏的巴比伦通过破掘河坝淹没城市，占领了亚述的首都尼尼微——就像先知那鸿预言的（《那鸿书》1：8）。那一年是公元前 612 年。

亚述（所有地方）的残余军队撤到了哈兰。耶和华对耶利米说（《耶利米书》第五章，15—16）它将是“一个很遥远的国家……一个你不懂它语言的国家”。

看，

一个来自北方国家的望族，

一个伟大的国家将被唤醒，

从遥远的地球。

他们掌握各种方法和兵器，

他们是残酷的，他们不具同情心。

他们的怒吼像咆哮的大海声，

他们骑在马背上，

排列着准备战斗。

——《耶利米书》第六章，22—23

美索不达米亚关于那个时期的记录说道，从阿曼—曼达的北方突然出现——可能是来自中亚的斯基台人前行的游牧部落，可能是来自高地的（现在的伊朗）米底人的先驱部队，还可能是他们的组合。在公元前610年，他们占领了哈兰。亚述的残余部队在那里藏起来，并控制了重要的交叉路口。在公元前605年，一支由法老尼科带领的埃及军队，再次——因为图特摩斯在出埃及前已经尝试过——推进并准备占领纳哈林（在幼发拉底河的上游）。但是巴比伦和阿曼—曼达的联合军，在哈兰附近卡什米西的一场至关重要的战役中，给了埃及帝国致命而优雅的一击。这些都是耶利米预言的关于傲慢的埃及和它的国王尼科的命运：

像河流受到冲击抬升一样

已成为明日黄花的埃及这样说：

我将要腾飞，我将要占领全世界

我将扫荡所有的城镇和住在那里的所有人……

但是那一天，
耶和华，军队的上帝，那天将是
得到报偿的一天
在北面的土地上，靠着幼发拉底河……

因此，以色列尊贵的上帝，耶和华说：
“我已经对底比斯的阿门下了戒律，
还有对法老，对埃及和他的神们
还有它的国王们——对法老以及信赖他的所有人；
不管是谁抓住并杀了他们
可以是巴比伦的尼布甲尼撒二世国王
也可以是他的国民
我都将释放他们。”

——《耶利米书》第四十六章

亚述被征服了——胜利者变成了牺牲品。埃及被挫败，它的神明们受到玷污。没有势力可再与巴比伦抗衡——巴比伦按耶和华的旨意入侵朱迪亚时也没受到阻挠，之后开始面对她自己的命运。

现在巴比伦掌握政权的是野心勃勃的尼布甲尼撒二世。为了褒奖他在迦基米施取得的胜利，他被授予君王之位，还有皇室的名字尼布甲尼撒二世，一个神的名字（构成那布、马杜克儿子和代言人的名字）。他不失时机地发动军事战役，“按照我的上帝那布和马杜克的旨意”。在公元前 597 年，他把他的部队派到耶路撒冷，表面上仅仅是去铲除前埃及国王约雅敬，并用他尚未成年的儿子约雅斤取代他。结果这只是一个尝试；因为无论如何，他命中注定扮演他自己的角色，因为耶和华指派他去惩罚罪恶的耶路撒冷和它的人民；但是最终，巴比伦自己也受到审判：

这是耶和华关于巴比伦的话——

在所有国家中宣告，

升起旗帜来公告，

拒绝任何理由，通告：

“捕获巴比伦。

它的上帝是羞愧的，马杜克是惊慌的；

它的崇拜物是凋败了的，她的神物是畏缩的。”

因为一个来自北方的国家已经突袭了她，

从北面，

它将使它的土地荒无人烟，没有居住者。

——《耶利米书》第五十章，1—3

它将是全世界范围的宣泄，不仅仅是国家，他们的上帝也将受到责问，耶和华解释道。但是在宣泄快结束时，即主日来临之后，耶路撒冷将被重建，世界上所有的国家都将集结起来，敬拜在耶路撒冷的耶和华。

当所有这些被诉说完之后，先知以赛亚宣称，耶路撒冷和它重建的神殿将是唯一的“诸国之上的光辉”。耶路撒冷将行使它的命运，它将崛起并完成天命：

它将到来

完结的那天：

耶和华神殿大山

将建立在所有大山的前面

将在所有小山的上面；
所有的国家都将向它集结。
许多民族将到来并说：
“终于来了，让我们前往耶和华大山，
去上帝雅各的神殿，
他可能教我们他的方法
这样我们可以按照他的路径；
因为训诲必出于锡安
上帝的指示和话语必出于耶路撒冷。”

——《以赛亚书》第二章，2—3

在那些延展的事件和预言中（关于伟大的权力、耶路撒冷和它的神殿，还有最后审判日将发生的事），先知以西结在遥远哈兰的哈布尔河岸现示了神圣的视觉，看见了未来。

当马杜克和亚伯拉罕的路线交叉时，神和人类的戏剧在哈兰开始上映。因为那里也是注定要走到尽头的地方——在那时，耶路撒冷和它的神殿都将面对命运。

第十二章

从天堂回来的上帝

马杜克和亚伯拉罕在哈兰的路线交叉只是一个巧合，还是哈兰被无形的命运之手选中？

这是一个令人烦恼的问题，需要一个神圣的回答。因为在那里，耶和华曾选择艾布拉姆（亚伯拉罕最初的名字）执行一项大胆的命令，而马杜克在消失几千年后重新出现，这个地方后来发生了一系列令人难以置信的事件（可以说是奇迹般的事件）。它们是预言范围内的事件，影响了人类和神明的发展进程。

那些由见证人记载下的、留给后世的重要事件，开始并结束于关于埃及、亚述和巴比伦的《圣经》预言的履行。这些事件也包括神明离开神庙和他的城市、神明上天堂和半个世纪后神明从天堂回来。

也许，这个理由更多的是超自然的，而不是地理上或地缘政治上的，在过去的 2000 年里发生了这么多的重要事件，它们开始于神明聚齐于委员会，决定给予人类文明的时候，这些事件发生在哈兰或其附近。

我们已经在以撒哈顿通往哈兰的通道上提到，那次朝圣的细节在一个石碑上有所记录，这个石碑是以撒哈顿的儿子和继承者亚述巴尼波的王室信件的部分。当以撒哈顿企图袭击埃及时，他转而北进，取代了原来的西进，在哈兰寻找“雪松神庙”。在那里，他看到神辛背靠一根权杖，他的头上有两个王冠。神努斯库在他前面站着。国王的父亲进入神庙中。神将一个王冠戴在他的头上，说：“你将去那些国家，在那里，你将是一个征服者。”他起程去了埃及并征服了这个国家（我们从苏美尔神名册上得知，努斯库是辛的一个随从人员）。

以撒哈顿入侵埃及是一个历史事实，完全证实了以赛亚预言的灵验。去哈兰路途中的细节也证实公元前673年神辛的出现，因为几十年后，辛“对那个城市和人民很生气”，并离开了那里——去了天堂。

如今，哈兰仍然如亚伯拉罕和他的家族时期那样，矗立在那里。在城市破碎的围墙外（这些墙来自伊斯兰征服时期），雅各遇见丽贝卡的那口井仍然流淌着清水，周围的草原上羊仍然盯着草，就像它们4000年前那样。几个世纪前，哈兰是学术和文学的中心，那里，希腊人在亚历山大之后有了获得那些“占星术”知识（贝罗苏斯的作品是其成果之一）的权力。再后来，穆斯林和基督教徒在那里进行文化交流。然而这个地方的骄傲是献给神辛的神庙（见图91），在它的废墟上，有关兰纳／辛奇迹般的事迹的书写记录，已经存在了千年。

证据并不是道听途说。它由目击者的报告组成。他们不是那些匿名的目击者，而是一个叫作阿达－加皮的妇女和她的儿子那布拉。他们不是像如今发生的那样，那布拉和他的母亲报告，在某个荒无人烟的地方看见一个UFO（不明飞行物）。阿达－加皮是神辛的主神庙的高级女祭司。这座神庙在她那个时代几千年前，就是一个神圣而受人崇拜的圣地。她的儿子是那个时期地球上最伟大的帝国——巴比伦帝国的最后一个国王。

这个高级女祭司和她的国王儿子在石柱上记录了那些事件——石头圆柱以楔形文字记载，并带有象形描绘。其中4个在这个世纪已经被考古学家们发现，他们认为，石柱是由国王和他的母亲放在哈兰供奉月神的著名神庙

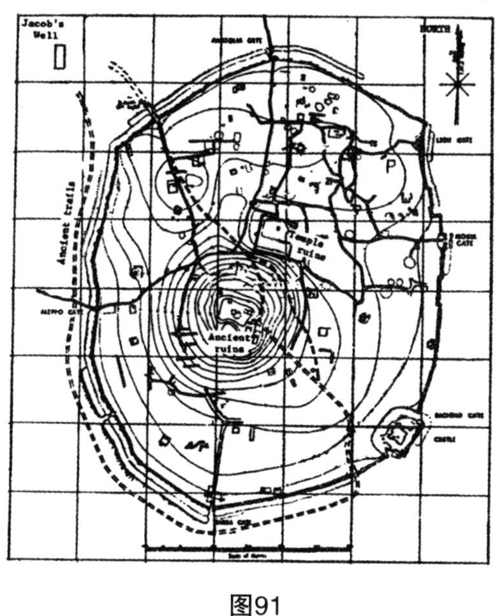

图91

E.HUL.HUL（意为“极乐之屋”）的每个角落。一对石柱有母亲的陈述，另一对石柱记录下国王的言语。在神庙的高级女祭司阿达－加皮的石柱上，神辛起程到达天堂也被记载下来。在国王那布拉的碑铭中，神的奇迹和唯一的归来也被记载着。

阿达－加皮以一种清晰的历史观和一个受过训练的神职官员的风格，在她的石柱上为重大事件提供了精确的日期。这些日期，一般与知道的王朝年有联系，这已由现代学者所证实。

在一个保存更完好的石柱上（学者将它归类为 H1B），阿达－加皮开始她书写的证据（以阿卡德人语）：

我是阿达－加皮夫人

巴比伦国王那布拉的母亲，

神宁加尔、努斯库和桑达拉拉的皈依者

我的神性

我已虔诚给予这些神明

从我小时候就已开始

阿达－加皮写道，她出生于亚述国王亚述巴尼波 20 年——公元前 7 世纪中期。尽管在她的碑铭中，阿达－加皮没有提到她的宗谱，但其他原始资料显示，她源于一个高贵的血统。根据她的碑铭，她经历了几个亚述和巴比伦国王的统治，在她 95 岁高龄时，奇迹般的事件已经发生。学者已经发现，她的统治列表与亚述和巴比伦记录相符。

这里有一个著名事件的记录。由阿达－加皮亲自记录：

这是巴比伦国王那布坡拿沙 16 年

当众神之主辛

对他的城市和子民发怒

离开去了天堂时

这座城市和那里的子民

变成了一片废墟

这个年份是值得记录的，因为事件（从其他原始资料中得知）已经在那时发生，确证了阿达－加皮记录的内容。因为那年是公元前 610 年——那时，为了最后的抵抗，被打败的亚述军队撤退到哈兰。

这里有很多问题，它们需要加以解释：辛是因为它们让亚述人进来而生气的吗？他决定离开是因为亚述人还是游牧民族阿曼—曼达的进犯？他是通过什么途径如何到达了天堂——他去了哪里？去了地球上另外一个地方，或者远离了地球，去了天上某个地方？阿达－加皮的作品曲解了这些问题，同时，我们也未能解决这些问题。

高级女祭司声明的是，阿达-加皮离去后处于废墟中的城市和子民。一些学者更愿意将那个在碑铭上的单词翻译为“荒芜的”，以此更好描述那个城市到底发生了什么。一个繁荣一时的大都市，一个在《以西结书》中将它列为那时伟大的国际性贸易中心的城市，特别是“各种各样的物品，蓝色的布料，刺绣艺术品，在柜子里名贵的服饰，带有由雪松做成的绳索”。事实上，废弃的哈兰的荒芜让人想起《圣经》中对荒芜和被亵渎的耶路撒冷的悲叹的开篇语：“这座城市现在是多么孤独啊，曾经有那么多人！曾经位列于伟大的民族之中，如今成了一个寡妇。曾经是那些省份的王后，如今成了一个附庸国。”

尽管其他人都逃走了，阿达-加皮还是留在了那里。“每天不放松地，日日夜夜，一月月，一年年”，她后来丢弃了神殿。她悲泣着放弃了精致的羊毛服装，拿掉了她的珠宝，再也不穿金戴银，放弃了香料和甜甜的香油。像一个漫游在空荡荡的神殿中的鬼魂。“我穿着破旧的衣服，我静悄悄地进来，无声无息地离开。”她写道。

后来，在废弃的神圣区域，她发现一件辛曾经穿过的长袍。它肯定是一件华贵的外衣，这件衣服是按照当时很多神明穿的衣服设计的，就像美索不达米亚的雕塑上的那样（见图 28）。对于沮丧的高级女祭司来说，这个发现似乎是神的一个预兆。好像是神突然给了她一个现身。她无法将自己的眼睛从这件神圣的衣服上移开，不敢触及它，除了“扯扯它的褶边”。好像神自己在那里听得到似的，她跪倒，在祈祷和谦卑中，她发出了以下誓言：

如果你回到你的城市
所有黑头人
将礼拜你的神威！

“黑头人”是一个苏美尔用于描写他们自己的术语。哈兰的高级女祭司用这个术语，是一个很大的例外。作为政治－宗教实体的苏美尔，在阿达－加皮时代前，已经消失了大约 1500 年。当这片陆地和它的城市乌尔因公元前 2024 年一场致命的核爆云灭亡后，阿达－加皮时期的苏美尔只是一个神圣的记忆，它的往昔的首都已成粉碎的废墟，它的子民分散到很多国家中去了。当时一个高级女祭司怎么会在哈兰请求她的神明辛恢复他在遥远的乌尔的王权，请他再一次成为苏美尔人的神明，无论苏美尔人去了哪里?

它是一个真正流放者归来的先见之明，一个神明在它的古代祭司中心的恢复与《圣经》中的预言是符合的。为了达到她的目的，阿达－加皮提出她和神做个交易，在巴比伦统治巴比伦和亚述的领地——那布拉在乌尔重建辛的神庙，恢复在所有地方居住的黑头人对辛的膜拜!

月神喜欢这个主意。“辛，天堂和地球众神之主，为了我的善行，微笑着来到了我这儿。他听到我的祈祷，他接受我的誓约。他愤怒的内心平静下来了。他来到哈兰的辛神庙埃胡胡，在神的住处，他变得顺从了。他有了一个心态的转变。”

阿达－加皮在她的碑铭上写道，微笑的神明接收了这个交易：

辛，众神之主
欣喜地看着我的语言
那布拉，我唯一的儿子
从我的子宫而来，
他呼唤他的王权
苏美尔和阿卡德区的王权。
从埃及的边境过来的所有领地，
从上层海洋到下层海洋
他委托到他的手中

阿达－加皮既高兴又不安，她举起了双手，虔诚地带着恳求，感谢神明“宣告那布拉的名字，授予他王权”。之后，她哀求神明确保那布拉的成功——说服其他主神，当那布拉与敌人交战时站在他的一边，使他能够履行誓约，重建埃胡胡神庙，恢复哈兰至高无上的地位。

在其碑铭的附言中，当104岁的阿达－加皮临终之时（或是她死后别人记录下她的话），文本记录了双方信守其契约：“我看到契约的履行”；辛“信守他给我的承诺”，使那布拉成为一个新苏美尔和阿卡德区国家的国王。那布拉信守誓约，在哈兰重建埃胡胡神庙，并完善了它的结构。他恢复对辛和他妻子宁加尔的礼拜——“他再一次施行那些已被遗忘的礼拜”。那对神明夫妇，由神圣的使者努斯库和他的妻子桑达拉拉陪伴，在庄严正式的仪仗队中回到了埃胡胡神庙。

石柱题字的复本包括19个额外的诗句，这无疑是阿达－加皮的儿子添加上的。在那布拉19年（公元前546年），“命运夺去了她的生命。从她的子宫出来的，她的儿子，巴比伦国王那布拉穿上了长袍和纯白的亚麻。他用辉煌的装饰物装饰她的身体，黄金的布景中，带有漂亮的宝石。他用芳香的油擦拭她的身体，他将她的尸体放在一个隐秘的地方。”

各地的人们为国王的母亲服丧。“巴比伦和博尔西巴的人们、远方的居民、国王、公主和统治者，他们来自上层海域的埃及边境，一直到下层海域”——从地中海到波斯湾。人们在死者的头上撒上灰烬，哭泣落泪，自残，这种服丧持续了7天。

※

在我们提到那布拉的题字和它们充满奇迹的故事前，肯定有人要问，假如记录下来的东西是真实的，她是如何凭借自己的声明成功地与一个神明交流的，而这个神明既不在这个神庙中也不在这个城市中，事实上，他已经到达了天堂。

阿达－加皮与她的神交谈是很简单的：她祈祷，向她的神诉说她的祈祷。将祈祷作为在神面前倾诉一个人的恐惧和担忧，祈求健康、好运或长寿，甚至寻找如何选择的方式，所有这些一直延续到了今天。从苏美尔开始书写的那时起，祈祷并向神明祈求都被记录了下来。事实上，祈祷是一种与神交流的途径，这种途径也许在书写文字之前就已存在，根据《圣经》，在第一个人类成为智人时，祈祷就存在了：当亚当和夏娃的孙子以挪士（一个“智人”）出生时，人类“就有了呼唤上帝名字”的行为（《创世记》4：26）。

阿达－加皮触摸神长袍的褶边，万般谦卑地跪倒在地，向辛祈祷。日复一日，她坚持这样做，直到辛听到她的祈求并回答了他。

现在有一个更令人不解的部分——辛是如何回答的，他的话语或信息是如何传到高级女祭司那里的？题字自身提供了一个答案：神的回答是在她的梦中出现的。因为当她去世时，似乎处于一种恍恍惚惚的睡眠状态，神在梦中出现在她面前：

在梦中，
辛，众神之主
将他的双手给我
然后，他对我说：
“因为你，
神明将到哈兰并住下来。
我将委托你的儿子那布拉
哈兰神的住处
他要重建埃胡胡

完善它的结构
他将重建哈兰，
使她比以前更加完美。

这样一种直接从神到人的交流方式，不仅仅是不同寻常的。事实上，它是使用最频繁的一种方式。贯穿整个古代世界，国王和神父以及祖先和先知，通过梦的方式收到神的旨意。它们可能是神谕的梦境或是征兆的梦境，有时只能听到这些话，有时还包括幻景。事实上，《圣经》自身在《出埃及记》中引用了耶和华告诉摩西兄妹的话："假如你们之中有一个先知，我将现身在他的梦境中，并与他在梦境中对话。"

那布拉也说通过梦的方式收到神的信息。然而，他的题字提供了更多：神唯一一次不寻常的出现。他的两根石柱（学者称之为 H2A 和 H2B），在它们的顶部装饰有图像，上面描绘着国王拄着一根不一般的杖，面朝三个天体（他所崇拜的行星系神明）的符号（见图 92）。

图92

以下的较长的题字，开始了巨大的奇迹和它的不同之处：

这是辛的伟大奇迹
神明和女神们
这些从未在地球上发生过
从古老的事物保密那一天起
地球上的人类
从来没见过也没发现过
写在石碑上的文字，从古昔起
神圣的辛
众神之主
住在天堂
已经从天堂下来——
在巴比伦国王
那布拉的建议下。

这是个不一般的奇迹，但这个主张并未被证明是正确的，因为这个事件必须有神的归来和出现——神明与人类交感的两个方面，就像题字慎重地限定的，在古时还未让人知晓。不管那布拉（一些学者已经称之为“第一个考古学家”，因为他对未知事物和挖掘早期遗址废墟的兴趣）是否有资格证明他的声称是可靠的，或者他是否通过古代石碑确实熟悉这些发生在远古的事件，这些我们都不知道。然而事实是这些事情的确发生过。

大约在公元前2000年，这个狂暴的时代以苏美尔帝国的灭亡结束。在那个时代中，神明恩利尔在其他地方得知他的城市尼普尔处于危险中时，迅速回到了苏美尔。根据苏美尔国王舒辛的记录，恩利尔“飞越重重地平线，他穿越了南方到北方的天际，火速赶回来”。

然而，这个归来是突然的、不公开的，不属于神的出现。

大约 500 年后（几乎就在辛归来并出现的 1000 年前），有记载的最伟大的神的出现发生在西奈半岛，那是在以色列人出埃及时。以色列的孩子们（他们一共有 60 万人）被提前告知，神的出现和如何为这一事件做准备，他们亲眼看到上帝降落到西奈山上。《圣经》强调这些是在“所有人面前发生的”（《出埃及记》19：11），但是伟大的神出现却不是一个回归。

神这样的到来和离去，包括辛上天堂和从那里归来，暗示伟大的阿努纳奇拥有必要的飞行工具——事实上，他们确实拥有。耶和华坐在一个物体中降落到西奈山上，《圣经》中称之为卡博德，它带有“熊熊的火焰”（《出埃及记》24：11）。先知以西结将卡博德（常常翻译为“荣耀”，但是字面上意为“沉重的东西”）描述为一个发光的、有辐射的、装有轮子的交通工具。他也许已经想到一个相似的东西，那就是亚述神阿舒尔乘坐的圆形战车（见图 85）。尼努尔塔拥有伊姆杜吉德，“神圣的黑色之鸟”。马杜克有一个特别的住处，建在他在巴比伦的秘密区域，专为“至高无上的来访者”而建。它也许是与埃及称为拉的天船相同的一个交通工具。

辛是怎样从他的天上回来的呢？

他确实拥有这样一种飞行工具（在哈兰碑铭中提到的一种用于往来天际的基本需要），这一事实在很多赞美他的诗中得到证实。一个苏美尔人描述辛飞在他热爱的城市乌尔的上空，他甚至将神的天船当作是他的“荣耀”。

父亲，月神，乌尔的上主
你的荣耀是神圣的天堂之船……
当在天堂之船时，你上了天堂
你是多么显赫。

恩利尔授予你王权。

直到乌尔的末日

你乘坐在神圣的船中

尽管月神的“天堂之船”的描述到现在还未被鉴别出来，但一个可能的描述是存在的。耶利哥坐落在连接东西穿过约旦河主要通道的旁边，它是目前所知最古老的城市之一。《圣经》(包括其他古代文本)将它比作月神的城市——它在《圣经》中的名字是耶瑞胡的意思。在那里，先知以利亚(公元前9世纪)受到《圣经》中上帝的命令穿越约旦河，乘着一辆火焰战车被带到了天堂。正如《列王纪》2：2描述的那样，那不是一个巧合事件，而是预先安排的指定。在以利亚和一群信徒的陪伴下，先知最后的旅程是从一个名为吉甲的地方开始的。他们到达耶利哥时，信徒们询问以利亚：“你知道上帝今天将带走你的主人吗？”以利亚虽然知道，但是他劝诫他们保持冷静。

当他们到达约旦河时，以利亚坚持其他人留在后面。50个信徒前进到河的边缘，然后停止。但是以利亚不会离开。这样它分成了左右两部分，其中两个穿过了干燥的土地。然后，在约旦河另一边的人看见：

一辆火焰滚滚的战车带着一群愤怒的马

突然出现

将它们分开

以利亚上了天堂

在一阵旋风中

20世纪20年代，一个梵蒂冈派出的考古探险队，在约旦的一个名为特尔·佳苏尔(意为“信使的土墩”)的地方开始挖掘。它的古代遗物可以追溯

图93

数千年，一些近东最古老的住处在那里挖掘出来。在一些倒塌的墙上，考古学家发现一些漂亮而不同寻常的壁饰，上面涂有不同的颜色。一个壁饰上描绘有一颗“星”，它看起来更像一只指向主要的红衣主教点和其分支的罗盘。另一个壁饰描绘有黑色球根状的物体，上面有类似眼睛的口子和伸出的脚（见图 93）。后者很可能是一种“火焰战车”，就是它带着以利亚上了天堂。事实上，这个地方很可能正是以利亚升上天堂的地点。站在那里，爬上土墩，就可以看到不远处的约旦河，过了河，远处微微发亮的是城市耶利哥。

根据犹太人的传统，先知以利亚有一天将回来，宣布救世主的时间。

※

阿达－加皮和她的儿子那布拉认为，这个时间已经真正来到，很明显，月神的归来发出信号，意味着这个时间的到来。他们接受他们的救世主来引领一个和平繁荣的纪元，这个新的纪元将以哈兰神庙的重建和再次供奉为开端。

类似的关于上帝和耶路撒冷神庙的先知的先见之明发生在同一时期，虽然人们很难意识到。然而，事实上，那是以西结预言的主题——当“天堂打开之时”，他看到放射着光线的天堂战车从一阵旋风中而来。

哈兰碑铭中提供的编年史，与学者们从亚述和巴比伦记录中验证的一样，由此说明，阿达－加皮大约出生于公元前 650 年，辛大约于公元前 610 年离开他在哈兰的神庙，并于公元前 550 年回来。这的的确确是同一个时期，曾经的耶路撒冷祭司以西结，在美索不达米亚北部的约旦流亡时，被任命为先知。我们可以从他那里得到准确的日期：约旦国王约雅斤流放的第五年第四个月第五天，当他在哈布尔河边的流亡者中时，“天堂打开了，我看到神的幻景”，以西结正写在他预言的开头，时间是公元前 592 年！

哈布尔河发源于今天的土耳其东部山脉中的幼发拉底河的一个支流。哈布尔河东部不远处，是幼发拉底河的另一个重要支流巴利克河，哈兰曾矗立于巴利克河岸 1000 年。

以西结发现自己离耶路撒冷这么远，在上美索不达米亚的一条河的岸边，在赫梯族领地的边缘，因为他是几千个朱迪亚的贵族、神父和其他领导人中的一个。巴比伦国王尼布甲尼撒二世占领朱迪亚，并将朱迪亚国王流放。这个国王曾于公元前 597 年蹂躏耶路撒冷的土地。

这些悲剧事件详细地记载在《列王纪》中，主要在 24：8-12。显然，一个巴比伦黏土碑（以巴比伦编年史系列的部分）记录了十分相近的事件，日期也十分相近。

同样引人注目的是，这支巴比伦探险队（就像早期以撒哈顿领导的那支）也是从哈兰附近的起点发起的！

巴比伦碑铭详细记录了耶路撒冷被占领，国王被俘，尼布甲尼撒二世挑选的另一个国王代替朱迪亚的王位，以及被俘国王和他土地上的领导者的流放（发配到巴比伦）。正是那时，祭司以西结发现自己在哈兰省的哈布尔河岸上。

曾经（显示持续了第一个五年），被流放的人们相信，灾难已经降临到他们的城市和神庙，还有他们自己，这些灾难是一个暂时的困难。尽管犹太人国王约雅斤被囚禁，他还是活着的。尽管神庙的财宝作为战利品运到巴比伦，神庙仍然完好无缺。大多数子民仍然留在他们的土地上。那些被流放的人们通过信使仍与耶路撒冷保持联系，他们希望有一天约雅斤将恢复原职，神庙重现它神圣的荣耀。

然而，没等以西结被预言召唤，在流放的第五年（公元前 592 年），上帝命令他向人们宣布，流放以及洗劫耶路撒冷和它的神庙不是折磨的尽头。它只是意味着一个对人们的警告，警示他们要改正他们的习惯——正直对待每一个人，信守“十诫”，尊崇耶和华。但是，耶和华对以西结说，人们没有改正他们的习惯。相反，他们转而崇拜“异教神”。因此，上帝说，耶路撒冷将再一次遭到攻击，这一次，它将被彻底摧毁，包括神庙以及其他一切。

耶和华说，他愤怒的工具将再次是巴比伦国王。一个已建立的他的历史事实是，公元前 578 年，尼布甲尼撒二世不再信任犹太人国王了，他自己坐上了王位，再一次围攻了耶路撒冷。这一次，公元前 586 年，被占领的城市被烧为灰烬。所罗门建于 500 年前的耶和华神庙也被摧毁了。

这确实是已知的。但是，很难知道的是，预兆没有引起人们和他们留在耶路撒冷的领导者注意的原因。因为他们相信，耶和华已经离开了地球。

与以西结这些日子来相信的“遥远的预见”相符，他第一次看到耶路撒冷长老们在关闭了大门后，被带到另一个幻景。那里，正义与宗教惯例完全崩溃，因为话已经说出来了：

耶和华不再看我们——

耶和华已经离开了地球

根据哈兰碑铭，公元前 610 年，“众神之主辛对他的城市和子民发怒了，来到了天堂。”公元前 597 年（正好是十年后），耶和华对他的城市耶路撒冷和其子民发怒了，让异教的尼布甲尼撒二世（受马杜克恩惠的国王）进入耶和华神庙，掠夺并摧毁了这座神庙。

人们哭喊："上帝已经离开了地球！"

他们不知道，何时——或者是否——上帝还会再次回来。

结语

那布拉的母亲对他的巨大期盼——成为一个重新联合苏美尔和阿卡德、重建辉煌的往昔岁月的人，但是这些期盼并不能让新国王对马上要面临的混乱做好准备。他也许曾认为会有兵变，但他没有预感到他那受侵略的领地内的宗教狂热。

一坐上巴比伦的王位，按照他母亲与月神辛之间的协议，他就意识到太阳神马杜克（曾经迁移，现在要回到巴比伦）已经得到满足，被授予应有的权力。在这一系列真实或虚假的预兆梦境中，那布拉宣称得到马杜克（和那布）的祝福，不只是给他王权的祝福，也是对他承诺在哈兰重建太阳神庙的祝福。

为了完全弄懂从这些梦境中得到的信息，国王宣称马杜克特别询问他是否看到过“伟大的星，马杜克的行星”（直接参考尼比鲁），其他那些行星与它连接。当国王宣布他们是“神30”（月神辛的天上的配对）和“神15”（伊师塔和她的配对金星）时，他被告知：“在这个连接中，没有邪恶的征兆。”

然而，无论是哈兰人或者巴比伦人，都不满意神的这种“联合统治”，他们也不是伊师塔和其他神明的膜拜者。辛在哈兰的神殿最终重建了，他要求他在乌尔重要的神庙也要再次成为礼拜的中心。伊师塔抱怨，她在乌鲁克（即《圣经》中的“以力”）的金塞拉一定要重建，她还需要一辆由七头狮子驾驶的战车。

在这个学者冠名为《那布拉和巴比伦神父》、现在在大英博物馆的一个石碑上的文本上，马杜克的祭师拿出了一张控告那布拉的列表。这些控告从民事错误（“法律和命令不能由他发布”）到经济疏忽（“农民境况很坏”，“贸易者的路被阻碍了”）以及失败的战争（“贵族死在战争中”）到最严重的指控：宗教亵渎——

他画了一幅神的肖像
一个没有人在尘世看到过的神；
他将肖像放在神庙中，
他将它放到基架上……
他用天青石装饰它，
顶上有三重冠……

它是一个奇怪的神雕像（祭师们强调从来没有见过），“它的毛发一直垂到基脚。”它如此不同寻常，如此不合时宜，它如此奇怪，“以至于博学的亚达帕都不知道他的名字。”更糟的是，还有两个不寻常的野兽被雕刻成它的守护者：一个代表洪水魔，另一个代表一头野牛。除了亵渎，国王还侮辱神明，他将这个可恶的东西放在埃萨吉尔马杜克的神庙中，并宣称将不再庆祝亚基突（新年）节日。而这个节日对马杜克和天上的尼比鲁非常重要。

祭师们公布了这一切，听到“那布拉的保护神开始对他怀有敌意”，“神明们以前保佑的人现在注定要面临灾祸。”因此那布拉宣布他将离开巴比伦，踏上去一个遥远的地方的路程。他任命他的儿子Bel-shar uzur（“圣人／马杜克保护国王”——《但以理书》中的伯沙撒王）为摄政者。

他的目的地是阿拉伯半岛，正如很多碑铭所言，他的随从包括犹太流亡者中的犹太教徒。他主要的基地是位于叫作提玛（一个在《圣经》中可以遇到的名字）的城市，并且他为其追随者们建立了六个定居点。1000年后，伊斯兰原始资料将其中五个定居点作为犹太城镇记在列表中。一些人认为那布拉在寻找沙漠的隔离，企图实现一神教。一个文本片段在库姆兰会社（旧时在死海西岸的犹太教教团）的《死海古卷》中发现，那布拉在提玛受到一种“不舒服的皮肤病”的折磨。一个犹太教徒告诉他，只有敬畏至高无上的神，疾病才能被治愈。然而，一些零落的证据显示，他传播对月神辛的崇拜。月神是一弯月牙——那是真主阿拉的阿拉伯崇拜者采用的一个符号。

无论那布拉是被什么宗教信仰吸引，他们是受到巴比伦祭师诅咒的人。因此，当波斯的阿契美尼德统治者们吸收了美狄亚王国，将领地扩张到美索不达米亚，国王小居鲁士在巴比伦受到欢迎，他不是作为一个征服者，而是作为一个解放者。他一进入这个城市，便双手托起马杜克的手，明智地冲到埃萨吉尔神庙。

那年是公元前539年。它标志着巴比伦独立存在的预言结果。

他最初的行为之一，是发表允许犹太流亡者回到约旦，重建耶路撒冷神庙的公告。记在小居鲁士圆柱上的这一法令，现在被保存在大英博物馆里，确证了《圣经》中的宣告，根据这一宣告，小居鲁士“受到天堂的上主耶和华的许可这样做”。

在以斯拉和尼希米领导下的神庙重建，完工于公元前516年——它毁灭于7世纪，正如尼希米预言的那样。

※

巴比伦灭亡的故事在《圣经》中最令人不可思议的部分中被提到，这本书就是《但以理书》。

它介绍但以理是一个被带到巴比伦囚禁的约旦流亡者，讲述了他如何同其他三个朋友一起，被选中在尼布甲尼撒二世宫廷工作，以及他（正如约瑟在埃及）如何解开国王关于未来事件的梦境。

然而，这本书提到：巴比伦最后的国王伯沙撒时期的事件，在一场重大的宴会中，一只移动的手出现了，并在墙上写下MENE MENE TEKEL UPHARSIN。没有一个国王的预言家和巫师可以破译这个碑铭。但以理（当时早就退休了）是最后一个，他被叫进来了。但以理向巴比伦国王解释了这些意思：上帝一直计算着你的王国的日子。你已被测试过了，发现不再有资格当国王。你的王国将要走到尽头了，将要被米提亚人和波斯人分割。

但以理自己开始梦见这些预言，看到未来的幻景，“神明们”和他的大天使发挥了重要作用之后，但以理要求天使解释。在每一个例子中，他们变成未来事件的预言，这些事件不只是巴比伦的灭亡，甚至是神庙重建的70年预言的实现。波斯帝国的那些浮浮沉沉也预见到了。亚历山大统治希腊的到来，他死后统治的破裂以及后来发生的事都被预见到了。

尽管很多现代学者（不只是犹太教的圣人或基督教堂的创建者们）认为这些预言（只是部分精确）是事后之明，并指出一个更后的作者（或甚至是几个作者）、但以理经历的梦境与幻境以及预兆的中心是问题的关键：何时？唯一一个将存在并延续的王国，最后的王国是何时的呢？

它将是只有最高贵的上帝的追随者们、“神明们”能活着看到的王国（甚至是他们中死后复活了的）。然而，但以理一次次问天使：什么时候？

在一个例子中，天使回答，在未来事件中的某个阶段，当一个邪恶的国王想要改变这些时期和法令的时候，这个时期将持续“一个时期，几个时期，或半个时期”。只有在那之后，“天堂统治下的王国才会给予凡人，上帝的子民。”

另一次，给予启迪的天使说：“几年中的70个星期已经判给你的子民和你的城市，直到犯罪措施实行，预言幻境被认可。”

还有一次，但以理问一个神的使者："到底这些糟糕的事情还要多久结束呢？"他再一次得到谜团般的答案：预言的事物的完成将在"一个时期，几个时期，或半个时期"后到来。

但以理写道："我听到，但是却没有理解。所以我问，我的上帝，这些事情的后果是什么？" 神明仍用密码告诉他："今后祭品将被取消，可怕的警告提出来，一直将持续1290天。等待和活到1335天的人是幸福的。"

当但以理迷惑不解地站着时，上帝的天使告诉他：

> 你，但以理，将死去
>
> 你将复活，随着你的天命直到日子尽头……
>
> 这些话要保密
>
> 把书封好直到时间尽头

先知西番雅（他的名字意为"由耶和华编码"）叙述道，在时间的尽头，当地球上的民族聚集在耶路撒冷，他们将用"一种清晰的语言"说话——不再需要将语言和字母混淆倒着读，隐藏这些编程译码。

就像但以理一样，今天，我们仍然在问：什么时候？

附录：中英文对照表

A

安东尼·阿韦尼博士	Anthony Aveni
埃及神殿	Egyptian temples
奥格	Og
阿娜特	Anat
《阿迦特的传说》	*The Tale of Aqhat*
阿格	Agga
爱因·萨姆森	Ein Samsun
埃及小河	The Brook of Egypt
艾伯辛	AB.SIN
阿兹	Az
《安尼纸草书》	*Papyrus of Ani*
安尼	Ani
阿努纳奇	Anunnaki
艾	E.A
埃利都	ERIDU
安	An
阿努	Anu
阿达德	Adad

阿施塔特	Astarte
《阿特拉-哈希斯》	*Atra Hasis*
阿蒙-拉	Amen-Ra
《埃拉叙事诗》	*The Erra Epos*
A.R.米勒德	A. R. Millard
阿舒尔	Ashur
阿普苏	Apsu
和安莎	Anshar
艾莱斯	Elath
艾玛什	E.MASH
奥西里斯	Osiris
《奥西里斯与埃及复活》	*Osiris & The Egyptian Resurrection*
《埃及亡灵书》	*Egyptian Book of the Dead*
阿耳茨海默	Alzheimer
奥林匹亚圈	Olympian Circle
阿波罗	Apollo
阿瑞斯	Ares
埃利都圣人	the Sage of Eridu
艾因索夫	Ein Soff
安美杜兰玛	Enmeduranna
阿列夫	Aleph
阿拉米	Aramaeans
艾里雅夫·里派	Eliyahu Rips
爱因斯坦	Albert Einstein
阿布雷克斯	Abraxas

阿布雷希特	Abresheet
阿拉斯代尔·利文斯通	Alasdair Livingstone
《阿特拉-哈希斯》	*Atra-Hasis*
阿尔帕克沙德	Arpackhshad
《阿尔帕克沙德之书》	*The Book of Arpakhshad*
《埃拉叙事诗》	*Erra Epos*
阿龙-莫雷	Alon-Moreh
阿芙罗狄忒	Aphrodite
艾布拉姆	Abram
奥费尔山	Ophel
艾克哈	Ekhal
阿托瑞塔里士奇	Altorientalische
阿尔滕·提斯泰门特	Alten Testament
埃库尔	Ekur
阿达加月	Addaru
阿穆路	Amurru
阿赫那吞	Akhenaten
阿吞	Aten
阿维达	Arvad
阿什杜德	Ashdod
安铎尼	Adorn
阿达姆尼科	Adramelekh
爱德华·罗宾逊	Edward Robinson
阿曼-曼达	Umman-Manda
阿达-加皮	Adda-Guppi

埃胡胡	Ehulhul
埃萨吉尔	Esagil
阿契美尼德	Achaemenid

B

《圣经》	*The Bible*
巴珊	Bashan
半神	Demigods
巴尔	Ba'al
波斯湾	Persian Gulf
波塞冬	Poseidon
贝尔谢巴	Beersheba
巴别塔	Tower of Babel
伯特利	Beth El
便雅悯	Benjamin
伯利恒	Bethlehem
柏拉图年	Plato Year
卜塔	PTAH
巴比尔利	Bab-lli
巴比伦	Babylon
《悲叹苏美尔和乌尔的被毁》	*Lamentation Over the Destruction of Sumer and Ur*
巴德提比拉	Bad-Tibira
班诺・罗森伯格教授	Professor Benno Rothenberg
波尔塞弗涅	Persephone

贝罗苏斯	Berossus
《毕竟男性染色体不是一片遗传荒地》	*Male Chromosome Is Not a Genetic Wasteland. After All*
波格哈士科	Boghaskoy
贝斯	Beth
贝斯-伊尔	Beth-El
伯示麦	Beth-Shemesh
比德·日	Bilder zum
《悲叹文本》	*Lamentation Texts*
巴乌	Bau
巴比伦尼亚	Babylonia
比兰	Bilam
拔示巴	Bathsheba
贝丝-阿蒙	Beth-Ammon
博尔西巴	Borsippa
巴利克河	Balikh River
伯沙撒王	Belshazzar

C

《创世史诗》	*Epic of Creation*
《出埃及记》	*Exodus*
《创世记》	*Genesis*
《重返创世记》	*Genesis Revisited*
《从神阿努和神恩利尔开始的关于时间的笔迹》	*Regarding Time, (from) Divine Anu and Divine Enlil*

《出埃及记书中的等距字母顺序》	*Equidistant Letter Sequences in the Book of Genesis*
查尔斯·威尔逊	Charles Wilson
查尔斯·沃伦	Charles Warren

D

《地球编年史》	*The Earth Chronicles*
的的喀喀湖	Titicaca
蒂亚瓦纳科	Tiwanaku
大卫	David
但以理	Danel
代达罗斯	Daedalus
杜尔安基	DUR.AN.KI
杜伯	DUB
丹	Dan
底拿	Dinah
杜姆兹	DUMU.ZI
《第十二个天体》	*The Twelfth Planet*
杜兰安基	Duranki
达布尔国	Dabrland
德班	Denderah
德墨忒耳	Demeter
《大先知书》	*Major Prophets*
多伦·维茨祖姆	Doron Witzum
杜尔舍鲁金	Dur Sharrukin

《当时间开始》	*When Time Began*
德希得	Dehide
德尔斐	Delphi
大马士革	Damascus
底比斯	Thebes
德维	Dvir
丹·巴拉赫	Dan Bahat
《但以理书》	*Book of Daniel*

E

恩奇都	Enkidu
蛾摩拉	Gomorrah
恩利尔	Enlil
恩基	EN.KI
厄里斯奇格	Freshkigal
厄勒提亚	Ilithyia
恩麦杜兰基	Enmeduranki
E.A.史本赛	E. A. Speiser
俄斐	Ophir

F

法老神殿	pharaonic temples
腓力斯人	Philistines
风雨神祖	AN.ZU
《法律卷书》	*The Scrolls of the Law*

弗拉茨·伯尔	Franz M. Th. Bohl

G

戈兰高地	Golan Heights
歌利亚人	Goliath
戈兰考古博物馆（位于奎特瑞）	Golan Archaeological Museum in Qatzrin
戈特安那	GUD.ANNA
鸪	GU
格	Gei
盖亚	Gaea
该隐	Cain
《给伊师塔的赞美》	*An Exaltation to Ishtar*
根码替亚释义法	Gematria
《国王詹姆斯》	*King James*
哥革	Gog
革伦	Ekron

H

豪尔赫·路易斯·博尔赫斯	Jorge Luis Borges
哈蒙峰	Hermon
赫塔·冯·戴程德	Hertha von Dechend
《哈姆雷特的石磨》	*Hamlet's Mill*
哈兰	Harran
哈-密兹派	Ha-Mitzpeh

哈索尔	HATHOR
胡哇哇	Huwawa
哈图沙斯	Hattushas
华莱士·布奇	E. A. Wallis Budge
辉	Hui
何璐斯	Horus
胡夫	Khufu
哈迪斯	Hades
赫斯提	Hestia
赫拉	Hera
赫柏	Hebe
海法	Haifa
哈特图沙斯	Hattushas
《呼吸之书》	*The Book of Breathings*
红海	Red Sea
赫尔曼·希拉帕里奇	Herman V. Hilprecht
哈伯历	Haab
哈姆	Ham
哈米吉多顿	Armageddon
赫利奥波利斯	Heliopolis
赫尔墨斯	Hermes
哈斯蒙王朝	Hasmonean
哈拿尼	Hanani
赫齐卡亚	Hezekiah

J

迦得	Gad
吉拉德	Gilad
吉甲	Gilgal
迦南人	Canaanite
吉尔伽美什	Gilgamesh
基什	Kish
居鲁士·H.戈登	Cyrus H. Gordan
《近东地区星座早期历史》	*The Earliest History of the Constellations in the Near East*
吉萨	Giza
基尼烈湖	Lake Kinnereth
基列	Gile
吉比尔	Gibil
《吉尔伽美什之死》	*The Death of Gilgamesh*
金古	Kingu
基莎	Kishar
佳佳	Gaga
《金字塔文本》	*The Pyramid Texts*
基奥普斯	Cheops
基伯布	Kibbu
吉兹达	Gizidda
迦勒底	Chaldees
《加沙尔书》	*The Book of Jashar*
《揭示》	*Revelation*

加低斯	Kadesh
加沙	Gaza
基训河	Gihon
迦基米施	Carchemish
金塞拉	golden cela
基列利乏音	Gilgal Repha’im

K

卡拉科尔	Caracol
库斯科	Cuzco
卡尔奈克	Karnak
《克烈特国王的传说》	*The Legend of King Keret*
奎特瑞	Qatzrin
《克烈特王传奇笔记》	*Notes on the Legend Keret*
克里特岛	Island of Crete
克诺索斯	Knossos
困墩	GIR.TAB
库玛拉	KU.MAL
可可哈维	Kokhavim
奎扎科特尔	Quetzalcoatl
克	KI
库玛而比	Kumarbis
库姆玛	Kumma
《开罗纸莎草纸30636》	*Cairo Papyrus 30646*
克洛诺斯	Cronus

《科学美国人》	*Scientific American*
《卡巴拉》	*Kaballah*
凯特	Ketter
卡尔·斯考拉克基	Dr. Karl Skorecki
卡博德	Kabod
卡巴利斯特	Kabbalist
卡浩尔撒巴伯	Khorsabad
肯多劳门	Khedorlaomer
卡斯特斯	Cassites
库尔提-尼努尔塔一世	Tukulti-Ninurta I
卡梅尔山	Mount Carmel
卡纳克-阿蒙	Karnak-Amen
克劳德·康德	Claude Conder
康拉德·希克	Conrad Schick
卡什米西	Carcemish
库姆兰会社	Qumran Community

L

罗尔夫·米勒	Rolf Muller
流便	Reuben
利乏音人	Repha'im
利乏-曼	Rapha-man
兰纳	Nannar
罗得	Lot
丽贝卡	Rebecca

拉班	Laban
蕾切尔	Rachel
利亚	Leah
利乏音之地	the Land of the Repha'im
利未	Levi
鲁鲁	Lullu
拉	RA
L. W.金	L. W. King
拉赫姆	Lahmu
拉哈姆	Lahamu
拉马舒	Lamashu
勒托	Leto
《利未记》	*The Book of Leviticus*
《历代记》	*Chronicles*
拉比·阿基巴	Rabbi Akiba
拉宾	Rabin
拉特龙斯	LATEINOS
《来自神阿努和神恩利尔时代关于时间的作品》	*Writings Regarding Time (from) divine Anu and divine Enlil*
卢加尔萨	LU.GALs
里·瑞特米耶尔	Leen Ritmeyer
路利	Luli
莱基	Lachish

M

马丘比丘	Machu Picchu
马特尼亚·佐哈尔	Mattanyah Zohar
玛拿西	Manasseh
《民数记》	*Numbers*
米诺斯	Minos
弥诺陶洛斯	Minotaur
密迦	Milcah
马什戴伯巴	MASH.TAB.BA
玛士撒拉	Methuselah
马杜克	Marduk
曼尼索	Manetho
姆玛姆	Mummu
《摩西的颂歌》	*Song of Moses*
姆基尔	Mukil
莫特	Mot
《魔法传说》	*Tales of the Magicians*
摩斯	Mose
米甸人	Midianite
《魔术师的故事》	*The Tales of the Magicians*
《摩西五经》	*Five Books of Moses*
马卡比	Maccabees
迈蒙尼德	Maimonides
米歇尔·乔斯尼	Michael Drosnin
《命运之书》	*The Book of Fates*

密图希拉	Metuselah
玛各	Magog
《马杜克的五十之名》	*Die funfzig Namen des Marduk*
孟菲斯	Memphis
墨丘利	Mercury
麦基洗德	Melchizedek
摩利亚	Moriah
《马卡比之书》	*Book of Maccabees*
马里	Mari
米沙	Mesha
美狄亚	Medea

N

尼比鲁	Nibiru
诺尔曼·洛克耶	Norman Lockyer
尼普尔	Nippur
宁桑	Ninsun
努格·伊尔希利	Rugum el-Hiri
努比亚	Nubia
拿鹤	Nahor
内盖夫	Negev
拿弗他利	Naphtali
尼散	Nissan
诺亚	Noah
宁呼尔萨格	NIN.MAH

尼努尔塔	Ninurta
宁利尔	Ninlil
奈格尔	NER.GAL
尼安吉尔	NIN.A.GAL
宁基	NIN.KI
宁加尔	NIN.GAL
尼卡什	Ninkashi
尼尼微神庙	the temple of Nineveh
拿札叙	Nachash
尼哈尔撒奇	NIN.HAR.SAG
努迪穆德	NUDIMMUD
尼吉叙兹达	Ningishzidda
尼罗河文明	the Nile Civilization
那布	Nabu
纳姆塔	Namtar
尼比鲁基	NIBRU.KI
努斯库	Nusku
宁舒布尔	Ninshubur
纳姆塔如	Namtaru
尼杜	Nedu
尼克卡尔	Nikkal
尼普塞斯	Nepthys
尼卡尔拉克	Ninkarrak
尼撒巴	Nisaba
尼达巴	Nidaba

《诺亚之书》	*Book of Noah*
内森	Nathan
纳哈林	Naharin
拿波	Nabor
尼斯洛科	Nisrokh
尼波	Nebo
那布坡拿沙	Nabupolassar
那鸿	Nahum
尼科	Necho
那布拉	Nabuna'id
《那布拉和巴比伦神父》	*Nabuna'id and the Clergy of Babylon*
尼希米	Nehemiah

P

帕比尔	PABIL
辟拉	Bilhah
帕拉维尔	Pravuel
帕德斯	PaRDeS

Q

奇琴伊察	Chichen Itza
乔治·德·桑提拉纳	Giorgio de Santillana
乔治·斯密斯	George Smith
《切斯特贝提纸莎草卷轴1》	*The Chester Beatty Papyrus No. 1*

R

瑞亚	Rhea
《人类Y染色体的功能一致性》	*Functional Coherence of the Human Y Chromosome*
《人与他的神》	*Man and His God*

S

沙华孟	Sacsahuaman
所罗门神殿	Temple of Solomon
《申命记》	*Deuteronomy*
斯勒佩茜	Slepesh
沙马氏	Shamash
神牛	Divine Bull
撒莱	Sarai
萨拉	Sarah
索多玛	Sodom
苏胡尔马什	SUHUR.MASH
赛姆麦	SIM.MAH
《苏美尔人的阿努纳奇传说》	*Sumerians' Tales of the Anunnaki*
十字星	planet of crossing
《失落的国度》	*The Lost Realms*
《上帝的死和复活》	*The Death and Resurrection of the Lord*
圣乔治	St. George
《圣人与毒龙》	*Bel and the Dragon*
莎士比亚	Shakespeare

塞特	Seth
塞提一世	Seti I
《士师记》	*Judges*
《撒姆尔》	*Samuel*
塞费洛特	Sefirot
所罗门王	King Solomon
死海古卷	The Dead Sea scrolls
《神学手册》	*Kitab Ilani*
神明档案室	Divine Chamber of Records
《十诫》	*Ten Commandments*
《申命记》	*Deuteronomy*
闪米特以色列人	The Semitic Israelites
《圣经密码》	*The Bible Code*
《圣经密码背后的真相》	*The Truth Behind the Bible Code*
赛尔芬尼特	Zarpanit
沙格拉基南姆乌比伯	Shaggilkinam-ubbib
舍鲁金	Sharru-kin
塞加拉	Saqqarah
《闪之书》	*Book of Shem*
苏德拉	Ziusudra
沙别特	Sambethe
沙别图	Sabitu
撒加利亚	Zechariah
沙维	Shaveh
撒冷	Shalem

萨鲁-金	Sharru-kin
索菲山	Mount Zophim
斯高帕斯山	Mount Scopus
示沙克	Sheshak
《〈圣经〉考古学评论》	*Biblical Archaeology Review*
苏萨	Susa
书珊	Shushan
撒姆耳	Samuel
索尔	Saul
《〈圣经〉考证》	*Bible Criticism*
舍松契	Sheshonq
示玛雅	Shemaiah
撒马利亚	Samaria
斯基台人	Scythians
桑达拉拉	Sadarnunna
舒辛	Shu-Sin

T

屠杀石	Slaughter Stone
《天文学的黎明》	*The Dawn of Astronomy*
天使与旋转剑	angels with the whirling sword
他拉	Terah
特尔胡	Tirhu
透特	Thoth
提市黎月	Tishri

《透特的任务功能》	*The Assignment of Functions to Thoth*
提亚马特	Tiamat
杜姆兹月	Tammuz
《通往天国的阶梯》	*The Stairway to Heaven*
《透特秘密之书》	*The Book of the Secrets of Thoth*
泰坦	Titans
特舒卜	Teshub
《塔木德》	*Talmudic*
《统计科学》	*Statistical Silence*
图拉真	Trajan
特胡姆拉比	Tehom Rabah
托利多	Toledoth
特洛伊城	Troy
特尔·佳苏尔	Tell Ghassul
提玛	Teima
《死海古卷》	*Dead Sea Scrolls*

W

外约旦	Trans Jordan
腕尺	Cubits
乌加里特	Ugaritic
乌尔	Ur
乌鲁克	Uruk
乌图	Utu
维纳斯	Venus

威利·哈特纳 Willy Hartner
乌尔卢伽尔 Urlugal
乌尔古拉 UR.GULA
《亡灵书》 *The Book of the Dead*
乌特纳比西丁 Utnapishtim
W.G.兰伯特 W. G. Lambert
维齐尔 Vizier
《维斯特卡纸莎草卷》 *The Westcar Papyrus*
乌拉诺斯 Uranus
维拉科查 Viracocha
乌舒 Usmu
威廉斯综合征 Williams Syndrome
《乌尔利库姆尼斯之歌》 *The Song of Ullikuimnis*
乌里卡米斯 Ullikummis
《文集》 *Ketuvim*
乌尔南模 Ur-Nammu
《王国之间的战争》 *The War of the Kings*
乌拉姆 Ulam
乌利亚 Uriah

X

夏特奎特 Shataqat
雪松山 the Cedar Mountains
辛 Sin
夏甲 Hagar

《禧年书》	*The Book of Jubilees*
希伯伦	Hebron
西缅	Simeon
西布伦	Zebulun
悉帕	Zilpah
希伯来《圣经》	*Biblical Hebrew*
夏娃	Eve
西奈半岛	Sinai peninsula
叙内阿尔	Shine'ar
叙贝什	Shepesh
西奈荒原	the Sinai wilderness
线粒体染色体	mtDNA
西巴尔	Sippar
辛得勒斯·派特里先生	Sir Hinders Petrie
《先知书》	*Neviyim*
《小先知书》	*Minor Prophets*
《新美国圣经》	*The New American Bible*
《新英格兰圣经》	*The New English Bible*
《新约外典》	*Apocrypha*
《先知以西结》	*The Prophet Ezekiel*
锡安山	Mount Zion
希律王	Herod
小亚细亚	Asia Minor
西拿基立	Sennacherib
西顿	Sidon

西罗亚	Siloam
夏瑞日儿	Sharezzer
西番雅	Zephaniah

Y

约翰·威尔金斯	John Wilkins
约旦河西岸	West Bank of the Jordan River
尤卡坦半岛	Yucatan
印加人	Inca
永恒神殿	Eternal Temple
亚瑟·波尚南斯基	Arthur Posansky
约拿冉·米兹拉克	Yonathan Mizrach
《约书亚书》	*Joshua*
伊尔	El
犹太历法	Jewish calendar
以力	Erech
伊南娜	Inanna
伊师塔	Ishtar
印度河谷	Indus Valley
雅各	Jacob
亚伯拉罕	Abraham
伊布里人	Ibri
远方的乌尔	Ur away from Ur.
以实玛利	Ishmael
以撒	Isaac

以扫	Esau
耶洛因	Elohim
永恒的石堆	the Everlasting Stone Heap
犹大	Judah
以萨迦	Issachar
约瑟	Joseph
亚瑟	Asher
以色列	Israel
以弗所	Ephra'im
亚当	Adam
伊丁	E.DIN
伊希库尔	ISH.KUR
伊南娜	IN.ANNA
伊尼德	Enid
伊利里特	Enlilite
伊甸园	Eden
亚拉腊山	Ararat
印度河谷文明	Indus Valley Civilization
《耶利米书》	*Jeremiah*
以西结	Ezekiel
《伊奴玛·伊立什》	*Enuma Elish*
亚述	Assyria
伊吉吉	Igigi
伊卢延卡	Illuyankas
雅兹勒卡亚	Yazilikaya

《阴阳魔界》	*The Twilight Zone*
伊基以特	Enkiite
伊利里特	Enlilite
亚伯	Abel
伊西斯	Isis
亚比多斯	Abydos
亚伦	Aaron
约柜	the Ark of the Covenant
亚达帕	Adapa
《亚达帕的传说》	*The Legend of Adapa*
伊诺克	Enoch
《伊诺克书》	*Book of Enoch*
雅索德	Yessod
以色列技术协会	the Israel Institute of Technology
亚述巴尼波	Ashurbanipal
以特德特	Hitdte
亚摩力人	Amalekites
《以赛亚书》	*Isaiah*
《雅歌》	*Song of Songs*
以斯拉和尼希米	Ezra and Nehemiah
《犹太法典》	*Talmud*
《耶利米哀歌》	*Lamentations*
尤雅维·洛森贝尔格	Yoav Rosenberg
约瑟雷·塞丁挪维	Jeffrey Satinover
伊撒哈顿	Esarhaddon

《约翰福音》	*The Gospel According to St. John*
《亚述和巴比伦的神秘和神话解释》	*Mystical and Mythological Explanatory Works of Assyrian and Babylonian Scholars*
《伊诺克秘密之书》	*The Book of the Secrets of Enoch*
《亚当和夏娃之书》	*The Books of Adam and Eve*
雅弗	Japhet
亚美尼亚	Armenia
《耶和华的战争》	*The Book of the Wars of Yahweh*
亚甲	Agade
耶利哥	Jericho
以舜	Ishum
亚兰	Ram
耶布斯人	Jebusites
雨果·格瑞斯曼	Hugo Gressmann
约瑟斯	Josephus
依伯力	Ibri
叶忒罗	Jethro
以利亚	Elijah
亚哈	Ahab
耶洗别	Jezebel
以利沙	Elisha
《亚述国王年鉴》	*The Annals of the Assyrian kings*
耶胡	Jehu
《伊撒哈顿年鉴》	*Annals of Esarhaddon*
亚基突节	Akitu festival

约雅敬	Jehoiakim
约雅斤	Jehoiachin
伊姆杜吉德	Imdugud
耶瑞胡	Yeriho
以斯拉	Ezra

Z

宙斯神殿	Temple of Zeus
乍缝	Zaphon
占星术	Chaldeans
《众神与人类的战争》	*The Wars of Gods and Men*
子尔白安拿	Z1.BA.AN.NA
朱迪亚	Judea
《占星术的起源》	*The Chaldean Genesis*
《造物的七个石碑》	*The Seven Tablets of Creation*
《祖的神话》	*The Myth of Zu*
《赞美诗》	*Psalm*
朱鹭头	Ibis-headed
宙斯	Zeus
祖	Zu
《箴言篇》	*Proverbs*
《正义之书》	*The Book of Straightness*
《真知的记录》	*The record of the Right Things*
朱庇特	Jupiter